中国矿业大学"十四五"规划首批立项教材

交通运输系统工程

JIAOTONG YUNSHU XITONG GONGCHENG

（第3版）

编　著　王振军　莫祥伦

主　审　丁　波

东南大学出版社
SOUTHEAST UNIVERSITY PRESS
·南京·

内容简介

交通运输系统是一个复杂的社会经济大系统,是交通运输等专业学习和研究的对象。本书讲述了如何以系统工程的基本理论和方法去认识、分解、分析和描述交通运输系统,培养读者以系统思想和系统分析方法处理交通运输问题的能力。全书共分 10 章,主要内容包括:运输系统工程概论、运输系统分析、运输系统模型、运输系统预测、运输系统网络计划技术、运输系统模拟、运输系统评价、运输系统决策、运输决策支持系统、智能运输系统等。本书可作为高等院校交通运输等相关专业教材或教学参考书,也可供企事业单位管理人员和工程技术人员阅读和参考。

图书在版编目(CIP)数据

交通运输系统工程 / 王振军,莫祥伦编著. — 3 版
. — 南京 : 东南大学出版社,2024.4
ISBN 978-7-5766-1415-2

Ⅰ. ①交… Ⅱ. ①王… ②莫… Ⅲ. ①交通运输系统
－系统工程 Ⅳ. ①U491

中国国家版本馆 CIP 数据核字(2024)第 090263 号

交通运输系统工程(第 3 版)

编 著	王振军			主 审	丁 波	
	莫祥伦					
选题总策划	李 玉			责 任 印 制	周荣虎	
责 任 编 辑	胡中正			封 面 设 计	顾晓阳	
责 任 校 对	韩小亮					
出 版 发 行	东南大学出版社					
地 址	南京四牌楼 2 号					
出 版 人	白云飞					
邮 编	210096					
经 销	江苏省新华书店					
印 刷	广东虎彩云印刷有限公司					
开 本	700 mm×1 000 mm 1/16					
印 张	19 字 数 490 千字					
版 次	2024 年 4 月第 3 版					
印 次	2024 年 4 月第 1 次印刷					
印 数	1—800 册					
书 号	ISBN 978-7-5766-1415-2					
定 价	59.00 元					

* 本社图书若有印装质量问题,请直接与营销部联系,电话:025-83791830。

编审委员会名单

编写委员会名单

编审委员会委员简介

出 版 说 明

　　作为国民经济的重要基础设施和基础产业,交通运输是社会经济发展的重要物质基础,其基本任务是通过提高整个运输业的能力和工作质量,来改善国家各经济区之间的运输联系,进而安全迅速、经济合理地组织旅客和货物运输,保证最大限度地满足社会和国防建设对运输的需求。

　　改革开放以来,我国加快了交通基础设施建设,交通运输业成为重点扶持的支柱产业之一,尤其是 20 世纪 90 年代以来,我国采取了一系列重大举措,增加投资力度,促进了交通运输业的快速发展。但是,我国目前的主要运输装备及核心技术水平与世界先进水平存在较大差距,运输供给能力不足,综合交通体系建设滞后,各种交通方式缺乏综合协调,交通能源消耗与环境污染问题严峻。

　　展望 21 世纪,我国交通运输业将在继续大力推进交通基础设施建设的基础上,依靠科技进步,着力解决好交通运输中存在的诸多关键技术问题,包括来自环境、能源、安全等方面的众多挑战,建立起一个可持续性的新型综合交通运输体系,以满足全面建设小康社会对交通运输提出的更高要求。客运高速化、货运物流化、运营管理智能化将成为 21 世纪我国交通运输发展最明显的几个特征。

作为国民经济的命脉,交通运输业正面临着重大的战略需求。掌握交通运输技术的人才及其人才的培养自然成为社会各界关注的热点问题。无论是公路运输、铁路运输,还是水路运输、航空运输、管道运输等都需要大量的从事交通运输专业的高级技术与组织管理人才,由他们运用先进的技术来装备交通运输,用科学的方法来组织管理交通运输。

教材建设是培养交通运输人才的基础建设之一,但目前我国对交通运输专业的教材建设却十分滞后,已经很难满足社会经济发展的需要,为此由东南大学出版社策划,东南大学出版社与国家重点学科东南大学载运工具运用工程专家共同组织有关高校在交通运输专业有多年教学科研经验的教师编写了这套"高等学校交通运输专业'十一五'规划系列教材"。该套教材融入了作者多年的教学实践及相关课题研究成果,注重交通运输实践性强的特点和科学技术不断向交通运输渗透的趋势,在阐述基本理论、基本方法的同时,引入了大量的实际案例,使这套教材有其显著的特点。相信这套教材的出版,将有助于我国交通运输专业人才的培养,有助于交通运输在我国的社会经济与国防建设中发挥出更大的作用。

高等学校交通运输专业"十一五"规划系列教材编写委员会
2007 年 12 月

再 版 说 明

　　本书自 2008 年 10 月出版以来,经过近十年的使用,一些学校的老师和读者提出了不少好的建议,为此,我们对一些错误和不够准确、严谨的地方,进行了多处的修改。同时根据系统工程的发展和相关专家学者们的研究成果,对本书中的运输系统工程概论、运输系统分析、运输系统模型、运输系统模拟等章节的内容进行了补充和更新。

　　本书再版过程中又参考了一些教材和资料,具体见参考文献,在此对原作者表示诚挚的谢意。由于编者水平有限,再加上时间仓促,书中定有疏漏和不当之处,敬请读者批评指正,支持我们把本书修改得更加适用。

第 三 版 说 明

《交通运输系统工程》（第2版）一书于2017年出版后，一些学校的教师和读者提出了不少好的建议，为此，我们综合多方面的意见和建议，进行了升级。与第2版相比，本书的第1章补充了我国"交通强国"战略及其规划的相关内容，第4章运输系统预测方面补充了神经网络预测的相关内容，第6章运输系统模拟进行了重写，第7章运输系统评价中补充了TOPSIS综合评价模型及熵-云模型，第8章运输系统决策中补充了贝叶斯决策。

在补充和重写的部分中，第4章和第6章由中国矿业大学莫祥伦编写，其余部分由中国矿业大学王振军组织赵琛等研究生编写。最后由王振军、莫祥伦负责统稿。在此感谢对本书第3版作出贡献的编写者，同时也感谢对本书第1版作出贡献的

1

编写者。本书的出版得到中国矿业大学"十四五"规划首批立项教材建设项目的资助,也一并感谢。

在本书第 3 版编写过程中又参考了一些教材和资料,具体见参考文献,在此对原作者表示诚挚的谢意。由于编者水平有限,再加上时间仓促,书中定有疏漏和不当之处,敬请读者批评指正,以便在下一版中进行修改。

作　者
2023 年 10 月

前　言

　　系统工程是以大型复杂系统为研究对象,按一定目的进行设计、开发、管理与控制,以期达到总体效果最优的理论与方法。

　　对于国民经济体系而言,生产、流动、分配、消费诸环节都要通过交通运输这个纽带形成一个统一的整体。生产工具、劳动产品以及劳动者本身的空间位置移动,是任何社会生产和再生产必须具备的条件,为了适应其他经济部门的需要,交通运输必须成为一个"先行"部门。现代化的交通运输系统是由铁路、水路、公路、航空、管道等部分组成的复杂系统。交通运输系统的特点是不产生新的产品,在其他条件相同的前提下,所消耗的劳动愈小,产生的社会劳动生产率愈高。因此,在交通运输领域中,大力推广系统工程的理论和方法,具有较强的现实意义和经济价值。

　　交通运输系统工程是以交通运输系统为研究对象的一

门技术,也是一门以交通运输专业知识、系统科学、运筹学、计算机应用技术为主体的综合交叉性课程,其基本思想是坚持整体观念、统筹兼顾,运用有关优化分析方法,实现交通运输系统整体性能的提高。

本书根据交通运输发展的需要,系统地介绍了运输系统工程的思想、原理、方法和应用,全书共分10章:第1章运输系统工程概论、第2章运输系统分析、第3章运输系统模型、第4章运输系统预测、第5章运输系统网络计划技术、第6章运输系统模拟、第7章运输系统评价、第8章运输系统决策、第9章运输决策支持系统、第10章智能运输系统。

本书由王振军主编。其中第1章、第2章由黑龙江工程学院吴彪编写,第3章、第7章由中国矿业大学王振军编写,第4章、第8章由东北林业大学张文会编写,第5章由南京农业大学陈青春编写,第6章、第9章由山东交通学院张良智编写,第10章由淮阴工学院夏立国编写。

本书在编写过程中广泛参考了国内外许多文献资料,借鉴了许多专家学者的学术观点和最新研究成果,在此谨向这些文献资料的作者表示衷心的感谢和敬意。

交通运输系统工程是一门仍在不断探索、不断完善和成长的新兴学科,而我们水平有限,对学科的理解和把握尚有待进一步提高,故书中肯定存在不足之处,恳请广大读者批评指正。

作 者
2008 年 6 月

目　录

1 运输系统工程概论

现代交通运输发展最主要的特征就是各项交通活动之间存在着相互联系、相互制约的关系,是作为一个有机整体的一部分而存在的,这个有机整体就是交通运输系统。系统性是现代交通运输发展最基本的特性。因此,必须针对交通运输系统的特点,运用交通运输系统工程的理论和方法,才能解决交通运输系统规划、设计、分析、预测、评价、决策和优化等过程中的问题。交通运输系统工程是交通运输学与系统工程的交叉学科。

本章在简要介绍系统和系统工程的一般概念和特征的基础上,着重阐述交通运输系统的概念、要素及特点,介绍交通运输系统工程的概念、工作方法和所要解决的主要问题。

1.1 系统与系统工程

1.1.1 系统

1)系统的概念和特性

(1)系统的定义

"System(系统)"一词最早出现于古希腊语中,意为"部分组成的整体"。从中文字面看,"系"指关系、联系,"统"指有机统一,"系统"则指有机联系和统一。关于系统的定义,国内外有不同的说法,主要有以下几种:

①一般系统理论创始人冯·贝塔朗菲(L. Von. Bertalanffy)认为"系统是相互作用的诸要素的综合体";

②《韦比词典》中,系统被解释为"有组织或被组织的整体,被组合的整体所形成的各种概念和原理的综合,以有规则地相互作用、相互依赖的形式组成的诸要素的集合";

③日本 JIS 标准中,系统被定义为"许多组成要素保持有机的次序,向同一目的行动的集合体";

④《中国大百科全书·自动控制与系统工程》卷中的解释为"系统是由相互制约、相互作用的一些部分组成的具有某种功能的有机整体";

⑤ 钱学森教授把"系统"定义为"系统是由相互作用和相互依赖的若干组成部分结合而成的具有特定功能的有机整体,而且这个整体又是它所从属的一个更大系统的组成部分。"这一定义为我国系统科学界普遍采用。

上述定义和许多类似的定义一样,指出了系统的三个基本要点(基本属性):

第一,系统是由两个或两个以上的要素组成的整体。要素是构成系统的最基本的部分,没有要素就无法构成系统,单个要素也无法构成系统。

第二,系统的各要素之间、要素与整体之间以及整体与环境之间存在着相互影响、相互作用、相互依赖的有机联系。要素之间若没有任何联系和作用,则不能称之为系统。

第三,系统要素之间的联系与作用必产生一定的功能。功能是系统所发挥的作用或效能,且是各要素个体所不具备的功能,这种功能是由系统内部要素的有机联系和系统的结构所决定的。

由此,本书给出的系统的定义为:系统是相互联系、相互作用的诸要素(元素、单元、子系统)所组成的具有一定结构和功能的有机整体。

在现实生活中,系统是普遍存在的。例如:整个社会就构成一个系统,社会系统是由生产、经济、消费、科学、技术、教育、通信、交通、医药、服务等子系统构成;交通运输是国民经济大系统中的一个子系统,它又是由铁路运输、公路运输、水路运输、航空运输、管道运输等子系统构成;一部汽车也是一个系统,由发动机、底盘、车身、电气设备等部分构成。

(2) 系统与要素之间的相互作用

任何事物都是系统与要素的对立统一体,系统与要素的对立统一是客观事物的本质属性和存在方式,系统与要素相互依存、互为条件,在事物的运动和变化中,系统与要素总是相互伴随而产生、相互作用而变化。系统与要素之间的相互作用表现在如下三个方面:

① 系统通过整体作用支配和控制要素

当系统处于平衡稳定条件时,系统通过其整体作用来控制和决定各个要素在系统中的地位、排列顺序、作用的性质和范围的大小,统率着各个要素的特征和功能,协调着各个要素之间的数量比例关系等等。在系统整体中,每个要素以及要素之间的相互关系都由系统所决定。系统整体稳定,则要素也稳定;当系统整体的特性和功能发生变化,则要素以及要素之间的关系也随之产生变化。例如,综合运输系统的整体功能,决定和支配着作为要素的铁路运输系统、公路运输系统、水路运输系统、航空运输系统以及管道运输系统的地位、作用和它们之间的关系,为使综合运输系统的整体效益最佳,就要求各子系统必须充分发挥各自的功能,就要对各子系统之间的关系进行控制和协调。

② 要素通过相互作用决定系统的特性和功能

一般来说,要素对系统的作用有两种可能的趋势:一种是要素的组成成分和数量具有一种协调、适应的比例关系,使得要素能够维持系统的动态平衡和稳定,并使系统走向组织化、有序化;一种是要素之间出现不协调、不适应的比例关系,这就会破坏系统的平衡和稳定,甚至使系统衰退、崩溃和消亡。例如对我国国民经济大系统而言,如果构成该系统的工业系统、农业系统、交通运输系统等各个系统都能够协调发展的话,就能够使国民经济持续、稳定地发展;但如果交通运输系统发展缓慢,与其他子系统之间不协调、不适应,就会严重制约国民经济的发展,影响国民经济大系统的整体效益。

③ 系统与要素的概念是相对的

一个系统相对于构成它的要素而言是个系统,而相对于由它和其他事物构成的大系统而言则是一个要素(或称子系统);同样,一个要素相对于由它和其他要素构成的系统而言是个要素,但相对于构成它的要素而言则是一个系统。比如,车辆、场站、路网等要素组成了公路运输系统,但公路运输系统又是整个交通运输系统的要素;再比如,相对于交通运输系统而言,水路运输系统是一个要素,但它同时又是由港口运输系统、水上船舶运输系统、航道系统、物流系统、信息系统等要素构成的系统。

(3) 系统的特性

明确系统的特性是认识系统、研究系统、掌握系统思想的关键。系统的特性主要表现为系统的整体性、相关性、目的性和环境适应性。

① 整体性(Integrity)

系统的整体性是指系统不是各个要素的简单集合,系统的各要素之间存在一定的组合方式,各要素之间是相互统一和协调的;系统整体的功能也不是各组成要素功能的简单叠加,而是呈现出各组成要素所没有的新的功能,并且系统的整体功能不限于各组成要素的功能总和,而是大于各组成要素的功能之和,即

$$F > \sum_{i=1}^{n} F_i$$

式中:F——系统的整体功能;

　　F_i——系统第 i 个要素的功能($i = 1, 2, \cdots, n$)。

由于这种整体功能不是各要素所单独具有的,因此对于各要素来说,这种整体功能的产生就不仅是一种量变,更表现为一种质变,系统整体的质不同于各要素的质。系统整体之所以能产生新的质,是因为系统整体的各个组成部分之间相互联系、相互作用形成一种协同作用;只有通过协同作用,系统的整体功能才能显现。

系统的整体性原则对交通运输发展具有重要的指导意义,作用主要表现在以下三个方面:

第一,依据确定的系统目标,从交通运输系统的整体出发,把各要素组成为一个有机的系统,协调并统一诸要素的功能,使系统功能产生放大效应,发挥出整体优化功能。

第二,把不断提高各要素的功能,作为改善交通运输系统整体功能的基础。一般从提高组成要素的基本素质入手,按照系统整体目标的要求,不断提高各个要素的功能,并强调局部服从整体,从而实现交通运输系统的最佳整体功能。

第三,改善提高交通运输系统的整体功能,不仅要注重发挥各组成要素的功能,更重要的是调整要素的组织,建立合理结构,促进系统整体功能优化。

② 相关性(Relationship)

相关性是指系统的要素之间、要素与系统整体之间、系统与环境之间的有机关联性。系统中每个要素都依赖于其他要素存在,系统中任何一个要素的变化都将引起其他要素的变化乃至整个系统的变化。

系统的相关性原则对交通运输发展的指导意义在于以下三个方面:

第一,在实际的交通运输系统中,当要改变某些不合要求的要素时,必须注意考察其与之相关要素的影响,使这些相关要素得以相应的变化。通过要素发展变化的同步性,可以使各要素之间相互协调与匹配,增强协同效应,提高交通运输系统的整体功能。

第二,交通运输系统内部诸要素之间的相关性是动态的。要素之间的相关作用是随时间变化的,因此必须把交通运输系统视为动态系统,在动态中认识和把握系统的整体性,在动态中协调要素与要素、要素与整体的关系。

第三,交通运输系统的组成要素,既包括系统层次间的纵向关系,也包括各组成要素间的横向关系。协调好各要素的纵向层次关系和要素之间的横向关系才能实现系统的整体功能最优。

③ 目的性(Purpose)

目的是指人们在行动中所要达到的结果和意愿。系统的目的性是人们根据实践的需要而确定的,人造系统有具体的目的,而且通常不是单一的。

任何一个系统都有它的目的,否则,也就失去了存在的价值和意义。例如,企业的经营管理系统,在限定的资源和现有职能机构的配合下,它的目的就是为了完成或超额完成生产经营计划,实现规定的质量、品种、成本、利润等指标。运输系统的目的,就是为国民经济的发展提供运输服务;运输系统中各运输子系统的目的,就是为运输大系统的总目的服务。

系统的目的性原则要求人们正确地确定系统的目标,并运用各种调节手段把系统导向预定的目标,从而达到系统整体最优。

④ 环境适应性(Environment Compatibility)

环境是存在于系统以外的事物(物质、能量、信息)的总称,也可以说系统的所有外部事物就是环境。任何一个系统都存在于一定的环境中,环境的变化对系统有很大的影响,同时,系统的作用也会引起环境的变化。两者相互影响作用的结果,有可能使系统改变或失去原有的功能。一个好的系统,必须不断地与外部环境产生物质的、能量的和信息的交换,以适应外部环境的变化,这就是环境适应性。

环境适应性原则不仅要求人们注意调节系统内各要素之间的相关性,而且还要考虑系统与环境的关系,只有系统内部关系和外部关系相互协调、统一,才能全面地发挥出系统的整体功能,保证系统整体向最优方向发展。

综上所述,一般系统的概念模型如图1.1所示。

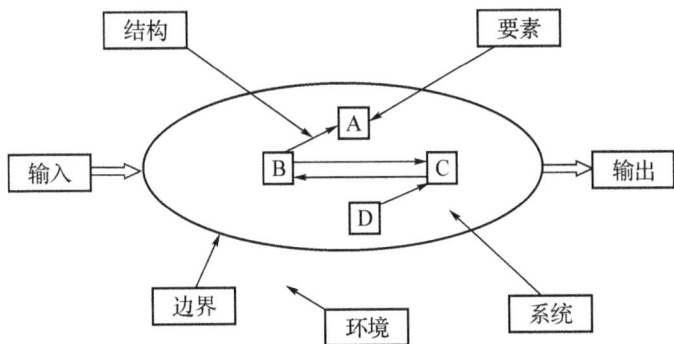

图 1.1　一般系统的概念模型

2) 系统的分类

系统是以不同的形态存在的,根据系统生成的原因和反映的属性不同,可以进行各种各样的分类:

(1) 按照系统的起源分为自然系统和人造系统

自然系统是由自然过程产生的系统,这类系统是自然物(矿物、植物、动物等)天然形成的系统,如森林系统、海洋系统、生态系统等等。人造系统是人们根据某种目的,将有关要素按其属性和相互关系组合而成的系统,如工程技术系统、经营管理系统、运输系统等。实际上,多数系统是自然系统与人工系统的复合系统,因为在这些系统中,有许多要素是人们运用科学技术改造自然系统的结果。

(2) 按照系统要素的形态分为实体系统和概念系统

实体系统是矿物、生物等物质实体组成的系统,如建筑物、生物、机械和人群等。概念系统是由概念、原理、原则、方法、制度等观念性的非物质实体所构成的系统,如教育系统、法律系统、军事指挥系统、社会系统等。在实际生活中,实体系统和概念系统在多数情况下是结合的,实体系统是概念系统的物质基础,而概念系统往往是实体系统的中枢神经,指导实体系统的行为。如军事指挥系统中既包括军事指挥员的思想、信息、原则、命令等概念系统,也包括计算机系统、通信设备系统等实体系统。

(3) 按照系统的时间特性分为动态系统和静态系统

动态系统是指系统的状态变量随时间变化的系统,如生产系统、通信系统、金融系统等。静态系统是指系统的状态变量在一定时间内不随时间变化的系统,如港口设施规划、企业平面布置等。静态系统是动态系统的一种极限状态。

(4) 按照系统与外界环境的关系分为开放系统和封闭系统

开放系统是指系统与环境之间有物质、能量或信息交换。系统从环境中获得必要的物质、能量或信息,经过处理,转换成新的物质、能量或信息输出到环境中。大部分系统都属于开放系统,如社会系统、物流系统、运输系统、经济系统等。封闭系统则相反,与外界环境不发生任何形式的交换,它既不向环境输出,也不从环境输入,系统与环境之间没有任何物质、能量和信息交换。

其他的分类还有对象系统和行为系统、控制系统和因果系统、自动系统和非自动系统、结构系统和过程系统等等。

在交通运输系统中,实际存在的系统大多是自然系统与人造系统复合而成的,如交通控制系统、交通网络系统、公路运输系统等。

3)系统思想

系统是客观存在的,但是系统思想的形成及演变却经历了一个漫长的过程。

(1)古代朴素的系统思想

在古代,当有了生产活动以后,客观世界的系统特性就逐渐地反映到人的认识中来,并自发地产生了一些朴素的系统思想。

在哲学上,这种朴素的系统思想表现在把自然界当做统一的整体。如古希腊辩证法奠基人之一的赫拉克利特(约公元前 460 年—公元前 370 年)认为"世界是包括一切的整体";亚里士多德的名言归结为"整体大于它的各部分总和",这是系统论的基本原则之一。我国春秋末期的思想家老子也曾阐明了自然界的统一性:"天下万物生于有,有生于无""无,名天地之始;有,名万物之母""道生一、一生二、二生三、三生万物"。

在实践上,这种朴素的系统思想表现在从事物之间相互联系的角度去观察和改造世界。我国古代著名的医学典籍《黄帝内经》就把自然界和人体看成是由五种要素相生相克、相互制约组成的有秩序、有组织的整体,对疾病的诊断综合分析,强调因人、因时、因地治疗,并要把治疗与调养、治疗与防病结合起来;春秋末期,著名军事家孙武在其《孙子兵法》中阐述了不少朴素的系统思想和谋略,对战争系统的各个层次、各个方面以及它们的内在联系等都进行了全面的分析和论述,从而在整体上构成了对战争规律性的认识;战国时期秦国人李冰主持修建的驰名中外的四川都江堰水利工程,把岷江分水工程、分洪排沙工程、引水工程三大主体工程和 120 多个附属渠堰工程巧妙地联系在一起,使工程兼有防洪、灌溉、漂木、行舟等多种功能,形成一个协调运转的工程总体,体现了非常完善的整体观念、优化方法和发展的系统的思想,即使从现在的观点看,仍不愧为世界上一项宏伟的水利建设工程。

(2)系统思想的成熟与发展

古代朴素的系统思想虽然有对自然界整体性、统一性、相关性的认识,但是这种认识是非常肤浅、片面的,缺乏对整体各个细节的认识,与真正的系统思想、系统观念还是有很大的距离。这是由于当时的生产力和科学技术还十分落后,人类改造世界的能力有限,规模也很小,对客观世界中的各种复杂的依赖关系、制约关系认识得不够深刻、全面。正如恩格斯指出的"在希腊人那里——正因为他们还没有进步到对自然界的解剖、分析——自然界还被当做一个整体刚从总的方面来观察。自然现象的总联系还没有在细节方面得到证明,这种联系对希腊人来说是直接的、直观的结果。这里就存在着希腊哲学的缺陷,它在以后就必须屈服于另一种观点",事实上情况也确实如此。

15世纪下半叶,由于近代自然科学的发展,力学、天文学、物理学、化学以及生物学等学科逐渐从混为一体的哲学中分离,并获得日益迅速的发展,形成了自然科学,从此,古代朴素的唯物主义哲学思想让步于形而上学的思想。这种分离把自然界的细节,从总的自然联系中抽出来分门别类地进行研究,因而使得人们对自然界的各个层次、各个局部、各个细节、各个侧面以及这些层次、局部、细节、侧面之间的联系有了更深入的了解、获得了更详细的科学资料,大大加深了人类对客观世界的认识。但是,当时社会生产和科学技术的这种进步,仍然没能使人类形成明确和完整的系统观念。这是由于人们看问题的眼光是静止的、孤立的,从而形成了形而上学的思维方法。这种思维方法成为人类完整地认识整个客观世界的障碍,极大地影响了人类认识世界的进程。

19世纪上半叶,自然科学已取得伟大的成就,特别是能量守恒定律、细胞学说和进化论的发现,使人类对自然过程是相互联系的认识有了很大的提高。恩格斯指出"由于这三大发现和其他自然科学的巨大进步,我们现在不仅能够指出自然界中各个领域内过程之间的联系,而且总的来说也能指出各个领域之间的联系了,这样,我们就能够依靠经验和自然科学本身所提供的事实,以近乎系统的形式描绘出一幅自然界联系的清晰图画"。这个时期的自然科学为马克思主义哲学提供了丰富的素材,为唯物主义自然观奠定了更加巩固的基础。马克思、恩格斯的辩证唯物主义认为,物质世界是由无数相互联系、相互依赖、相互制约、相互作用的事物和过程形成的统一整体。辩证唯物主义体现的物质世界普遍联系及其整体性的思想就是系统思想,这是"一个伟大的基本思想,即认为世界不是一成不变的事物的集合体,而是过程的集合体"。恩格斯所讲的"集合体"即是我们现在所讲的"系统"及其特征,而他所强调的"过程",就是指系统中各个组成部分的相互作用和整体的发展变化。因此,系统思想是辩证唯物主义的重要组成内容。现代科学技术的发展以及计算机技术和信息技术的高度发展对系统思想的方法和实践产生了重大影响,主要体现在两个方面:一是使系统思想、系统方法定量化、科学化,使之成为具有坚实的数学理论基础的、能够定量地处理系统各组成部分联系关系的科学方法;二是计算机与信息技术的应用,为系统思想、系统方法的实际运用提供了强有力的工具。

总之,系统思想在辩证唯物主义那里取得了哲学的表达形式,在运筹学和其他学科中取得定量的表达方式,并在系统工程应用中不断充实着自己实践的内容,系统思想方法从一种哲学思维逐步成为独立的系统理论,并在此基础上形成了一门专门的科学——系统科学。

4)系统理论

系统思想的出现彻底改变了人们的思维方式,使人们在向宏观世界和微观世界的进军中逐步揭示出客观事物的本质联系和内部规律,提出了一系列的系统理论。

(1) 一般系统论

一般系统论的创始人是冯·贝塔朗菲,他在 1947 年提出一般系统论时,曾明确地把马克思和恩格斯的辩证法列为一般系统论的思想来源之一。一般系统论来源于机体论,其基本观点是:

① 系统观点

即一切有机体都是一个整体(系统),这个整体是由部分(要素)结合而成的,其特性和功能不只是各部分特性和功能的简单相加。系统就是"相互作用的诸要素的复合体",系统的性质取决于复合体内部特定的关系。要了解系统的特性,不仅要知道组成这个系统的要素,而且还要知道它们之间的相互关系。

② 动态观点

即一切有机体本身都处于积极的运动状态,并与环境不断地进行物质、能量的交换,以使有机体能够有组织地处于活动状态,并保持其有活力的生命运动。这种能量与环境交换物质、能量的系统称为开放系统。生命系统本质上都是开放系统。任何一个开放系统,都能在一定条件下保持其自身的动态稳定性。

③ 等级观点

即各种有机体都按严格的等级组织起来,并通过各层次逐级地组合,形成越来越高级、越来越庞大的系统。

一般系统论有着十分广泛的含义。冯·贝塔朗菲在论述这门学科性质和任务时指出:一般系统论是一门新学科,属于逻辑和数学的领域,它的任务是确立适用于各种系统的一般原则,既不能局限在"技术"的范围内,也不能当做一种数学理论来对待,因为有许多系统问题不能用纯数学的方法求出解答,而要从系统的观点来认识和分析客观事物。一般系统论沟通了自然科学与社会科学、技术科学与人文科学,提出了研究各门学科的新的方法,使许多学科面貌焕然一新。一般系统论为系统工程的发展和人类走向系统时代奠定了理论基础。

(2) 控制论

控制论是 20 世纪 40 年代末期开始形成的。第二次世界大战期间,由于自动化技术、导弹和电子计算机技术的发展,要求自然科学必须在理论上进行系统研究和科学总结。1948 年,美国数学家维纳(Norbert Wiener)总结了前人的经验,创立了控制论这门学科。

控制论是研究系统调节与控制的一般规律的科学,它是自动控制、无线电通信、神经生理学、生物学、心理学、电子学、数学、医学和数理逻辑等多种学科互相渗透的产物。其主要内容为:

① 最优控制理论

这是现代控制论的核心。这一理论是通过数学的方法,科学、有效地解决大系统的设计和控制问题,强调采用动态的控制方式和方法,满足各种多输入和多输出系统的控制要求,实现系统的最优化。

② 自适应、自学习和自组织系统理论

自适应系统是能够按照外界条件的变化、自动调整其自身结构或行为参数,以保持系统原有功能的系统;自学习系统是能够按照自己运行过程中的经验来改进控制系统能力的系统,它是自适应系统的延伸和发展;自组织系统是能够根据环境的变化和运行经验来改变自身结构和行为参数的系统。这些理论,对组织系统的控制研究,带来了很大的影响和变革。

③ 模糊理论

模糊理论是在模糊数学(包括模糊代数、模糊群体、模糊拓扑等)的基础上形成的一种新型的数理理论,主要用来解决一些不确定性问题。由于在现实问题中,存在着大量的、不够明确的信息和含糊不清的概念,很难用确定的数学模型来描述,因此,必须借助于模糊数学来解释这一类问题。

④ 大系统理论

大系统理论是现代控制论的一个新的研究领域。它以规模庞大、结构复杂、目标多样、功能综合、因素繁多的各种大系统为研究对象,大系统理论的研究和应用涉及工程技术、社会经济、生物生态等许多领域,例如城市交通系统、社会系统、生态环境系统等。其研究的主要问题是大系统分析及大系统的最优化。

(3) 信息论

信息论是研究信息传输和信息处理系统的一般规律的学科。它起源于通信理论,1948 年由美国科学家申农提出。其基本思想和特有方法完全撇开了系统物质与能量的具体运动形态,而把系统的有目的的运动抽象为一个信息变换的过程,以探求信息的一般特征、传送规律和原理。由于人类的任何实践活动都可以简化为多股流:人流、物流、财流、信息流,其中信息流起着支配的作用,它调节着系统内部其他流的数量、方向、速度、目标,并控制着人和物有目的的、有规律的活动。因此,信息论可以说是控制论的基础。

(4) 耗散结构理论

20 世纪 70 年代,比利时物理学家普利高津(I. Prigogine)提出了"耗散结构"学说,这也是一种系统理论。耗散结构概念是由相对平衡结构概念提出来的。长期以来,在物理学界中人们只研究平衡系统的有序稳定结构,并认为倘若系统原来处于一种混乱无序的非平衡状态时,系统是不能在非平衡状态下呈现出一种稳定有序的结构的。普利高津从热力学第二定律出发,通过研究非平衡态热力学,指出:一个远离平衡态的开放系统,在一定的外界条件下,通过不断地与外界交换能量、物质和信息,能够从原来的无序状态转变为一种时间、空间或功能的有序状态。普利高津把这种远离平衡态的、稳定的、有序的结构,称作耗散结构(Dissipative Structure)。这一学说回答了开放系统如何从无序走向有序的问题,普利高津因此获得了诺贝尔奖。

在耗散结构理论中,普利高津着重阐述了以下几个基本观点:

① 开放系统是产生耗散结构的必要前提

开放系统不仅是产生耗散结构的必要前提,也是耗散结构得以维持和存在的基础。因为耗散结构实质上就是远离平衡态的非线性系统,是通过与外界不断地交换物质、能量和信息来维持的一种动态的有序结构。这种交换一旦停止,系统的结构就会受到破坏,就会遭到瓦解。因此,要使一个系统产生并保持耗散结构,就必须为其创造充分开放的条件,使其成为远离平衡态的开放系统。

② 非平衡态是系统有序之源

普利高津认为,开放系统是形成耗散结构的必要条件,但不是充分条件。他指出:一个开放系统并没有充分的条件保证出现这种结构,耗散结构只有在系统保持"远离平衡"的条件下才有可能出现。"非平衡是有序之源"是普利高津研究问题的一个基本出发点。耗散结构是一种非平衡结构,是一种动态的稳定结构,是系统在不断地与外界交换物质、能量和信息的过程中形成的稳定结构。

③ 系统的涨落导致系统走向有序

所谓涨落,是指系统的某个变量或某种行为对平均质的偏离。涨落是偶然的、随机的、杂乱无章的,在不同的状态下有不同的作用。对平衡态、近平衡态来说,涨落是一种破坏其稳定性的干扰,是一种消极作用;对远离平衡态的耗散结构而言,涨落是系统由不稳定状态到新的稳定状态的杠杆,是一种积极的因素。系统的结构通过涨落规定和主导系统的功能,而系统的功能也通过涨落来影响和改变着系统的结构,并使系统定向有序。

耗散结构理论推进了系统自组织理论的发展,对系统科学的发展有着重要的理论意义。

(5) 协同学理论

协同学(Synergetics)理论也是在 20 世纪 70 年代产生的,由联邦德国的物理学家哈肯(Harmann Haken)提出。与耗散结构理论一样,协同学理论也是研究远离平衡态的开放系统的。与之不同的是,普利高津借助于热力学的理论来进行研究;而哈肯则在汲取耗散结构理论论点的基础上,采用统计力学的考察方法来研究开放系统的行为。在协同学理论中,哈肯提出了以下几个观点:

① 协同导致有序

所谓协同,就是协同作用。协同学理论强调系统的协同效用,即在复杂大系统内,各子系统的协同行为产生超越各要素自身的单独作用,从而形成整个系统的统一作用和联合作用。协同作用是形成系统有序结构的内部作用力,在这种作用力下,系统能够自动地产生空间上、时间上和功能上的有序结构,出现新的稳定状态。

② 自组织理论

所谓自组织,哈肯特别强调指的是系统在没有外部指令的条件下,其内部子系统之间能够按照某种规则自动形成一定的结构和功能,它具有内在性和自主性。自组织理论是协同学的核心,它反映了复杂大系统在演变过程中如何通过内部诸要素的自动协同来达到宏观有序状态的客观规律。

协同学不仅对自然科学的研究作出了贡献,而且对现代经济管理、系统科学的研究也越来越显示出重要作用,成为系统科学的重要理论基础。

(6) 突变论

20 世纪 70 年代产生的另一个有影响的系统理论,是 1972 年由法国数学家托姆(Rene Thom)提出的突变理论。突变理论是从量的角度研究各种事物的不连续变化的,并试图用统一的数学模型来描述它们。突变论以结构稳定性为基础,通过对系统稳定性的研究,说明系统的稳态与非稳态、渐变与突变的特征及其相互关系,揭示系统状态演变的内部因素与外界条件。突变论出现以后,被迅速地应用到自然科学的各个领域,并被尝试在社会科学中应用,如用突变论研究经济危机、市场行情、股市动向等。随着突变论的完善和发展。它在各个领域的应用也将越来越广泛、深入,人们对系统结构的演化方式和演化规律也将有进一步的认识。

(7) 超循环理论

1977 年,前联邦德国生物物理学家爱根提出非平衡、自组织现象的超循环理论,探讨了基层的循环可组成更高层的循环,即超循环;而更高层的循环又可以出现自我更新、繁殖和遗传变异。超循环理论揭示了物质系统从低一级结构形式向高一级结构形式变化发展的过程,为生命现象怎样在一定环境中演化提供了科学的理论基础。这种理论为人类改造自然系统、技术系统及社会系统提供了新思想和新方法,使系统理论更加科学和现代化。

(8) 灰色系统理论

一个系统如果它的内部结构清清楚楚,就称这类系统为"白色"的;若对这个系统的内部结构全然不知,则称这个系统为"黑色"的;若这个系统内部结构某些是已知的、某些是未知的,则称这个系统为"灰色"的。关于灰色系统,目前已取得了不少的成果,诸如建模的理论与方法、决策分析、预测理论与方法、控制、优化等问题,特别是在农业、工业等许多领域内已得到非常广泛的应用。

(9) 泛系方法论

泛系方法论也称泛系理论。它侧重从所谓泛系(广义的系统、关系、对称、生克等及其联系、复合与转化)来进行多层网络型的一种跨域研究。

5) 系统科学的学科体系

(1) 系统科学体系

系统科学就是从系统的角度观察客观世界所建立起来的科学知识体系。系统科学的研究对象是具有系统意义的现象或问题,系统科学的任务是为提供用系统观点考察对象的一般原理和方法。

系统科学既不属于自然科学,也不属于社会科学,是一门独立的学科门类。它不是简单的交叉科学或边缘科学,而是一门横断学科,是研究所有系统共性的学问。

20世纪70年代前后系统科学得到了迅速发展,重大进展有以下三个:

①以理论自然科学和数学的最新研究成果为依托,出现了一系列基础科学层次的系统理论;

②社会系统工程问题,与此相对应的是管理科学及工程的蓬勃发展;

③系统科学体系的建立。

我国科学家钱学森提出了一个清晰的现代科学技术的体系结构,认为从应用实践到基础理论,现代科学技术可以分为四个层次:首先是工程技术这一层次,其次是直接为工程技术提供理论基础的技术科学这一层次,然后是基础科学这一层次,最后是通过进一步综合、提炼达到最高概括的马克思主义哲学(图1.2)。系统科学是由各门系统工程(如社会系统工程、安全系统工程、教育系统工程等)等工程技术、系统工程的理论方法(像运筹学、信息论、控制论等)这一技术科学,以及它们的理论基础(系统学)和哲学层面的科学所组成的一类新兴科学。

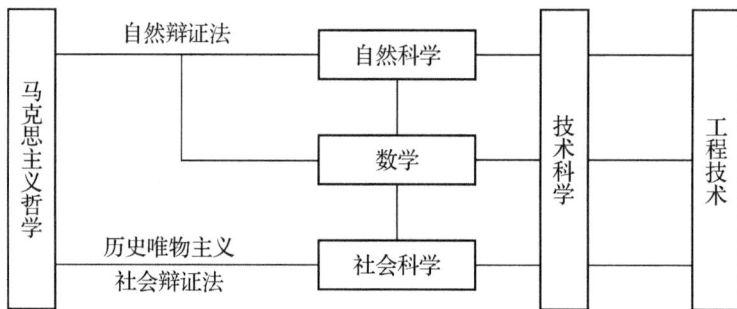

图1.2 现代科学技术体系

哲学是关于自然、社会和思维最一般规律的知识体系,是关于科学世界观的学问;基础科学是关于自然界物质运动形式的普遍规律和理论的学问;技术科学是关于人工自然过程的一般机制和原理的学问;工程技术是关于设计和建造特定人工自然过程的技术手段与工艺方法的学问。

在"基础科学——技术科学——工程科学"层次结构中,抽象性、普遍性逐渐减弱,而实践性、特殊性逐渐增强。三者之间,前者都是后者的理论基础,后者都是前者的具体应用。哲学的一部分基本原理来源于自然科学,哲学对各门科学也有一定的指导作用。

在现代科学技术四个层次的基础上,钱学森进一步提出了包含有系统科学部类的现代科学技术体系结构,如表1.1所示。

表 1.1　现代科学技术体系结构

哲学	马克思主义哲学						
桥梁	数学哲学	自然辩证法	历史唯物主义	系统论	社会论	军事哲学	……
学科部类	数学	自然科学	社会科学	系统科学	行为科学	军事科学	……
基础科学	几何、代数、数学分析	物理学、生物学、力学、化学	经济学、社会学、民族学	系统学	伦理学、行为学	战略学	……
技术科学	计算数学、应用数学	化学原理、机械原理、电工学	资本主义理论、社会主义理论	运筹学、信息论、控制论	社会主义道德理论	指挥学	……
工程技术	统筹方法、速算技术	硫酸生产工艺、齿轮技术	企业经营管理、社会工作	各门系统工程	公共关系学、人际关系学	战术训练、军事工程	……

数学是从数和形的数量关系上研究客观世界,不考虑客观世界的质的区别,它既可以研究无生命世界,也可以研究生命世界。

自然科学是从客观物质运动的角度,从能量转移和变化的角度研究客观世界,现代科学表明客观物质之间的相互作用,只有引力相互作用、电磁相互作用、强相互作用、弱相互作用四种,它们是物质产生各种运动变化的原因所在,自然科学也研究这些相互作用的特点及性质。

社会科学是从人类社会发展运动的角度研究客观实际,是从人的社会行为这一侧面来研究客观实际,人类社会的发展复杂多变,但在其背后也存在着固有的规律:经济基础决定上层建筑,生产力推动生产关系的变革,同时又受它的制约。这些基本规律就像牛顿第二定律那样决定了社会发展的趋势及速度,当然也同牛顿定律一样有一定的适用条件。

系统科学是从整体与局部的关系角度来研究客观实际,讨论系统整体的优化、系统结构与功能的关系、系统的稳定性等。其基础科学层次是系统学,系统学是关于一般系统的基本概念、性质、分类、结构与功能,以及系统演化、协同、控制的一般规律的理论。技术科学层次包括运筹学、信息论和控制论。

行为科学是从人的社会性角度来研究社会,主要研究人的群体行为,研究人个体行为与群体表现之间的关系。生物界中群居的动物也都有个体之间的交往,存在群体行为,因此行为科学研究的对象也包含除人以外的昆虫的组织结构、哺乳动物的生活规律等内容。

军事科学是从集团之间冲突的角度来研究客观实际。冲突、竞争、战争这些现象也不仅仅是人类社会现象,动物和植物的生存竞争也可以作为军事科学研究的内容。

1986 年钱学森首先提出来的是数学、自然科学、社会科学、系统科学、人体科学、思维科学六大部类,以后逐渐增加不断完善、丰富,到 1990 年先后增加了行为科学、文学艺术、军事科学,共形成九大学科部类。上述学科部类基本上将所有知识都进行了划分,不过由于科学技术的复杂性及多样性,经常可以看到某一门学科很难归属到哪一类,更多的是一些与多门学科关联的综合、交叉学科。

同时,由于人们认识的局限性,一些学科部类的划分存在错误,如人体科学中对特异功能、中医理论等非科学的研究。因此,科学技术体系结构仍在不断发展、演化当中。

（2）系统科学的性质

系统科学是研究一般系统运动产生的系统性质及相关问题的科学。它之所以能形成一门独立的科学,乃是来源于它与传统科学在研究对象、理论观点和研究方法诸方面的差异。

① 研究对象

各门自然科学以各种各样的个体以及由它们所表现出来的各种个体类性质和由它们所产生的各种现象为研究对象;而系统科学则以各种各样的系统以及由它们所表现出来的各种系统类性质和由它们所产生的整体行为为研究对象。人们可以避开具体研究对象,将系统思维框架由一门学科转移到另一门学科,由一种情况转移到另外一种情况,将研究成果应用于多个领域。

② 理论观点

系统科学的理论基础是系统论。如前所述,系统论认为:只有一部分系统可以利用还原论完全分解,如机械系统,相当多的系统只是近似可以分解的或不可分解的,即系统诸组成部分之间的相互作用是不可忽略的。因而,系统研究的重点是各种各样的关系,而不是系统的各个组成部分,并且,作为系统的一个整体属性——涌现性是不可能由它们的任何组成部分单独提供的,而是诸系统部分相互作用的产物。

③ 研究方法

系统科学的研究方法是一种基于系统论的综合方法,认为系统不能在它自己的边界范围内用自身语言给以恰当而充分的描述,唯一可能的方法是将它置于一个范围更大的系统体系中。因此,这种方法的特点是它使用由部分到整体,再由整体到系统的思维路线和处理过程。

（3）系统科学体系的逐步完善

系统科学是伴随着系统学的完善和系统工程理论与实践应用而发展起来的。

系统科学的一条发展线是从其基础科学领域开始的,20 世纪 30 年代理论生物学家贝塔朗菲的一般系统论的创立,以及近二十年的以数学、物理、化学、生物等学科领域为背景的耗散结构理论、超循环论、突变理论、协同学、混沌学、数理科学中的非线性分析、复杂适应系统、模糊系统理论以至我国钱学森等人提出的开放的复杂巨系统等,这一系列与系统研究有关的分支学科的陆续诞生,丰富和发展了系统科学的基础科学——系统学。

系统工程理论与实践的发展,大大丰富了系统科学的内容。近代系统工程的形成,可追溯到 20 世纪二三十年代的泰勒的科学管理理论,在四五十年代,随着军事、通信和生产实践发展的需要,运筹学、控制论、信息论以及电子计算机理论与技术等一组技术科学群的形成,为系统工程的形成奠定了基础。60 年代前后,为解决规模庞大的工程和科研项目管理问题,系统工程成功地运用于军事、空间技术等领域。七八十年代,系统工程得到迅速发展,不断扩大应用领域,从组织管理领域、技术工程领域向社会、经济、生态等领域扩展渗透。系统的发展从硬系统到软系统,从微观分析到宏观战略,从简单系统到巨系统,直至开放的复杂巨系统。

系统的概念、思想和方法及其普遍规律把不同领域的学科成就联系和统一起来,并成功地应用于工程与管理等实践过程,使得系统科学产生并蓬勃发展,系统科学的体系结构也逐步完善起来。

1.1.2 系统工程

系统工程(Systems Engineering,SE)是 20 世纪 60 年代初开始形成的一门新兴实用学科,是软科学的重要组成部分。它不仅是一门综合性很强的实用技术科学,也是现代化的组织管理技术。

1) 系统工程的基本概念

(1) 系统工程的定义

国内外著名的系统工程学家曾从不同角度来解释系统工程,但几乎都涉及系统工程的研究对象、研究方法、研究内容、研究目的等方面,下面引述国内外有代表性的定义:

① 1967 年,美国学者切斯纳(H. Chestnut)在其所著的《系统工程学的方法》一书中指出:"系统工程学是为了研究由多个子系统构成的整体系统所具有的多种不同目标的相互协调,以及系统功能的最优化,最大限度地发挥系统组成部分的能力而发展起来的一门科学"。

② 1967 年,日本在《JIS-Z8212》中的定义为:"系统工程学是为了更好地达到系统目标,对系统的构成要素、组织结构、信息流动和控制机构等进行分析和设计的一种技术"。

③ 1967 年,美国学者莫顿的定义为:"系统工程是用来研究具有自动调整能力的生产机械以及像通讯机械那样的信息传输装置、服务性机械和计算机械等的方法,是研究、设计、制造和运用这些机械的基础工程学"。

④ 1969 年,美国质量管理学会系统委员会的定义为:"系统工程是应用科学知识设计和制造系统的一门特殊工程学"。

⑤ 1971 年,东京工业大学寺野寿郎教授在其所著的《系统工程学》一书中的定义为:"系统工程学是为了合理地开发、设计和运用系统而采用的思想、程序、组织和方法等的总称"。

⑥ 1974 年,《大英百科全书》的定义为:"系统工程是一门把已有学科分支中的知

识有效地组合起来用以解决综合化的工程技术"。

⑦ 1975年,美国科学技术词典的定义是:"系统工程是研究彼此密切联系的众多要素所构成的复杂系统的设计的科学。在设计这种复杂系统时,应有明确预定功能及目标,而在组成它的各要素之间及各要素与整体之间又必须能够有机地联系、配合协调,以使系统总体达到最优目标。在设计时还要考虑到参与系统中人的因素和作用"。

⑧ 1976年,《苏联大百科全书》的定义为:"系统工程是一门研究复杂系统的设计、建立、试验和运行的科学技术"。

⑨ 1977年,日本学者三浦武雄指出:"系统工程与其他工程学不同之处在于它是跨越许多学科的科学,而且是填补这些学科边界空白的边缘科学。因为系统工程的目的是研制系统,而系统不仅涉及工程学的领域,还涉及社会、经济和政治等领域。为了适当解决这些领域的问题,除了需要某些纵向技术以外,还要有一种技术从横向把它们组织起来,这种横向技术就是系统工程,也即研究系统所需的思想、技术、手段和理论等体系化的总称。"

⑩ 1978年,我国著名学者钱学森在《组织管理的技术——系统工程》一书中的解释:"系统工程是组织管理系统工程的规划、研究、设计、制造、试验和使用的科学方法,是一种对所有系统具有普遍意义的科学方法"。

系统工程的早期定义大多停留在对系统工程狭义上的理解,如美国 H. 切斯特努特以及日本 JIS 标准给出的系统工程的定义,它们虽然都明确了系统工程的理论基础是系统思想,但对其主要任务的认识却只局限在分析、综合、模拟、优化上。日本寺野寿郎为系统工程所作的定义拓宽了系统工程的内容,将系统的组织技巧也纳入其中,自此明确了系统工程的研究内容包括两大方面:一是从系统开发、系统分析、系统优化到系统决策的一套系统的设计、制造过程;二是该设计、制造过程的规划、组织、管理。钱学森进一步指出了系统工程是一种对所有系统都具有普遍意义的科学方法。

（2）系统工程的本质与特点

① 系统工程的本质

要理解系统工程的本质。一是要从系统工程所体现的"系统性"上去理解,二是要从系统工程与传统工程技术的区别方面来理解。

所谓系统性问题,就是系统设计、开发、管理、控制的目的性、整体性、相关性、最优性、综合性和环境适应性问题。系统工程就是为了解决工程进入系统发展时代所产生的系统性问题而发展起来的一门学科,是以许多科学技术和管理技术为基础发展起来的,并且把这些科学技术在横向方面联系形成的一门高度综合的科学。系统工程是工程战略,是工程技术、组织管理和工程哲学的统一。所以就其本质来说,系统工程是一门"社会—技术"学科。

系统工程与传统工程技术相比,既有共同之处,也有明显区别,其主要区别在于:

• 系统概念不同

传统工程技术的"工程"概念,是指把自然科学的原理和方法应用于实践,设计和生产出诸如机床、电机、仪表等有形产品的技术过程，可将它看成是制造"硬件"的过程。系统工程的"工程"概念不仅包含"硬件"的设计与制造，而且包含与设计和制造"硬件"紧密相关的"软件"工程，如规划、计划、方案、程序等活动过程。这样就扩展了传统的"工程"的含义，给系统工程的"工程"赋予了新的研究内容，因而它被誉为"工程的工程"。

• 研究对象不同

传统工程技术是把各自特定领域内工程物质对象作为研究对象和目标，有具体的、确定的研究对象，如交通工程研究的对象是物流、交通工具、交通网；道路工程研究的对象是道路等。而系统工程则是以"系统"为研究对象，不仅包括各种工程技术的物质研究对象，而且还包含社会系统、经济系统、管理系统等非物质研究对象。这样，系统工程的研究对象是一个表现为普遍联系、相互影响、规模和层次都极其复杂的综合系统。

• 研究任务不同

传统的工程技术是用来解决某一特定专业领域中的具体技术问题，如汽车运用工程是用科学的方法和手段，对汽车技术状况进行管理。而系统工程的任务是解决系统的全盘统筹问题，即通过系统工程的活动，妥善解决系统内部各分系统、各要素之间的总体协调问题，同时涉及系统与自然环境、社会环境、经济环境的相互联系等问题。

• 研究方法不同

传统工程技术所用的方法是在明确目标后，根据条件采用可能实现目标的方法，提出不同方案进行设计，试制出原型，经试验后最终达到生产和建设的目的。而系统工程在解决各种系统性问题的过程中，采用一整套系统的方法，包括一系列的系统工程观念，有完整的解决问题的程序，运用电子计算机。所以，系统工程的目标是实现系统的整体优化。

• 研究人员素质不同

系统工程人员应具有的素质是：有强烈的系统观点，在任何时刻、任何环境下，都能坚持用系统观点和方法研究和处理问题；应是"T"型人才，即一方面知识较广，另一方面具备较深的专业知识；应有丰富的想象力和创造力，善于发现问题，并能及时提出较多的可行方案；善于沟通，促进主管人员、设计人员以及各方面有关人员相互协作；熟悉环境动向，掌握部门之间的信息交流。

② 系统工程的特点

系统工程与传统工程技术相比，有如下的特点：

• 研究思路的整体化

系统工程研究思路的整体化，就是既把研究的对象看成是一个系统整体，又把研究对象的研究过程看作一个整体，从整体出发，全面地考虑系统的研究过程，以实现系统整体最优化。

• 应用方法的综合化

系统工程强调综合运用各个学科和各种技术领域所获得的成就和方法，使得各种方法相互配合,达到系统整体最优化。系统工程对各种方法的综合应用,是从系统的总目标出发,将各种相关方法协调配合、互相渗透、互相融合、综合运用。

• 组织管理的科学化

系统工程研究思路的整体化要求管理上的科学化,没有组织管理的科学化,就很难实现研究思路的整体化,也就不能充分发挥出系统的效能。管理科学化就是按科学规律办事,它涉及的内容极其广泛,包括对管理、组织机构、体制和人员配备的分析,工作环境的布局,程序步骤的组织,以及工程进度的计划与控制等问题的研究。

• 管理工具的现代化

系统工程应用方法的综合化要求管理工具的现代化,没有管理工具的现代化,就很难实现应用方法的综合化,也就不能充分发挥出系统的效能。

最现代的应用数学技术、工程技术、信息技术和电子计算机技术的使用,使得大型复杂系统的最优化问题的解决成为可能,同时也进一步推动了系统工程的发展。

2) 系统工程的形成与发展

20 世纪以来,由于社会生产力的高度发展,现代科学技术活动规模的迅速扩大,工程技术复杂程度的不断提高,使自然科学、技术科学和社会科学之间的整体性联系日益突出,使得人们迫切需要一种全新的、能适应这种新情况的方法,即一种能够从系统的角度去观察、思考、分析、解决问题的方法。而系统工程正是为适应和加强这种整体性而产生的一门崭新的边缘学科。

(1) 萌芽时期(1900—1956 年)

系统工程的萌芽阶段,可以追溯到 20 世纪初的泰勒管理制度。1911 年,泰勒提出科学管理概念的同时,就萌发了"系统工程"的概念。美国贝尔电话公司很早就开始使用"系统的考察"(System Think)或"系统的途径"(System Approach)这类术语了。1940 年贝尔电话公司实验室正式使用"系统工程"这个名词,在发展美国微波通讯网络时,应用了一套系统工程的方法论,取得了良好的效果。随着运筹学等一系列系统方法的出现,其逐渐发展成为系统工程学的理论。1945 年,美国空军成立了兰德(RAND)公司,创造了许多数学方法来分析复杂大系统,并借助于计算机取得了不少显著的成果,也为现代系统工程学奠定了基础。同时,系统工程方法开始在电力、通信、交通等部门被广泛地采用。

(2) 初步形成时期(1957—1964 年)

1957 年,美国人古德(H. H. Goode)和马克尔(R. E. Machol)合著出版了第一本以《系统工程》命名的专著,标志着系统工程学的诞生。1958 年,美国在北极星导弹的研究中首先采用了计划评审技术(PERT),有效地进行了导弹研究系统的计划管理,从而把系统工程学推进了管理领域。20 世纪 60 年代初,美国电气工程师学会在科学与电子部门设立了系统科学委员会。在此期间,英、美两国还出版了大量系统工程方面的书籍;而计算机的推广与运用,又使系统工程进入了以计算机为主要工具、以现代控制论为基础的多变量最优控制阶段。

（3）成熟发展时期（1965年至今）

1965年霍尔（A. D. Hall）在《系统工程方法论》一书中进一步确定了系统工程的内容、方法和应用途径、范围等问题。应该说，系统工程是应实践的需要并以科技水平及人们的认识水平为条件而产生的。系统工程之所以日益受到各个国家、社会各个部门的重视，并非由于它具有独特的新理论，而在于它的社会实践所带来的效益。系统工程的发展历史就是它在实践中被推广应用并不断取得成效的历史。

20世纪70年代以后，系统工程进入解决各种复杂的社会技术、社会经济系统的最优控制、最优管理阶段，其应用范围包括国家系统、社会系统、生产系统、工业系统、运输系统、物流服务系统等。

1972年10月，苏联、英、美、日、法、前联邦德国等17国在奥地利维也纳成立了国际应用系统工程研究所，该所负责人是美国人，研究人员80余人。我国于1956年成立了中科院数学所运筹学研究室；1979年10月，成立了中国系统工程学会；1980年2月成立了中科院系统科学研究所；随后，一些大专院校陆续设立了系统工程教研室或研究室，有的院校还招收了系统工程专业的本科生和研究生。

总之，系统工程学的发展，每个国家都经历了各自不同的道路。美国是从运筹学的基础上发展起来的，日本是从美国引进系统工程学的理论通过质量管理发展起来的，苏联则是在控制论的基础上发展起来的。虽然各国的发展道路不同，但目标是一致的，这就是应用各种先进的科学管理方法和技术，谋求系统总体的最优化。

3）系统工程方法论

系统工程的方法论是指运用系统工程研究问题的一整套程序化方法，也就是为了达到系统的预期目标，运用系统工程的思想及其技术内容、解决问题的工作步骤。

系统工程方法论的特点是从系统思想和观点出发，将系统工程所要解决的问题放在系统的形式中加以考察，始终围绕着系统的预期目的，从整体与部分、部分与部分和整体与外部环境的相互联系、相互作用、相互矛盾、相互制约的关系中综合地考察对象，以达到最优地处理问题的效果。它是一种立足整体、统筹全局的科学方法体系。

（1）系统工程方法论的原则

系统工程在处理复杂问题上之所以能广泛应用且时常取胜，不仅在于其自身方法论具有的那些科学的、辩证的特点，也在于它立足于现代技术之上，具有严密的工作程序。在解决具体问题时，从方法论的角度来讲应遵循如下原则：

① 系统整体性原则

系统整体性原则要求研究和设计任何系统时要有全局的观点，要从系统的整体效果出发来考虑和处理问题。

任何系统都是由子系统、分系统以及更小的部分构成。每个子系统，甚至每个部分都有各自的功能、特点和目标。在组成一个系统时，不能简单机械地混合，而要把它们构成一个有机的整体。各子系统、各部分的功能和目标固然重要，但整体性原则要求把系统整体的功能和目标放在第一位。在很多情况下,为了使系统整体的功能和目标达到最佳,系统局部的功能和目标要做出某些让步和牺牲。

② 系统相关性原则

系统中的子系统和各部分之间是相互联系、相互制约的。所谓联系与制约是指子系统和各部分之间存在着物质、能量、信息的流动及某种依赖关系。系统的一个部分发生变化会对系统的其他部分发生作用和影响。相关性原则要求在研究和设计系统时,致力于研究和搞清系统各部分、各子系统之间的关系和相互制约的因素,以便进行协调达到系统总体最优的目标。

相关性原则还体现在处理系统与环境的关系。任何系统都不是孤立存在的,它与周围环境相互联系、相互影响。环境对系统的影响是系统的输入,系统对环境的作用表现为系统的输出。系统的功能就是对输入的物质、能量、信息进行加工处理,产生新的物质、能量、信息的输出过程。这种输出对环境产生的变化和影响又会反馈到它的输入,对系统进行有效的控制和调节。在设计任何系统时,必须考虑系统输入、输出和反馈这三个重要环节。

③ 系统目标优化原则

最优化的概念贯穿于系统工程的始终,它是系统工程的指导思想和追求目标。对于每个具体系统工程项目来讲,它的开发、设计、制作和运用以及各个阶段的管理、控制和决策,都有着最优化的目标和要求,在系统工程中普遍运用最优化原则,就能使系统取得满意效果和最佳效益。

④ 系统动态性原则

系统工程往往是大型复杂的实践过程,研究对象内部复杂的相互作用和外部的环境多变性,使系统工程本身呈现出动态特性。因此,应把实施对象看成一个动态过程,分析系统内外的各种变化,掌握变化的性质、方向和趋势,采取相应的措施和手段,改进工作方法,调整规划和计划,在动态变化中求得系统的整体优化。

⑤ 系统分解综合原则

分解是将具有比较密切相关的关系要素进行分组,对系统来说就是归纳出相对独立、层次不同的分系统;综合则是完成新系统的筹建过程,即选择具有性能好、适用性强的分系统,设计出它们的相互关系,形成具有更广泛价值的系统,以达到预定的目的。

系统的分解与综合是系统工程方法论的重要原则之一。因为要筹建出新的系统,必须分析现有的系统,现有的系统又是经过前人分解后的系统综合,正如马克思指出的"从整体到部分,再从部分到整体"的辩证哲理。可以说,不论多复杂的系统,只要分解为几个适当的分系统,就能用人们以往的经验和知识去处理。

⑥ 系统创造性思维原则

系统创造性思维原则有两条:其一是把陌生的事物看成是熟悉的东西,用已有的知识加以辨识和解决,这是人们惯用的方法。从这条原则出发,不只是对新的事物给以旧的解释,还可能给予新的解释,从而创造出新的理论。其二是把熟悉的事物看成是陌生的东西,用新的方法、新的原理加以研究,从而创造出新的理论、新的技术,这往往是被人们忽略的原则。创造性思维活动极其复杂,形式多种多样,并且常常是多种形式互相重叠交错在一起。掌握这条原则,不仅可以克服思维过程中的障碍,还可以通过训练提高创造能力,增强系统分析人员的素质。

(2)三维结构方法论

自 20 世纪 60 年代以来,国内外许多学者对系统工程的方法进行了大量的研究,目前论证得比较全面、具有一定代表性、影响较大的是美国系统工程学者霍尔的(A. D. Hall)在 1969 年提出的系统工程"三维结构方法论",一般也称"三维结构体系"。

霍尔的系统工程三维结构,概括了系统工程的一般步骤、具体阶段和涉及的知识范围。具体地说,就是将系统工程的活动按时间维分为前后紧密相连的七个阶段,按逻辑维将每个阶段又分为相互联系的七个步骤,同时考虑到为完成各阶段和各步骤所需要的各种专业知识,这样,系统工程的整个活动过程就是由时间维、逻辑维、知识维构成的立体空间结构,如图 1.3 所示。

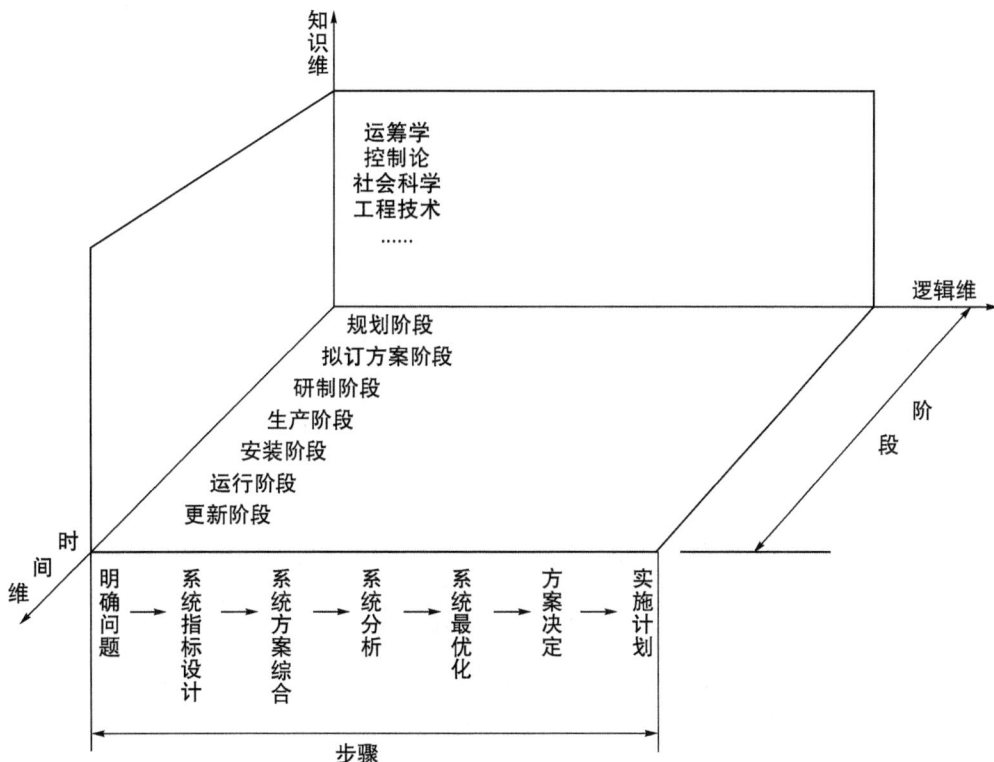

图 1.3 三维结构体系图

① 时间维

三维结构中的时间维表明系统工程的工作从系统规划阶段到系统更新阶段按时间顺序,可划分为七个工作阶段:

- 规划阶段:即制定系统工程活动的规划和战略;
- 拟订方案阶段:提出具体的系统计划方案;
- 研制阶段:实现系统的研制方案,并制订生产计划;
- 生产阶段:生产出系统的构件及整个系统,并提出安装计划;
- 安装阶段:实现系统的安装,并完成系统的运行计划;
- 运行阶段:系统按照预期的用途服务;
- 更新阶段:取消旧系统代之以新系统,或改进原系统使之更有效地进行工作。

② 逻辑维

三维结构中的逻辑维表明系统工程的工作在每一个工作阶段,按照系统工程的方法来思考问题和解决问题时的思维过程,可分为七个步骤:

- 明确问题:即弄清问题的实质,要解决的是什么问题,希望达到什么样的要求并尽可能地全面收集和提供与问题有关的资料和数据(历史的、现状的、发展的);
- 系统指标设计:设计出具体的评价系统功能的指标,以利于衡量所有可供选择的系统方案;
- 系统方案综合:按照问题的性质及系统总的功能要求,形成一组可供选择的方案,明确各个方案所对应的系统结构和相应的参数;
- 系统分析:对系统的目的、环境、结构、费用、效益等进行充分的论证与分析,为系统方案的选择提供科学、可靠的依据;
- 系统最优化:通过对系统模型的求解,找出最优方案;
- 方案决定:由决策者选择一个或多个方案实施试行;
- 实施计划:对试行计划不断地修改、完善,并把它们确定下来,以保证顺利地进入系统工程的下一个阶段。

③ 知识维

三维结构中的知识维是为完成上述各阶段、各步骤所需要的知识和各种专业技术。霍尔进一步阐述了这些知识包括工程、医疗、建筑、商业、法律、管理、社会科学和艺术等,这也充分说明了各种专业知识在系统工程中的重要性。

将系统工程的七个逻辑步骤和七个工作阶段归纳在一起,列成表格,称为系统工程活动矩阵,如表 1.2 所示。

表 1.2　系统工程活动矩阵表

时间维 ＼ 逻辑维	明确问题	系统指标设计	系统方案综合	系统分析	系统最优化	方案决定	实施计划
规划阶段	a_{11}	a_{12}	a_{13}	a_{14}	a_{15}	a_{16}	a_{17}
拟订方案阶段	a_{21}	a_{22}	a_{23}	a_{24}	a_{25}	a_{26}	a_{27}
研制阶段	a_{31}	a_{32}	a_{33}	a_{34}	a_{35}	a_{36}	a_{37}
生产阶段	a_{41}	a_{42}	a_{43}	a_{44}	a_{45}	a_{46}	a_{47}
安装阶段	a_{51}	a_{52}	a_{53}	a_{54}	a_{55}	a_{56}	a_{57}
运行阶段	a_{61}	a_{62}	a_{63}	a_{64}	a_{65}	a_{66}	a_{67}
更新阶段	a_{71}	a_{72}	a_{73}	a_{74}	a_{75}	a_{76}	a_{77}

系统工程活动矩阵中的 a_{ij} 表示系统工程的一组具体活动。例如，a_{11} 表示在完成系统规划阶段中进行明确问题活动；a_{46} 表示在系统生产阶段进行方案决定活动等等。在活动矩阵中所列的各项活动是相互影响、紧密联系的，为使系统在整体上取得最优效果，应把各阶段、各步骤的活动反复地进行。

（3）软系统方法论

霍尔的三维结构方法论强调明确目标，其核心内容是系统分析与系统优化。霍尔认为，现实问题都可以归结为工程问题，可以应用定量分析方法求得最优的系统方案。20 世纪 60 年代期间，系统工程主要用来寻求各种战术问题的最优策略，或用来组织管理大型工程建设项目，因而，比较适合应用霍尔的三维结构方法论，而且也取得了巨大的成就。但是从 20 世纪 70 年代中期开始，系统工程越来越多地用来研究社会经济系统及其发展战略问题，涉及的社会因素量相当复杂，很多因素又难以进行定量的分析。为适应这种发展的需要，从 20 世纪 70 年代中期开始，国内外不少系统工程学者对霍尔的方法论提出了修正和补充。英国兰卡斯特大学的切克兰德（P. Checkland）系统地提出一种系统工程方法论——软系统方法论，受到系统工程学界的重视。

切克兰德把霍尔的方法论称为硬系统方法论，比较适合求解"硬系统"类的问题。所谓"硬系统"问题又称"结构化问题"，这类问题的目前状态及期望达到的未来状态是明确的或可以确定的，系统工程人员所要做的工作就是选择合适的方案使目前状态顺利地转化为期望的未来状态。软系统与硬系统、结构化与非结构化问题是相对的。一般来说，无法归之为硬系统的系统就是软系统或非结构化问题。软系统问题往往涉及人的主观因素，系统目标不够明确，评价指标不够清楚，是否达到目标也取决于人的主观因素。只要人们感到涉及的问题已经解决，或有所改善，或对问题有了进一步的理解，就可以认为已经达到了目标。在 20 世纪 60—70 年代，由于系统思想的巨大成功，硬系统方法自然被应用来解决软系统的问题。例如 1975 年 Quand 的"公众决策"（Public Decisions）、Dror 在 1968 年及 1971 年的"政策科学"（Policy Science）和 Hoos

在 1976 年的社会系统的系统分析等研究都试图应用硬系统思想解决软系统问题,但以上几项研究应用的效果均不十分理想。

切克兰德认为完全按照霍尔的解决工程问题的思路来解决社会问题或软科学问题,将会遇到许多困难,尤其是在设计价值系统、系统模型化和系统最优化等步骤方面,有许多因素是很难进行定量分析的。因而,切克兰德提出了适用于软科学的系统工程方法论,其主要内容和工作过程如图 1.4 所示。

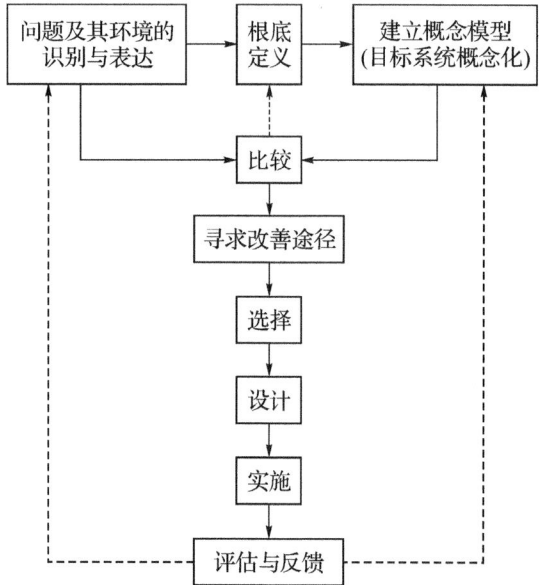

图 1.4　切克兰德方法论

① 认识问题

收集与问题有关的信息、表达问题现状、寻找构成或影响因素及其关系,以便明确系统问题结构、现存过程及其相互之间的不适应之处,确定有关的行为主体和利益主体。

② 根底定义

根底定义是该方法中较具特色的阶段,其目的是弄清系统问题的关键要素,为系统的发展及其研究确立各种基本的看法,并尽可能选择出最合适的基本观点。根底定义所确立的观点要能经得起实际问题的检验。

③ 建立概念模型

概念模型是来自根底定义、通过系统化语言对问题进行抽象描述的结果,其结构及要素必须符合根底定义的思想,并能实现其要求。

④ 比较及探寻

将第①步所明确的现实问题(主要是归纳的结果)和第③步所建立的概念模型(主要是演绎的结果)进行对比。有时通过比较,需要对根底定义的结果进行适当修正。

⑤ 选择

针对比较的结果,考虑有关人员的态度及其他社会、行为等因素,选择出现实可行的改善方案。

⑥ 设计与实施

通过详尽和有针对性的设计,形成具有可操作性的方案,并使得有关人员乐于接受和愿意为方案的实现竭尽全力。

⑦ 评估与反馈

根据在实施过程中获得的新的认识,修正问题描述、根底定义及概念模型等。

切克兰德方法论的出发点是:社会经济系统中的问题往往很难像工程技术系统中的问题那样,事先将目标、条件给定清楚,因而也就难以按照价值系统的评价准则设计出符合这种目的的最优系统方案。所以,切克兰德方法的核心不是"最优化",而是"比较",或者说是学习。从模型和现状的比较中来学习改善现状的途径。"比较"这一步骤,含有组织讨论、听取各方面有关人员意见的意思,从而就不一定要进行定量分析,这就能更好地反映社会经济系统的特点。

4）系统工程的技术内容

系统工程以多种专业的科学技术为基础,综合了工程技术、运筹学、应用数学、社会科学,控制论、信息论、管理科学、计算机科学等专业学科的内容。系统工程把各门学科的技术内容从横的方向联系起来,综合地加以运用,形成了一门新的科学。系统工程涉及的学科内容极为广泛,其主要技术内容有如下五个方面:

（1）运筹学

运筹学是应用数学方法研究系统最优化问题的科学,是系统工程的主要基础理论之一。运筹学的方法论与系统工程的方法论有近似之处,但运筹学主要是用于处理具体的技术性的问题,而系统工程则主要是用于处理全局的战略性的问题。应用运筹学处理问题的一般步骤如图1.5所示。

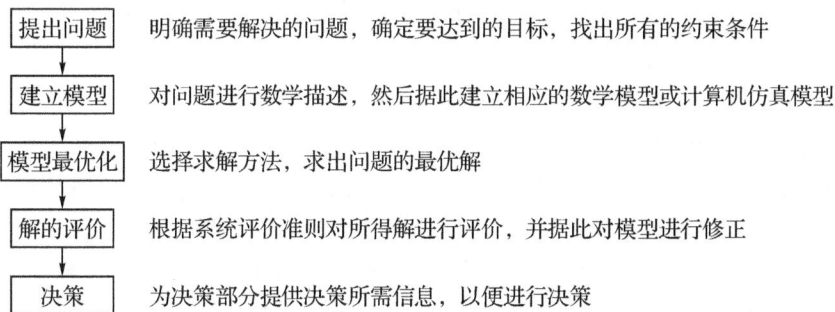

提出问题	明确需要解决的问题，确定要达到的目标，找出所有的约束条件
建立模型	对问题进行数学描述，然后据此建立相应的数学模型或计算机仿真模型
模型最优化	选择求解方法，求出问题的最优解
解的评价	根据系统评价准则对所得解进行评价，并据此对模型进行修正
决策	为决策部分提供决策所需信息，以便进行决策

图1.5 运筹学解决问题的一般步骤

运筹学是一门多分支的应用科学,其主要分支有:线性规划、非线性规划、整数规划、动态规划、图论和网络理论、排队论、决策论、对策论、存储论、搜索论等。

（2）概率论与数理统计

概率论用于概率型系统模型的描述;数理统计用来研究如何取得系统的数据、如何进行系统数据的分析和数据整理。

（3）数量经济学

数量经济学是在定性分析的基础上,利用数学方法和技术,来研究系统的经济数量、数量关系、数量变化及其规律性。

（4）技术经济学

技术经济学是一门跨自然科学和社会科学并同时研究技术与经济两个方面的交叉

学科,它是用经济的观点分析、评价系统技术上的问题,研究技术工作的经济效益,为制定系统的技术政策,确定系统的技术措施和选择系统的技术方案以提供科学的决策依据。

(5) 管理科学

管理成为科学始于 20 世纪初。1911 年,泰勒在总结了他几十年管理经验和管理理论的基础上出版了《科学管理原理》一书,从而开创了"科学管理"的新阶段。其后,法约尔(法国)、韦伯(德国)、甘特(美国)、吉布尔雷斯夫妇(美国)、福特(美国)等人的有关管理的理论为科学管理的发展、巩固和提高均作出了杰出的贡献。

第二次世界大战以后,由于运筹学、工业工程以及质量管理等理论的出现和应用,形成了新的管理科学:一方面,它强调建立数学模型和利用计算机技术,从而为实现现代化管理提供了技术、方法和工具;另一方面,出现了其他一些现代管理理论,如社会系统理论、系统管理理论、权变理论、管理过程理论等。这些新的理论的形成使管理从"科学管理"阶段逐步地过渡到了"管理科学"阶段。

管理科学的形成促进了系统工程的进一步发展,而系统工程思想和方法在现代化管理中的渗透和应用,必须在管理科学的基础上才能实现。

总之,如果说系统学是为了科学地大规模改造世界提供基础理论的话,那么运筹学、计量经济学、计算机科学、管理科学则是为科学地大规模改造世界提供一般的最优化方法及科学的管理工具,而系统工程则是从宏观的角度为科学地大规模改造世界提供了组织管理技术和方法。

5) 系统工程的应用范围

系统工程以复杂的大系统为研究对象,广泛地应用在社会、经济、自然等各个领域,按照所研究对象的不同,可以分解为社会系统工程、经济系统工程、人口系统工程、科技及教育系统工程、区域规划系统工程、环境与生态系统工程、能源系统工程、交通运输系统工程、农业系统工程、企业系统工程、工程系统工程、军事系统工程等。系统工程作为研究复杂系统的一种行之有效的技术手段,已经得到了广泛的应用,通常有以下应用领域:

(1) 社会系统工程

整个国家和社会系统的运行、管理,是一个开放的复杂巨系统,它具有多层次、多区域、多阶段的特点,将社会系统作为研究对象,社会系统工程研究了国家或区域社会经济的可持续发展总体战略。

如 1983 年,由国务院经济技术社会发展研究中心组织,研究了中国在 2000 年的基本图景、发展道路、发展中可能遇到的困难,提出了一系列战略思想和相应的政策建议,为制定重大决策提供了有效依据。

(2) 经济系统工程

用系统工程的方法对国家、部门或地区宏观经济系统进行预测、规划、组织、管理、控制和调节的技术,又称宏观经济系统工程。它着眼于整个国民经济总量分析,如社会总产值、国民收入、社会消费、投资结构、物价水平和工资水平等。应用经济数学模型来分析和研究经济系统的动态过程和结构特性,预测经济变量的变化规律,制定经济发展规划,提出国民经济宏观控制和调节的最优方案。

例如,投入产出分析是研究经济系统中各部门间投入与产出的相互依存关系的数量分析方法。我国从 1973 年编制了第一张实物型投入产出表以来,对各地区、各部门进行了大量的政策模拟和定量分析,研究了国民经济运行状态的总量和结构,通过构造动态投入产出模型、投入产出价格和税收模型等,研究了产业政策、价格政策和税收政策等变化对国民经济整体及各产业部门的影响。投入产出表及其模型产生了重大的社会效益和经济效益。

(3) 人口系统工程

现代社会经济的高度发展导致人口问题研究和决策的复杂化,促使人口系统工程的产生。通过对人口系统的分析,运用人口控制论的基本原理,研究人口系统的特征和规律,制定人口目标规划和人口指标体系,进行人口预测和人口仿真等工作,以便为政府制定人口政策提供科学依据。人口系统工程研究人口与社会经济的协调发展、人口系统结构分析、人口参数辨识以及人口素质的分析和规划等。

宋健等人在我国开创了"人口系统定量研究及其应用"的工作,在人口系统动态特性的稳定性、人口理想结构、人口预测和最优化控制、优化控制生育率等方面取得了卓越的成就。

(4) 科技及教育系统工程

研究科学技术及人才的发展战略,包括科技预测及发展规划、人才需求预测及教育规划、科学技术评价、科研项目管理、人才结构分析、教育政策分析等问题。

中国于 1980 年开始应用教育系统工程来建立教育规划的数学模型。为了制定全国专门人才规划,全国有近百万人直接参加了人口普查和预测工作,制定了包括人才需求量预测、人才拥有量预测、教育规划和教育经费预测等子模型的中国人才规划的数学模型。

(5) 区域规划系统工程

运用系统工程的原理和方法研究区域发展战略及规划、人口、经济协调发展规划、区域资源最优利用、区域经济结构等。系统工程为制定区域发展战略提供了重要依据。

(6) 环境与生态系统工程

研究自然环境和生态系统的开发及保护,包括天气预报、地震预报及各种自然灾害的预测及防治,土地、海洋、潮汐、地热等天然资源的利用及可持续发展。

(7) 能源系统工程

能源系统是包括能源的开发、供应、转换、储备、调度、控制、管理、使用等环节的大系统。能源系统工程研究世界、国家、地区、部门和企业等不同层次的能源的需求、供应、转换、节约和新技术开发,以及对能源政策进行评价等问题。包括能源的需求预测、能源的合理结构分析、能源生产优化模型、能源合理利用模型等问题。

中国能源系统工程研究始于 1980 年,对中国未来能源形势和政策进行预测和分析评价。指出了国民经济增长速度与能源增长速度之间的矛盾,为制定决策提供了重要依据。

(8) 交通运输系统工程

研究铁路、公路、水运、航空综合运输规划及其发展战略,交通运输系统的调度与管理,综合运输优化模型,新交通系统,运输效益分析等。

(9) 农业系统工程

利用系统工程对农业系统的规划、设计、试验、研究、调控及其应用过程进行科学管理,包括农业资源、能源和资金的投入,农业生命物质能量转化,农产品输出和农业信息反馈等。研究农业发展战略及规划,包括农业结构分析及需求预测、农业区域规划、农业政策分析及投资规划、农作物合理布局、农业系统多层次开发模型等。

(10) 企业系统工程

通常把企业进行系统管理的经营管理技术称为企业系统工程,研究企业发展规划,企业运行系统的研发、生产及管理等,包括市场预测、新产品开发、先进制造技术、计算机辅助设计及制造、生产管理系统、质量管理体系、库存管理及控制、成本效益分析等。

(11) 工程系统工程

组织管理大型工程项目的规划、研究、设计、制造、试验和运行的技术,又称工程项目系统工程或项目系统工程。大型工程项目都是复杂的大系统,开发这样的大系统几乎毫无例外地都要运用系统工程的方法才能完成。工程系统工程主要研究大型工程项目的总体设计、可行性分析及项目评价、工程进度管理、工程质量管理、风险投资分析、可靠性分析、成本效益分析等。

(12) 军事系统工程

对军事系统实施合理的筹划、研究、设计、组织、指挥和控制,使各个组成部分和保障条件综合集成为一个协调的整体,以实现系统功能与组织的最优化,它是军事上应用的系统工程,是现代参谋组织、现代作战模拟、现代通信、计算机和网络等技术密切结合的体现,广泛应用于国防工程、武器研制、作战模拟、通信与指挥自动化、后勤保障、军事行政等领域。

系统工程各分支学科可归结在自然、产业经济、社会三个领域,如表 1.3 所示。

表 1.3　系统工程的应用范围

应用范围		具体应用
自然系统	宇宙	宇宙勘测开发,宇宙飞行,通信卫星
	自然灾害	天气预报,人工气象开发,地震、台风、洪水、海啸等自然灾害的预测及对策
	资源	土地开发利用、海洋开发、太阳能、地热开发、潮汐开发、山河治理开发,沙产业等
	生态环境	环境和生态规划、治理、保护及可持续发展

（续表）

应用范围		具体应用
经济产业	农业	农业发展战略,农业结构分析及需求预测,农业区域规划,农业政策分析及投资规划,农作物合理布局,农业系统多层次开发模型,农田灌溉,耕地保护
	工程项目	工程项目的总体设计、可行性分析及项目评价,工程进度管理、工程质量管理、风险投资分析、可靠性分析、工程成本效益分析、信息网络
	企业	市场预测、新产品开发、先进制造技术、计算机辅助设计及制造、生产管理系统、质量管理系统、库存管理及控制、成本核算系统、成本效益分析、组织理论
社会系统	区域系统	区域发展战略及规划,人口、经济协调发展规划,区域资源最优利用,区域经济结构
	人口	人口与社会经济的协调发展,人口总目标,人口数量及人口结构的预测,人口政策分析,人口系统模型与仿真,人口区域规划,人口参数辨识及稳定性分析,人口素质的分析与规划
	交通运输	铁路、公路、水运、航空综合运输规划及其发展战略,交通运输系统的调度与管理,综合运输优化模型,运输效益分析
	科学技术	科学技术发展战略,科学预测技术,优先发展领域分析,科学技术评价,科技人才规划,科学管理
	教育	人才需求预测,教育规划,人才结构分析,教育政策分析
	军事	国防战略,作战模拟,情报、通信与指挥自动化系统,武器装备发展规划,综合保障系统,国防经济学,军事运筹学,防御工程,指挥系统,大型武器研制

可以看出,系统工程经历了其生产、发展及成熟阶段,已由工程系统逐步发展到了多个领域的分支系统工程,但作为一门新兴的综合性交叉学科,系统工程在理论、方法、结构体系上都处于发展之中,它必将随着基础理论、生产技术、计算工具的发展而不断发展。系统工程有以下的发展趋势:

①研究的对象系统越来越大,并将继续朝着"大规模复杂系统"的方向发展。

②将系统工程的基础科学——系统学的最新成果应用于工程实践,如混沌理论、自组织理论在气象、生态、经济等领域中的应用。

③计算机在系统工程中的应用越来越广泛、重要,如常用软件包、决策支持系统及政策模拟实验室等的研发等。

1.2 交通运输与交通运输系统

1.2.1 交通运输

1）基本概念

（1）交通

《辞海》对交通的解释为："各种运输和邮电通信的总称。即人和物的转运和输送，语言、文字、符号、图像等的传通和播送。"我国第一部大百科全书《中国大百科全书·交通卷》对交通的解释则为："交通包括运输和邮电两个方面。运输的任务是输送旅客和货物。邮电是邮政和电信的合称，邮政的任务是传通信件和包裹，电信的任务是传送语言、符号和图像。"

但是，随着科学技术的发展，伴随而来的专门化物质传输系统形成，人们对运输这一概念认识不断深化，不仅已经不把输电、输水、供暖、供气等形式的物质位移列入运输的范围，而且也不再把语言、文字、符号、图像等形式的信息传播列入运输的范围。据此，从专业角度出发，一般可以认为交通是指"运输工具在运输网络上的流动"。事实上，随着社会的进步、经济的发展、物资的位移、人员的流动，运输工具（交通工具）也越来越多地被使用，因此交通的含义习惯于特指运输工具在运输网络上的流动。

（2）运输

"运输"这一词语在日常生活、专业领域和科学研究中，都用得十分广泛。《辞海》对运输的解释是："人和物的载运和输送。"也就是说，运输是指借助公共运输线及其设施和运输工具来实现人与物空间位移的一种经济活动和社会活动。但是，在国民经济与社会生活中发生的人与物在空间位置上的移动几乎无所不在，运输只能是指一定范围内的人与物的空间位移。例如，经济活动中的输电、输水、供暖、供气和电信传输的信息等，虽然也产生物质位移，但都已各自拥有独立于运输体系之外的传输系统，它们完成的物质位移已不再依赖于人们一般公认的公共运输工具，因此它们不属于运输的范围。又如，一些由运输工具改作他用的特种移动设备（包括特种车辆、特种船舶、特种飞机）行驶所引起的人与物的位移，虽然利用了公共运输线，但它们本身安装了许多为完成特种任务所需的设备，其行驶的直接目的并不是为了完成人与物的位移，而是为了完成某项特定工作，也不属于运输的范围。此外，在工作单位、家庭周围、建筑工地由运输工具所完成的人与物的位移，由某种工作性质引起的位移，在娱乐场所人的位移，也都不属于运输的范围。

（3）交通与运输的关系

从对交通与运输两个概念的论述中可以看出，交通强调的是运输工具（交通工具）在运输网络（交通网络）上的流动情况，而与交通工具上所载运人员、与物资的有无和多少没有关系；运输强调的是运输工具上载运人员与物资的多少、位移的距离，而并不特别关心使用何种交通工具和运输方式,交通量与运输量这两项指标的概念最能说明这一点。例如,在道路运输中,交通量是指单位时间内(例如1昼夜或1 h)通过某路段道路的车辆数,它与运输对象无关,若说某路段的昼夜交通量是5 000辆车,则这5 000辆车都是空车,或都是重车,或空重都有,都不会使交通量有任何改变。运输量则不同,它是指一定时期内运送人员或物资的数量。空车行驶不产生运输量,即使都是重载,如果运输对象在每一车辆上的数量不同,所产生的总运输量也会不同。

显然,交通与运输反映的是同一事物的两个方面,或者说是同一过程的两个方面。这同一过程就是运输工具在运输网络上的流动;两个方面指的是交通关心的是运输工具的流动情况(流量的大小、拥挤的程度),运输关心的是流动中的运输工具上的载运情况(载人与物的有无与多少、将其输送了多远的距离)。在有载时,交通的过程同时也就是运输的过程。从这个意义上讲,由交通与运输构成的一些词语中,有一部分是可以相互替换使用的,如交通线与运输线,交通部门与运输部门,交通系统与运输系统等。因此,可以说,运输以交通为前提,没有交通就不存在运输;而没有运输的交通,也就失去了交通存在的必要。交通仅仅是一种手段,而运输才是最终的目的。交通与运输既相互区别,又密切相关,统一在一个整体之中。本书中交通和运输合并称为交通运输,有时简称为运输。

2)交通运输的发展

从世界范围内交通运输发展的侧重点和起主导作用的角度考察,可以将交通运输的发展划分为四个阶段:即水运阶段,铁路运输阶段,公路、航空和管道运输崛起阶段以及综合运输发展阶段。

(1)以水运为主的阶段

水上运输既是一种古老的运输方式,又是一种现代化的运输方式。在出现铁路以前,水上运输同以人力、畜力为动力的陆上运输工具相比,无论运输能力、运输成本,还是方便程度等,都处于优越的地位。在历史上,水运的发展对工业布局和大城市的形成影响很大。海上运输具有独特的地位,几乎不能被其他运输方式所取代。

(2)以铁路运输为主的阶段

1825年,英国在斯托克顿至达灵顿修建了世界上第一条铁路并投入公共客货运输,标志着铁路运输时代的开始。由于铁路能够快速、大容量地运输旅客和货物,因而极大地改变了陆上运输的面貌,为工农业的发展提供了新的、强有力的交通运输方式,从此,工业布局摆脱了对水上运输的依赖,内陆腹地加速了工农业的发展。

(3)公路、航空和管道三种运输方式崛起的阶段

20世纪30年代至50年代,公路、航空和管道运输相继发展,与铁路运输进行了激烈的竞争,就公路运输而言,由于汽车工业的发展和公路网的扩大,使公路运输能充分发挥其机动灵活、迅速方便的优势。工业的发展和科学技术的进步,促使人们的价值观念日益增强,航空运输在速度上的优势,不仅在长途旅客运输方面占有重要的地位,而且在货运方面也发展很快。随着这几种运输方式发挥的作用明显上升,铁路一枝独秀

的局面开始改观,各种运输方式同时竞争成为交通运输发展第三个阶段的特征。

（4）综合运输体系阶段

20世纪50年代后,人们开始认识到在交通运输的发展过程中,铁路、水运、公路、航空和管道这五种运输方式是相互协调、竞争和制约的,因此需要进行综合考虑,协调各种运输方式之间的关系,构成一个现代化的综合运输体系。综合发展阶段的重点之一是在整体上合理进行铁路、水运、公路、航空和管道运输之间的分工,发挥各种运输方式的优势。调整交通运输布局和提高交通运输的质量则成为综合发展阶段的主要趋势。

纵观交通运输的发展历史,我们可以看出:水运、公路、铁路、航空、管道等五种运输方式,正在逐步走向协调发展,逐步形成一个整体,构成一个现代化的交通运输体系。

因此,对于从事交通运输管理的工作者来说,树立交通运输大系统的思想、掌握运输系统工程的方法,将具有十分重要的意义。

3）我国"交通强国"战略及及其规划

交通运输是国民经济基础性、战略性、先导性产业,也是重要服务性行业,是服务构建新发展格局的重要支撑。党的十九大报告提出建设交通强国,为新时代交通运输发展指明了方向。党中央、国务院先后印发《交通强国建设纲要》《国家综合立体交通网规划纲要》。对标党的十九大提出的全面建设社会主义现代化国家两个阶段的战略安排,在《国家综合立体交通网规划纲要》中制定了交通运输业的发展目标。

到2035年,基本建成便捷顺畅、经济高效、绿色集约、智能先进、安全可靠的现代化高质量国家综合立体交通网,实现国际国内互联互通、全国主要城市立体畅达、县级节点有效覆盖,有力支撑"全国123出行交通圈"（都市区1小时通勤、城市群2小时通达、全国主要城市3小时覆盖）和"全球123快货物流圈"（国内1天送达、周边国家2天送达、全球主要城市3天送达）。交通基础设施质量、智能化与绿色化水平居世界前列。交通运输全面适应人民日益增长的美好生活需要,有力保障国家安全,支撑我国基本实现社会主义现代化。

到21世纪中叶,全面建成现代化高质量国家综合立体交通网,拥有世界一流的交通基础设施体系,交通运输供需有效平衡、服务优质均等、安全有力保障。新技术广泛应用,实现数字化、网络化、智能化、绿色化。出行安全便捷舒适,物流高效经济可靠,实现"人享其行、物优其流",全面建成交通强国,为全面建成社会主义现代化强国当好先行。

1.2.2　交通运输系统

1）交通运输系统的概念

交通运输系统是指在一定空间范围（国家或地区）内由几种运输方式、技术设备,按照一定历史条件下的政治、经济和国防等社会运输要求组成的运输线路和运输枢纽的综合体。

2）交通运输系统的构成

（1）交通运输系统的构成要素

交通运输系统主要由下列基本部分组成：

① 载运工具

载运工具包括火车、汽车、船舶、飞机、管道等，作为旅客和货物的运送载体。

② 场站

交通运输场站包括火车站、汽车站、机场、港口等，其作为运输的起点、中转点或终点，供旅客和货物从载运工具上下和装卸。

③ 线路

交通线路包括有形的铁路、道路、河道、管道和无形的航路等，作为运输的通道，供载运工具实现不同场站点之间的行驶转移。

④ 交通控制和管理系统

交通控制与管理系统包括各种交通信号、交通标志、交通规则等，是为了保证载运工具在线路上和场站内安全、有效率地运行而制定的规则及设置的各种监视、控制、管理装置和设施。

⑤ 设施管理系统

设施管理系统是为保证各项交通运输设施处于完好或良好的使用或服务状况而设置的设施状况监测和维护（维修）管理系统。

⑥ 信息管理系统

信息管理系统是应用通信、电子信息等高新技术建立的为现代交通运输服务的系统。它通过建立一套完善的数据采集、处理与共享机制，构筑交通信息平台，为交通运输的发展提供强有力的信息保障。信息系统在整个交通运输系统中起着桥梁和纽带的关键作用，通过它能够使交通运输系统的其他构成要素实现有机联系并互通情报，从而实现整个运输系统的合理规划、统筹安排，提高系统的运营效率和服务质量。

（2）交通运输系统的构成方式

按载运工具和运输方式的不同，我国现代化的运输业由下述五种基本运输方式构成。

① 铁路运输

铁路运输是使用铁路列车运送货物和旅客的一种运输方式。它适合于长距离运输大宗货物，如煤炭、矿石、钢材以及建筑材料等物资，也适宜承担中长途的旅客运输。

② 公路运输

公路运输是主要使用汽车在公路上运送货物和旅客的一种运输方式，它在中短途运输中的效果比较突出。

③ 水路运输

水路运输简称"水运"，是一种使用船舶（或其他水运工具）通过各种水道运送货物和旅客的运输方式。它特别适合于担负时间要求不太强的大宗、廉价货物的中长距离的运输，包括煤、石油、矿石、建材、钢铁、化肥、粮食、木材、水泥、食盐等。

按照其航行的区域,水路运输大体上可以分为远洋运输、沿海运输和内河运输三种类型。远洋运输通常指无限航区的国际运输;沿海运输是指在沿海地区各港口之间进行的运输;内河运输则指在江、河、湖泊以及人工水道(运河)上从事的运输,前两种又统称为海上运输。

④ 航空运输

航空运输简称"空运",是一种使用飞机(或其他飞行器)运送人员、物资和邮件的运输方式。它适合于担负各大城市之间和国与国间的快速客运以及报刊、邮件等对时效性要求高和昂贵、精密、急需货物的运输。

⑤ 管道运输

管道运输是一种由大型钢管、泵站和加压设备等组成的运输系统。

管道是流体能源非常适宜的运输手段,流体能源主要包括原油、天然气、成品油(包括汽油、煤油、燃料油以及液化石油气)。20 世纪 70 年代出现的煤浆管道,现在已经得到发展;另外,砂、石、垃圾的管道运输也已使用;集装箱和旅客的管道运输正在研究之中。

整个交通运输系统是一个上述五种交通运输方式并存的综合系统,其各自发挥本系统的特长和作用。

(3) 五种运输方式的综合评价

铁路、公路、水运、航空和管道五种运输方式中的客、货在空间上位移虽然是同一的,但其技术性能(速度、质量、连续性、货物的完整性和旅客的安全、舒适程度等)以及对地理环境的适应程度和经济指标(如能源和材料消耗大小、投资多少、运输费用多少、劳动生产率高低等)是存在很大差异的。铁路运距长、运量大、运费低,属于"线运输";公路运输与国民经济和人民生活最为密切,其余几种运输方式均需通过公路运输才能到达目的地,属于"面运输";水运能耗小、运量大、成本低,但速度慢,也属于"线运输";航空运输速度快,运量小,成本高,属于"点运输";管道运输主要适合于液体、气体的输送。五种运输方式的各种技术经济指标的综合评价如表 1.4 所示。

表 1.4 五种运输方式的综合评价表

运输方式 评价指标	铁路运输	公路运输	航空运输	水路运输	管道运输
运输成本	低	中	高	低	很低
运输速度	快	快	很快	慢	很慢
频率	高	很高	高	有限	连续
可靠性	很好	好	好	有限	很好
可用性	广泛	有限	有限	很有限	专业化
运输距离	中、长	中、短	很长	很长	长
运输规模	大	小	小	大	大
运输能力	强	强	弱	最强	最弱

综上所述,由于铁路、公路、水运、航空和管道等五种现代化运输方式在载运工具、线路设施、运营方式以及技术经济特征等方面的特点各不相同,因而各有优势,各有其不同的使用范围,五种运输方式之间的关系是相互补充、相互协作的。

3）交通运输系统的性能与特点

（1）交通运输系统的性能

各类交通运输系统具有不同的特点和性能。通常从以下四个方面来表征或评价一个交通运输系统的性能。

① 普遍性或通达性

主要指进出交通运输系统的出入口数量、这些出入口之间交通运输线路的直接程度以及系统适应各种交通量的能力等方面的性能。它直接关系到使用者进出和使用该系统的便利性。影响普遍性的主要因素是交通运输线路网的密度和进出系统的出入口或场站的数量。

② 机动性

可定义为交通运输系统在单位时段内处理交通运输对象数量的能力（或容量）和系统内交通流的速度两个方面。

③ 效率和效益

包括为修建和维护交通运输系统基础设施所需投入的资金量,使用该系统所需支付的运行费用（能源消耗、载运工具和基础设施的耗损、控制和管理费用等）,系统的可靠性和使用的安全性,系统对周围环境的负面影响等方面。

④ 服务对象和服务水平

交通运输系统适宜输送的对象（货物或旅客的类别）及系统所提供的服务质量（舒适性、频率等）。

（2）交通运输系统的特点

交通运输系统既具有一般系统的共性,同时还具有规模庞大、结构复杂、目标众多等大系统所具有的特征。

① 交通运输系统是"人—机系统"

在由交通运输对象、交通运输设施设备、交通信息和人员组成的交通运输系统中,交通运输管理者和从业者运用有形的运输设备、装卸搬运机械、仓库、港口等设施和工具,以无形的思想、方法、信息作用于运输对象,形成一系列生产活动。在这一系列运输活动中,人是系统的主体,因而在研究交通运输系统时,必须把人和物两个因素有机结合起来。显然,交通运输系统是一个复合系统。

② 交通运输系统是具有层次结构的可分系统

交通运输系统包含多个子系统,并且这些子系统又各有客运和货运两个分系统。这些子系统的多少和层次的阶数,还会随着经济的发展、人们对运输需求的提高和研究的深入而不断扩充。系统和子系统之间、子系统和子系统之间,存在着时间和空间上及资源利用方面的联系,也存在总的目标、总的费用以及总的运行结果等方面的相互关系。所以说,交通运输系统是一个可分的多层次系统。

③ 交通运输系统是跨地域的大系统

随着世界经济的全球化和信息化,运输生产活动早已突破了地域的界限,形成了运输跨地区、跨国界发展的趋势,而跨地域性正是交通运输系统创造空间价值的体现。跨地域的特点使得系统的管理难度较大,对信息的依赖程度较高。因此,交通运输系统是一个大规模系统。

④ 交通运输系统是动态开放系统

一般的交通运输系统总是联结多个生产企业和客户,随需求、供应、渠道等的变化,系统内的要素及运行经常发生变化。交通运输系统是一个具有满足社会需要、适应环境能力的动态系统。为适应经常变化的社会环境,人们必须对交通运输系统的各组成部分经常不断地修改、完善,这就要求交通运输系统必须具有足够的灵活性与可改变性。

⑤ 交通运输系统是复杂系统

首先,交通运输系统中各种人力、物力、财力资源的组织和合理利用是一个非常复杂的问题;其次,交通运输系统有各种运输工具,其大小、长度、宽度、容量、行驶速度各不相同,各种运输工具行驶的线路和配套设施差别也很大;再次,从事运输生产活动的人员队伍是极其庞大的。所有这些使得交通运输系统成为结构复杂的系统。

⑥ 交通运输系统是多目标系统

交通运输系统的总目标是实现宏观和微观的经济效益,但具体目标是多重的,要求高效、快速、经济、舒适、安全、环保,而要同时满足上述要求是很难办到的。这是因为交通运输系统的功能要素之间存在着非常强的"交替损益"或"效益背反"现象,即某一功能要素的优化和利益发生的同时,必然会存在另一个或另几个功能要素的利益损失。这种多个目标冲突的现象在交通运输系统中普遍存在,必须在交通运输系统总目标下对各要素目标协调,才能获得交通运输系统总体最佳的效果。因此,交通运输系统是一个多目标系统。

4)交通运输系统的性质及地位与作用

(1)交通运输系统的性质

交通运输业是一个不创造新的、可见物质的产业部门,其生产活动不提供具有实物形态的产品,只是实现旅客和货物的时空位移。交通运输系统在整个国民经济大系统中起着纽带的作用。它把社会生产、分配、交换和消费等各个环节有机地联系起来,是保证社会经济活动得以正常运行和发展的前提条件。交通运输系统具有以下性质:

① 交通运输系统对于国民经济系统具有基础性

交通运输系统的基础性表现有:工农业生产、人民生活及其他社会经济活动诸方面对交通运输系统有着普遍的需求,交通运输系统是社会经济最基础的子系统,是其他子系统得以有效运转的主要载体,是各子系统之间协调发展的基本条件,也是社会再生产得以延续的不可缺少的基本环节。

② 交通运输系统对于空间、地域与时间具有较强的依附性

交通运输系统的依附性,即不可挪动性,要从两方面来理解:一方面,交通基础设施(路网、港口、车站等)在空间和地域上不能挪用,必须就地兴建,哪里运输能力不够,就要在哪里建设路网和港站,不能把其他地区闲置的运输能力转移过来;另一方面,运输能力在时间上不能挪用。由于运输与生产、消费是同时发生的,运输能力不像其他行业的产品那样可以储存备用,也不能靠临时突击来解决,而是要长期、有计划地、持久地建设和积累。

交通运输系统的这一特性决定了交通运输系统的发展和国民经济其他生产子系统的发展在时间上有着密切配合的相关性,而这种相关性又表现为交通运输系统的发展必须适度超前,因为交通运输建设一般投资较大、建设周期较长,从开始兴建到形成综合生产能力,需要一定的过程和时间。同时交通运输系统的这一特性,决定了交通运输系统的建设在运力上要保持一定的富裕程度。因为各行业对交通运输的需求在时间上、运量上都存在着随机性,一定的富裕程度就可以随时使需求得到满足,使整个社会经济系统处于良性循环状态。

③ 交通运输系统对社会和经济系统的贡献具有间接性和隐蔽性

这是从交通运输系统的基础性派生出来的特征。其主要表现在:第一,它的经济效益除少部分体现在上缴国家的利税外,更重要的蕴含在运输对象拥有者身上。第二,运输需求是从其他社会经济活动中派生出来的,交通运输只是实现目标的手段而并非最终目标。第三,交通运输对国民经济的影响是全局,而交通建设项目本身的效益则主要是通过对国民经济所带来的巨大效益来体现的。

④ 交通运输系统内部各种运输方式在一定程度上具有可替代性

在完成具体的运输任务时,对运输方式、运输工具在一定程度上可以优化选择。交通运输业与邮电通信业之间也存在着某些替代关系。正是由于这种可替代性才使得发展综合运输系统成为可能。

(2)交通运输系统的地位与作用

① 交通运输系统是国民经济发展的先决条件

在现代化大生产条件下,无论是现有企业的生产,还是新经济区的开发、新建项目的动工,都必须具备相应的运输条件,考察一个地区投资环境好坏的一个很重要的标志就是看该地区交通运输的状况。早期水运和铁路的发展,曾为资本主义工业化的生产开辟了道路;19世纪美国西部的开发、20世纪日本及亚洲"四小龙"外向型经济的起飞,都是以优先发展交通运输业为前提的。我国的建设实践也证明了这一点。

② 交通运输是实现流通的物质手段

流通的最终目的就是在社会再生产过程中加速商品和资金的周转,而交通运输是实现流通的物质手段。运输发达则可以减少商品流通过程所占用的时间,节约流通费用,加速资金周转。根据1987年国家统计局的资料,我国运输途中的货物占用的流动资金每年高达540亿元,如果采取措施,加快货物送达速度,假使货物运输周期缩短1/4,则每周转一次可节约在途流动资金135亿元,按我国流动资金平均利润率折算,可为国家多创利润 40 亿元。1989 年我国工业企业的流动资金平均每 106 天周转一次，有的企业甚至需要 180 天，是发达国家的 3～4 倍。周转速度如此之慢，原因当然是多方面的，但运输业发展滞后是一个很重要的因素。先进的运输体系对加速商品流通和资金周转、节约流通费用有着相当积极的意义。

③ 交通运输是开发资源、联系城乡、发展横向联合、实现生产合理布局的纽带

资源的开发、经济发达地区的形成，都有赖于交通的开通。比如我国东部交通运输系统较为发达，由此带动了整个东部经济的发展，而西部地区则相对较为落后。尽管西部许多地区资源非常丰富，但由于运输很不发达，所以难以实现全面开发。

随着改革的深入，现阶段我国很多地区发展起来的横向联合企业集团和农、工、贸联合体，都是以运输作为共同开发和协调发展的纽带的。如以长江为纽带，以上海、南京、武汉、重庆四大城市为中心，联合其他中等城市的长江产业经济带；以陇海—兰新铁路为纽带，沿线 10 个省区及连云港、徐州、郑州、洛阳、西安、兰州、乌鲁木齐等城市组成的经济联合等。

④ 交通运输业是国民经济的重要生产部门，又是工业生产的巨大市场

交通运输业除提供就业、产生直接的经济效益外，其发展也为其他工业部门提供了巨大的市场：铁路、港口、公路、机场的大规模修建促进了建筑业的发展；各种运输机械对金属的需求是采矿业和冶金工业取得迅速发展的动因之一；运输业的巨大能源消耗促进了煤炭和石油工业的兴旺；运输工具的大量生产对机械加工业的发展起着积极的推动作用。交通运输业还是成熟技术应用的广阔市场：新材料、新工艺、新技术在汽车、飞机、船舶、铁路装备及通信中的应用十分可观。

⑤ 交通运输是实行对外开放、发展对外贸易的必备条件

对外开放是我国的基本国策：一方面我们要通过学习国外先进的技术和经验，增强我国自力更生的能力；另一方面，还要把自己融入国际经济的分工协作和循环中去，提高自己在世界市场的竞争能力。这就要求我们既要完善法制、管理水平等"软设施"，又要完善包括通信、运输在内的"硬设施"，为引进技术和投资创造良好的环境。

⑥ 交通运输对社会精神文明建设起着积极的促进作用

交通运输不仅是国民经济和工农业生产的重要环节，同时也是社会精神文明传播的触角和导线。多年的建设经验表明，运输线路延伸到哪里，就把财富带到哪里，使那里的物质和精神面貌焕然一新。

1.3 交通运输系统工程

交通运输的现代化，需要现代化的管理手段和管理方法，只有运用系统工程这样一门综合性的组织管理技术，才能解决交通运输这样一个复杂大系统的现代化管理问题。

1.3.1 交通运输系统工程的定义

交通运输系统工程是以交通运输系统的整个运输活动为对象,运用系统工程的原则和方法,为运输活动提供最优规划和计划,进行有效的协调和控制,并使之获得最佳经济效益和社会效益的组织管理方法。

1.3.2 交通运输系统工程的内容

运输系统工程的内容包括:运输系统分析、运输系统模型、运输系统预测、运输系统的优化控制、运输系统模拟、运输系统综合评价、运输系统决策、运输决策支持系统、智能运输系统等。

运输系统分析:包括运输系统的分析技术、运输系统目的分析、运输系统结构分析、运输系统的环境分析。

运输系统模型:包括运输系统模型的作用、运输系统建模的一般原则和基本步骤、运输系统工程中常用的模型等。

运输系统预测:包括运输系统预测的意义、运输系统常用的预测方法等。

运输系统的优化控制:包括运输系统的日常管理控制方法——网络计划评审技术。

运输系统模拟:包括运输系统模拟的意义、运输系统模拟的主要方法及其在运输系统中的应用。

运输系统综合评价:包括运输系统评价的意义、运输系统单项指标的评价、运输系统综合评价指标体系的制定、常用的运输系统综合评价方法。

运输系统决策:包括运输系统决策的意义、决策问题的分类以及运输系统常用的决策方法。

运输决策支持系统:包括决策支持系统的概念及运输决策支持系统的组成、原理和主要内容。

智能运输系统:包括智能运输系统的现状与发展趋势、智能运输系统的关键技术和主要内容。

1.3.3 交通运输系统工程实例

下面以印度巴罗达市公共汽车为例简要说明系统工程在交通运输系统中的应用。

1) 线路与时刻表拟定问题的提出

印度的巴罗达是一座发展迅速的城市,城市面积 78 km²,居民 50 万人,市郊正在兴建一家炼油厂、一家化肥厂以及一个石油化工联合企业,预计城市的未来发展将更快。虽然城市正在不断扩大,把愈来愈多的工业单位圈了进来,但其工商业中心仍在旧城区,那里居住着 70% 的居民。

古吉拉特政府陆运公司经营着巴罗达的公共汽车事业,整个车队 100 辆车,行驶路程达 3 000 km。1972 年,这些公共汽车每日载客量为 138 000 名,为可容载客量的

47%。过了几年,该公司发现,路线行程增加很快,但乘客与可容量之比不断下降,而高峰与平均运输量之差增加很快。如何把有限的车辆部署好,特别是在高峰阶段,就成为一个很严重的问题。

1972年该公司将此问题提交给一家私人印度咨询公司的运筹学小组,要求制订对现有路线、高峰运输的合理化计划以及利用现有车队来拟制时刻表和发车次数。

2)目标的确定

最后确定的目标是拟制一套方法来制定、试验和鉴定各种行车时刻表,从而使公司有利可图。同时还决定这份时刻表是一份满意的但不是最佳的时刻表,因为最佳化研究不仅费时,在许多情况下也得不偿失。

3)模型的拟制

公共汽车时刻表的问题一般分为如下几个方面:

(1)确定需求量:即每天不同时间各站上下的乘客量;

(2)制定行驶线路:根据需求量,运用合理化计算,定出路线;

(3)制定行驶的频率:即每条建议路线的行驶频率;

(4)调配车辆:根据路线和频率,调配车辆;

(5)确定车上工作人员。

寻求一个最优解方案要求同时对上述项目综合调查研究,但是一个满意解方案只需分别研究这些项目后即能得出,运筹小组与公司双方同意采取后者。

4)收集资料

把汽车站分为三类:一类站为整天都有大量乘客上车;二类站为只在高峰时期有大量乘客上车;三类站为其余车站。车站的选择和分类是小组与公司工作人员合作进行的。

他们利用两天时间对每个站的乘客需求量做了详细的观察,每隔5 min对排队人数做一统计并记录下来,并记下每辆车的到达时间、终点站等资料和乘客的目的地。

5)资料的使用

将原始资料归纳后,就能得到每站要求上车的乘客量(以1 h为基础)、各站下车人数。研究成果是一个起点—终点矩阵,也就是一张双程行车表,说明从各起点到终点1 h内要求运走的人数。

6)制定公共汽车路线

对上述图表进行研究后,标出载客容量繁重的各段线路,并结合其他各段情况,制定公共汽车路线。

7)确定发车频率

这是使用一台小型电子计算机确定的,其过程如下:输入计算机所有行驶路线、各站之间的行驶时间、上下车需求量。路线确定后再计算每隔5 min每站乘客总和,然后根据下列准则确定路线:

(1)路线的载客量必须在最低水平以上,使载客量与可容载客量之比达到可接受

的水平;

(2)乘客等车时间必须小于公司规定的服务标准。

这种方法将给出过多的路线,因为一条线上乘客可以乘坐多路汽车,因此使用一台计算机来消除这些重复因素。第一次计算是一种概算,第二次给出了详细计划。

8)制定时刻表

有了路线和旅程表后,就必须调度车辆,以确定各线路所需的公共汽车数,这也是用计算机完成的,其要求是把闲置时间和跑空车的现象减至最低程度。

9)模拟

使用了各站的随机需求量来模拟系统的工作情况,以检验模型的性能。

10)结论

这不是一个优解,但对该公司有重大意义,因为它比较容易重新制定时刻表,并能满足主要的要求。计算机的初步计算说明能获得较大的好处,载客量与可容载客量之比可望增加11%;其他的经验表明还可增加公共汽车利用率,车辆可以减少10%。巴罗达市采纳了本研究的建议,并获得了预期的结果。

$\mathscr{2}$ 运输系统分析

　　运输系统分析是确立方案、建立系统必不可少的一个环节,是运输系统综合、优化及设计的基础。无论是设计一个新系统还是改造一个老系统,都需要对运输系统进行分析,即通过了解运输系统内部各部分之间的相互关系,把握运输系统运行的内在规律,从全局的观点出发,合理安排好每一个局部,使每个局部都服从一个整体目标,最终求得整体上的最优规划、最优管理和最优控制。

　　本章给出了运输系统分析的概念及其要素、运输系统分析的准则与步骤、运输系统分析技术、运输系统目标分析、运输系统结构分析和运输系统环境分析。

2.1　运输系统分析概述

2.1.1　运输系统分析的概念及其要素

　　1) 系统分析的定义

　　系统分析(Systems Analysis)一词最早是在第二次世界大战后由美国兰德(Rand)公司作为研究大型工程项目等大规模复杂系统问题的一种方法论而提出的。

　　广义的解释把系统分析作为系统工程的同义语使用;狭义的解释中,系统分析的重要基础是霍尔三维结构中逻辑维的基本内容。

　　关于系统分析的定义有许多种说法,现将几种观点分述如下:

　　(1) 希契(C. Hitch)认为系统分析是运筹学的扩展,系统分析提供了利用各个领域专家和知识来综合解决问题的途径。运筹学用于解决目标明确、变量关系简单的近期问题,系统分析用于解决更为复杂和困难的远期问题,但系统分析和运筹学分析在基本内容上有共同点。

　　(2) 兰德公司(Rand)曾提出系统分析对于运筹学的关系犹如战略对于战术的关系。

　　(3) 日本 OR 事典(运筹学词典)的定义:系统分析是对相关目的以及为达到该目的将采取的战略方针,做系统的探讨和再探讨的工作。在可能情况下,对替代方案的费用、效益以及风险进行对比,以期决策者有可能对未来发展选择有益的对策。

（4）企业管理百科全书(我国台湾版)认为：为了发挥系统的功能及达到系统的目标,若就费用与效益两种观点,运用逻辑的方法对系统加以周详的分析、比较、考察和试验,而制订一套经济有效的处理步骤或程序,或对原有的系统提出改进方案的过程,称之为系统分析。

（5）E. S. 奎德的观点:系统分析同这样一类问题有关,即不但在决定如何做上存在问题,就是在决定应当做什么上也存在问题。系统分析是通过一定的步骤,帮助决策方案的一种系统方法。

（6）切克兰德认为:系统分析是系统观念在管理规划功能上的一种应用。它是一种科学的作业程序或方法,考虑所有不确定的因素,找出能够实现目标的各种可行方案。然后,比较每一个方案的费用效益比,通过决策者对问题的直觉和判断以决定最有利的可行方案。

（7）宋健认为:系统分析是研究系统结构和状态的变化或演化规律,即研究系统行为的理论和方法。

（8）汪应洛认为:系统分析是在对系统问题现状及目标充分挖掘的基础上,运用建模及预测、优化、仿真、评价等技术对系统的各有关方面进行定性与定量相结合的分析,为选择最优或满意的系统方案提供决策依据的分析研究过程。

下面将有关系统分析的定义和概念做一归纳。

在20世纪50年代是将系统分析与运筹学作对比,认为系统分析是运筹学应用的扩展,两者之间的关系犹如战略对于战术的关系。

在20世纪60年代认为系统分析是一种研究方法。它有本身的内容,可以通过目标、可行方案集、模型、效应和评价准则等连成一体,由数学模型和计算机实现,处理一些较大规模的事件或问题。

在20世纪70年代将系统分析与决策相联系,作为解决层次较高、难度较大的大系统问题的手段。

在20世纪80年代,系统分析不但应用于多层次、大规模的复杂系统,而且还考虑以人为中心的系统行为。系统分析与决策紧密相连,强调研究系统的整体结构和行为过程。它通过各种方法来减少决策人对问题不清楚或无把握的程度,力争使之达到尽可能清晰的认识,以便于决策。系统分析已成为当今决策分析的核心内容。

2）运输系统分析的定义

根据以上分析,本书在运输系统分析的目的、方法和任务的基础上,对运输系统分析做出定义。

运输系统分析的目的就是通过运输系统的分析、开发研究得到能够实现系统目的的各种可行方案,然后比较各种可行方案的费用、效益、功能、可靠性及与环境的关系等各种技术经济指标,为决策者作最优决策提供可靠的资料和信息,最终实现各种物流环节的合理衔接,实现物质的空间效益和时间效益,并取得最佳的经济效益。

运输系统分析的方法是采用系统的观点和思想,将定性与定量分析相结合,对所研究结构的目标、系统的结构和功能,系统各因素的状态以及它们之间的关系进行分析,提出各种可行方案,并进行比较、评价和协调。

运输系统分析的任务是向决策人提供系统方案和评价意见以及建立新的系统或改造现有系统的建议。

综上所述,运输系统分析的定义可描述为:运输系统分析就是针对运输系统内部所存在的基本问题,采用系统的观点、理论和方法,进行定性与定量相结合的分析,对所研究的问题提出各种可行方案和策略,通过分析对比、全面评价和协调,为达到运输系统的预期目标选出最优方案,实现其空间和时间的经济效应,为决策者最后判断提供科学的依据和信息。也就是说,运输系统分析就是为决策者选择一个行动的方向,通过对情况的全面分析,对可能采取的方案进行选优,是一种辅助决策方法。

3) 运输系统分析的要素

运输系统分析首先应该明确系统分析的目的及目标,再经过研究提出实现目标的各种备选方案,再次通过建立模型并借助模型进行费用—效益分析,然后根据评价标准对备选方案进行综合评价,确定出备选方案的优先顺序,最后以报告、意见或建议的形式向决策者提供系统分析的结论。

所以,运输系统分析的要素是指运输系统分析的项目,具体目的及目标、备选方案、模型、费用和效益、评价标准和结论等。

(1) 目的及目标

目的是对系统的总要求,目标是系统目的的具体化。目的具有整体性和唯一性,目标具有从属性和多样性。目标分析是系统分析的基本工作之一,其任务是确定和分析系统的目的及其目标,分析和确定为达到系统目标所必须具备的系统功能和技术条件。

(2) 备选方案

方案是指为达到目标可采取的途径、手段和措施。为了达到预定的系统目的,可以制定若干备选方案,通过对备选方案的分析和比较,从中选择出最优系统方案,这是系统分析中必不可少的一环。

(3) 模型

模型是由说明系统本质的主要因素及其相互关系构成的。模型是研究和解决问题的基本框架,可以起到帮助认识系统、模拟系统和优化与改造系统的作用,是对实际系统问题的描述、模拟和抽象。在系统分析中经常通过建立相应的结构模型、数学模型或仿真模型等来规范分析各种备选方案。

(4) 费用和效益

各备选方案实现系统目的所需投入或消耗的全部资源折算成货币形式就是费用。简单地说,费用就是实施方案的实际支出,而效益是指方案实施后获得的成效,可统一折算成货币尺度。建立一个系统要有投资,系统建成后要有效益;费用和效益是对方案的约束条件,只有效益大于费用的设计才能是可取的,反之是不可取的。不同的方案必须采用同样的方法估计费用—效益,才能进行有意义的比较。

（5）评价标准

评价标准是衡量可行性方案优劣的指标,通过评价标准可对各个备选方案进行综合评价,确定出各方案的优劣顺序。标准必须定得恰当,而且要便于度量。常见的评价标准是由一组指标组成的。标准可能包括:费用—效益比、性能周期比、费用周期比等。有不同的指标体系,应根据不同的要求和科学技术条件具体确定。

（6）结论

结论就是系统分析的结果,具体形式有报告、意见或建议等。结论的作用只是阐明问题与提出处理问题的意见和建议,而不是进行决策。它只有经过决策者决策以后才能付诸行动,发挥它的社会效益和经济效益。所以结论一定要采用让决策者容易理解和使用的术语和方式表达。

由上述六个基本要素可组成系统分析要素结构图,如图 2.1 所示。

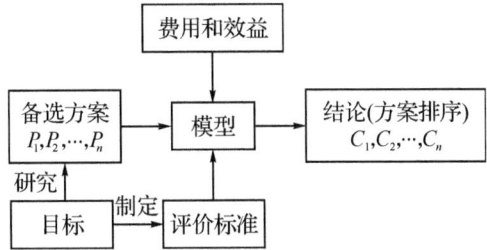

图 2.1　系统分析要素结构图

2.1.2　运输系统分析的特点与准则

1）运输系统分析的特点

由运输系统分析的定义,可总结出它具有以下四个特点。

（1）以整体为目标

在一个运输系统中,处于各个层次的分系统都分别具有特定的功能和目标,彼此分工合作,才能实现运输系统整体的共同目标。构成运输系统的所有要素都是有机整体的一部分,它们不能脱离整体而独立存在。运输系统总体所具有的性质,是其各个组成部分或要素所没有的,因此,如果只研究改善某些局部问题,而忽略或不重视其他分系统,则运输系统整体的效益将受到不利的影响。所以从事运输系统分析,必须考虑发挥运输系统总体的最高效益,不能只局限于个别分系统,以免顾此失彼。

系统总体目标和局部目标分别与其结构层次的高低相适应,低层次系统的局部目标从属于高层次系统的总体目标。在正常情况下,实现系统的局部目标是达到系统总体目标的手段;个别要素的局部目标只有与系统的总目标相适应时才能顺利实现。

（2）以特定问题为对象

系统分析是一种处理问题的方法,其目的在于寻求解决特定运输问题的最佳策略。许多运输问题都含有不确定的因素,而系统分析就是针对这种不确定情况,研究解决运输问题的各种方案及其可能产生的结果。不同的系统分析所解决的运输问题是不同的,即使对相同的运输系统要求解决不同的问题,也要进行不同的分析,拟订不同的求解方法。所以系统分析必须以能求得解决特定运输问题的最佳方案为重点。

（3）运用定量分析和其他科学方法

科学研究方法不能单凭想象、臆断、经验或者直觉，在研究许多复杂的交通问题时，必须要有准确可靠的数字和资料作为科学决断的依据。有些情况下，在利用数学方法描述有困难时，还要借用于结构模型解析法。

（4）凭借价值判断

进行运输系统分析时，对运输系统中的一些要素，必须从未来发展的观点，用某些方法进行科学预测，或者类比以往发生过的事实，来推断其将来可能产生的趋势或倾向。由于所提供的资料有许多是不确定的变量，而客观环境又会发生各种变化，因此，在进行运输系统分析时，还要凭借各种价值观念进行判断和选优。

2）运输系统分析的准则

系统分析没有特定的方法，必须随着分析对象的不同、分析问题的不同而不同。但系统分析所遵循的准则是一致的。

（1）目的性准则

系统的建立总是出于某种需要和目的，系统分析总是针对所提出的具体目标而展开的。运输系统是具有一定发展规律和趋势的，因此，在进行系统分析时，应在尊重客观规律的前提下，确定运输系统应达到的目标。

（2）整体性准则

系统分析的一个基本思想就是把要研究的对象看作一个有机的整体，以整体效益为目标。各子系统局部效益的最优并不意味着总体系统效益的最优；系统总体的最优有时需要某些子系统放弃最优而实现次优或次最优。所以，进行系统分析，必须全面考虑总体与局部、局部与局部之间的关系，坚持"系统总体效益最优、局部效益服从总体效益"的原则。目前，工业发达国家都在探索实现交通运输一体化、发挥运输综合功能的途径，实现运输活动的整体优化，这就需要依据整体性准则进行系统分析。

（3）外部条件与内部条件相结合的准则

系统的生存和发展是以外部环境为条件的，环境的变化对系统有着很大的影响。对系统的内部进行分析，主要是研究系统的组成要素、要素之间的关系以及系统的结构、功能等；而对系统的外部条件进行分析和研究，在于弄清系统目前和将来所处环境的状况，把握系统发展的有利条件和不利因素。所以，在进行系统分析时，必须将系统内外部各种有关因素结合起来综合分析，才能实现系统的最优化。

例如，在构成一个运输系统的时候，不仅要考虑运输系统内部的结构、运输方式的组合等，还要考虑系统的外部条件如物流、信息流等，不考虑系统外部环境，仅仅从系统内部来考虑，是不可能达到系统整体最优的。

（4）当前利益与长远利益相结合的准则

进行系统分析的目的是要最终实现系统的最优化。所谓系统的最优化包含着两方面的含义：一是从空间上要求整体最优；二是从时间上要求全过程最优。因此，选择系统方案时，不仅从当前利益出发，而且还要考虑将来的利益，兼顾可持续发展。不少客观事实表明,一个系统在当前最优不等于在未来也最优;在全过程的某些局部阶段最优,不等于全过程最优。

例如,交通运输建设是百年大计,是提高国民经济效益的重要因素之一,但交通建设项目本身的经济效益则需要经过一定的时间才能够反映出来。如果对这种滞后性不能客观对待,只看眼前利益,不考虑长远利益,重生产轻交通,不重视基础性投资和交通设施的建设,只会是欲速则不达。

(5)局部效益与整体效益相结合的准则

系统是由许多子系统组成的,但是当各子系统的效益都很好的时候,系统的整体效益并不一定会好。系统工程在争取系统总体最优时,必须全面考虑整体与局部以及局部与局部之间的关系,忽略这一点就很难得到总体最优的效果。

(6)定量分析与定性分析相结合的准则

交通运输系统分析不仅要进行定量分析,而且要进行定性分析。交通运输系统分析总是遵循"定性—定量—定性"这一循环往复的过程,不了解交通运输系统各个方面的性质,就不可能建立起探讨交通运输系统定量关系的数学模型。定性和定量二者结合起来综合分析才能达到优化的目的。

系统工程处理的系统各组成部分之间的关系、系统整体和各个组成部分之间的关系、系统和环境之间的关系以及系统的现在和未来之间的关系,一般都是极其复杂的。对这种复杂的关系揭示得越清晰、越深刻、越精确,就越能够取得最佳的综合运用效果。

2.1.3 运输系统分析的要点与步骤

1)运输系统分析的要点

当要对某个系统任务进行开发时,首先要对该系统进行分析,即先设定一系列的问题,然后对这些问题进行分析研究,直到找到满意的解决问题的对策。

如果此时拟提出几个"为什么",就很容易抓住问题的要点,找到解决问题的关键:

(1)这个任务有何需要,所做的目的为何?即为什么要做(Why)。

(2)任务的对象是什么?即要做什么(What)。

(3)在什么时候做?即何时做(When)。

(4)做的场所在哪里?即何地做(Where)。

(5)是由谁来完成该对象?即由谁来做(Who)。

(6)怎样才能解决问题?即如何做(How)。

同样的道理,运输系统分析的要点可以用一句话来概括:在明确目标的基础上,什么人在什么时间和什么地点采用什么方法完成什么事情,直至得到圆满的答案。这句话可以归纳为"5W1H",即英文词 Why、What、When、Where、Who、How。可以看出,运输系统分析的要点就是在分析时,由系统分析员提出一系列"为什么",直至问题得到圆满解决为止。

2）运输系统分析的步骤

运输系统分析的一般步骤是：在通过对系统所处的现状进行分析之后，明确系统所要解决的问题，根据问题确立要达到的目标，然后寻找能达到目标的不同备选方案，再建立系统的模型，通过模型对备选方案进行评价，优选出最优或次优的可行方案。

（1）现状分析

在实际的运输系统分析中，只有通过准确的现状分析才能反映出存在的主要问题，随后才能恰当地提出解决方案。开始分析一个运输系统时，常常会觉得它非常复杂，因为运输系统可能包含很多子系统，每个子系统又由许多元素组成，元素之间的关系也是错综复杂。但是，不管多复杂的运输系统，总是可以从以下三个大的方面入手加以分析：

① 运输对象（货物和旅客）的实际流动

运输对象的实际流动是运输系统中最明显的一个方面。在分析绝大多数运输系统时，绘制运输对象从起点到讫点流动的示意图是一个很好的分析起始。

② 支撑运输对象移动的信息流和信息系统

信息流是伴随着运输对象的实际移动而经过整个系统的，它是现状分析中应该考虑的一个重要内容。

③ 控制整个运输系统的组织和管理结构

运输过程是由不同的功能部门分别管理的，而且整个运输系统中各个功能部门之间的关系也是十分复杂的，对这些功能部门进行很好的组织和管理是十分重要的。因而，整个运输系统的组织与管理结构也就成为一个重要的分析内容。

同样重要的是要确定决策者对整个运输系统的态度。各种各样的研究结果显示，决策者对改善运输系统的理解和支持是成功的必要要素。因此，分析对今后计划起决定性作用的决策者的主观态度是必不可少的。

（2）明确问题，确立目标

找出问题不仅仅是运输系统中十分困难的部分，也是至关重要的部分，因此，应当给予足够的重视。系统分析首先要明确所要解决的问题以及问题的性质、重点和关键所在，恰当地划分问题的范围和边界，了解该问题的历史、现状和发展趋势，在此基础上确定系统的目标。明确目标对系统分析非常重要，如果目标不明确，那无论怎样进行分析也不会得到正确的结果。本阶段的任务包括阐明问题、划分系统和环境、提出问题的边界和约束条件、确定问题的目标。

（3）分析问题，寻找备选方案

在明确问题、确定目标之后，应广泛收集与所要解决的问题相关的一切资料，包括历史的和现实的。在分析和整理资料时，尤其要重视反映各种要素相互联系和相互作用的资料，尽量搞清楚那些占主要地位的内部和外部要素各自的特点和规律是什么、它们之间的关系是怎样的。在分析问题之后，就要决定系统分析的方法，寻找解决问题的各种可行方案，并进行初步筛选。良好的备选方案是进行良好系统分析的基础。

（4）建立模型（模型化）

由于模型是实现系统的抽象描述，是由一些与所分析的问题有关的主要因素构成，并表明这些要素之间的关系。所以，通过模型的建立，可以确认影响系统功能和目标的主要因素及其影响程度，确认这些因素的关联程度、总目标和分目标的达成途径及其约束条件。凭借模型，可以对不同方案进行分析、设计和模拟，从而获得各种方案的费用和效益等数据，为选择最优方案提供依据。

实际上，系统分析的每一阶段都要建立模型。值得注意的是，系统工程的模型往往是推测式的，其模型的精度不能与具有严密基础的数学模型相提并论；另外，这类模型也难以实验。

（5）备选方案的评价

备选方案的评价就是根据建立的模型，在定量预计各种方案在不同环境下所产生后果的基础上，考虑各种有关的定性因素，并运用已经确定好的评价准则，对各种备选方案进行比较和评价，显示出每一个方案的利弊得失和效益成本，从而获得对所有可行方案的综合评价结论。

在评价备选方案中，一个极其重要的方面是实施方案的可行程度和有关单位接受该方案的可能性。评价方案实施的现实性、难度和成本构成了该选择方案的重要部分。对方案实施条件进行严格而且现实的评价应当是选择方案的第一标准，原因就是，除非方案具有实施的现实可能性，否则它将没有任何价值。因此，对方案实施可行性的说明应当是所有案例分析报告中重要的部分。

系统分析的工作并非一蹴而就，每个步骤环节一次顺利完成的可能性很小，往往由于在某一步骤出现问题，而需返回到前面的步骤，甚至返回到确定目标阶段重新开始，只有这样，才能保证为决策提供完全、准确的信息。所以，运输系统分析是一个需要在信息反馈的基础上不断反复、不断调整的过程，这个过程如图 2.2 所示。

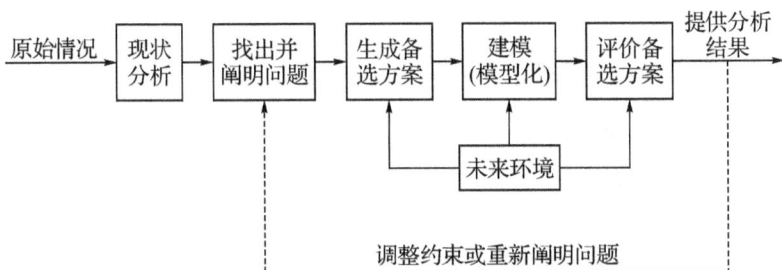

图 2.2 运输系统分析过程

2.2 运输系统目标分析

2.2.1 系统目标分析的意义

系统目标分析是系统分析与系统设计的出发点,是系统目的分析的具体化。通过制定目标,把系统所应达到的各种要求落到实处。系统目标分析的目的,一是论证目标的合理性、可行性;二是获得分析的结果——目标集。应当指出的是,在系统目的和目的系统提出的方式上有时会发生主观愿望较多而客观根据较少的情况。系统目标分析的首要目的就是通过分析和论证,说明总目标建立的合理性,确定系统建立的社会价值,这样就可扫除盲目性,从而避免各种可能的损失和浪费。

对系统目标进行分析,正确地确定系统目标,具有十分重要的意义。因为系统目标的确定将关系到整个系统的方向、范围、投资、周期、人员分配等决策。不少客观实践证明,只有目标明确、有科学依据、符合客观实际,才能产生具有预期价值的系统。当目的不明确、不合理或根本就是错误的时候,就会使开发出的系统变得毫无意义,其结果只能是浪费大量的人力、物力、财力和时间。

例如,1960 年,曾经有些地方用土法大量制造所谓的超声波发生器,并试图用来提高汽车的行驶速度和节约用油;还有人曾经在降水不到 200 mm 且无灌溉条件的牧区毁草造田,试图大幅度提高粮食产量等。这些活动虽然都花费了不少人力、物力,但几乎都没能达到预期的目的,主要原因是在系统开发的前期工作中,没有能够很好地进行系统目标分析,对系统开发的可行性没有做认真、细致的分析和研究。

所以,进行运输系统分析的首要任务就是运输系统目标的分析。随着运输系统在国民经济中的地位越来越重要、运输系统的规模越来越庞大,这一工作的意义也就越来越显得重要。

2.2.2 系统目标分析的原则

在进行系统目标分析时,必须遵循以下原则:
(1) 技术上的先进性;
(2) 经济上的合理性和有效性;
(3) 和其他系统的兼容性和协调性;
(4) 对客观环境变化的适应性。

2.2.3 运输系统目标分析的内容

1) 系统目标分析的必要性

系统目标分析的必要性是指改造或新建一个系统究竟是否必要。对这个问题可以从以下四个方面来判断:

（1）现有系统的适应性

现有系统是否出现了与客观环境不适应，或是出现了与国民经济发展不适应的情况。例如由于石油危机，原来耗油多的大型、豪华型轿车就不再能够适应新的环境，而必须研制生产节油的小型轿车，日本正是看准了这种趋势，及时开发节能小型汽车，才取得了巨大的成功。再如在水上运输系统方面，船舶向大型化，码头建设向专业化、深水化方面发展，这就要求要大力提高港口的装卸能力，码头的装卸工艺及其机械设备也要向大型、高效、自动化的方向发展，否则，就不能适应客观环境的要求。

（2）现有系统的先进性

由于科学技术的进步，现有系统是否过于落后而必须发展新系统。例如港口设备不足，设备陈旧、落后，并有新技术可供采用时，就必须引进新设备、新技术。再如原有的水运通信系统和导航系统的技术、设施早已落后，必须采用新的导航通信设备。目前在水运系统广泛采用计算机技术和最新的通信技术，就是为了使水运业的管理信息系统实现现代化和电子化。

（3）现有系统的竞争性

在客观环境中是否出现了功能超过现有系统的竞争系统，如运输系统工艺的变革、新的替代方式的出现等。比如铁路运输方面，最初采用的是蒸汽机车，以后又相继出现了功能更强、性能更好的内燃机车和电力机车，那么，就应该尽快研制、使用新的动力系统，以便整个系统的性能进一步提高。世界上许多工业发达国家的铁路牵引动力在 20世纪 50—60 年代就以内燃机车和电力机车取代了蒸汽机车；印度从 1971 年起停止生产蒸汽机车，在 1981—1982 年度内燃机车和电力机车牵引完成的货运量已占国内总货运量的 86%、客运量占 55%；而我国，直到 1988 年才停止生产蒸汽机车，在其他运输系统中也存在着技术装备水平落后的状况，影响了运输系统能力的发挥。

（4）系统用户的新要求

系统的用户如果有新的要求，就必须根据新的要求改造原有的系统或研制新的系统。如区域经济的开发、产业结构的调整，产生新的运输需求。例如社会、经济的发展，不仅要求有安全、快速、舒适的公路交通设施，而且随着交通量的密集、汽车数量的增长，也要求公路由量的增加到质的提高，要大力加强公路干线的改建和管理工作。在发达国家，从 20 世纪 70 年代开始，公路网里程已基本停止增长，但以原有路网为基础的技术改造工程以及建设高级和次高级路面的工程仍在继续。

2）系统目标的可实现性

系统目标的可实现性是指改造或新建一个系统时提出的系统目标在客观上是否能够实现。如果不能实现，则系统的改造或新建就不能产生实际的效果。对这个问题，可以从以下两个方面来考虑：

（1）系统目标的科学性

系统目标的建立要有科学的依据、充分的论证，不能是空想的、盲目的。

（2）系统目标的可实现性

即考虑在现有的技术水平、经济力量、资源条件下是否能够实现系统的目标。例如我国提出 1981—2000 年的 20 年间的经济建设目标是:在不断提高经济效益的前提下,力争使我国工农业年总产值翻两番。这个目标就是经过充分论证的、有科学依据的、可实现的目标。这个可能性可以从两个方面来看:一是从新中国成立后的历史来看,1953—1981 年的 29 年间全国总产值年递增 8.1%,1957—1980 年的 23 年间全国总产值年递增 7.6%,1961—1980 年的 20 年间全国总产值年递增 6.1%,而 1981—2000 年的 20 年间全国总产值年递增为 7.2%,再考虑进去各种有利的条件和不利的因素,这个增长速度是可实现的;再是从国外经济发展的情况来看,日本有 10 年倍增计划,美国等发达国家在相当于我国经济的基础上翻两番用了 30 多年的时间,再分析有利条件和不利因素,上述目标实现的可能性是相当大的。

3) 系统目标的完善性

系统目标的完善是指提出的目标是否充分体现了人们对系统特性要求的多样性和系统本身所具有的多层次性特点。如果充分体现了这些特点,就说明系统的目的是比较完善的。对这个问题,可以从以下两方面来考虑:

(1) 人们对系统要求的多样性

人们对系统,特别是对那些庞大而且复杂的系统的特性往往存在着多种要求。例如设计一辆小汽车,人们有性能好、成本低、耗油少、行驶安全、便于维修和美观大方等多方面的要求,这些要求实际上就是开发汽车系统时所要考虑的系统目标。

(2) 考虑系统的多层次性

由于系统的多层次特点,在改造或新建系统的内部必然存在着层次不同的各级子系统。在分析系统目标的时候,就必须充分考虑这种多层次的特点,不但要分析系统的总目标,还要分析子系统的目标,包括目标的科学性、可实现性以及完善性等。同时,还要考察系统的总目标和各级子系统的局部目标之间、子系统的各个局部目标之间是否协调、是否存在矛盾等。

4) 系统有无具体的指标体系

一个系统可能有多个目标,要分为主要目标和次要目标。为了达到某一系统的目标,往往又规定了许多指标,这些指标虽然在数量上很多,但是它们是相互关联、相互影响的,构成了系统的指标体系。确定完善科学和切合实际的指标体系非常重要,只有正确地完成了这一步的工作,以后的工作才有依据。

2.3 运输系统结构分析

2.3.1 基本概念

1) 系统的结构与功能

(1) 系统的结构

系统结构是系统内部各要素相互联系、相互作用的方式或秩序,即各要素之间的具体联系和作用形式,是系统保持整体性以及具有一定功能的内在依据。从一般的意义上讲,系统的结构可以用下式表示:

$$S = \{\Omega, R\} \tag{2.1}$$

式中:S—— 代表系统;

　　　Ω—— 代表元素的集合;

　　　R—— 表示元素之间的各种关系的集合。

由式(2.1)可知,作为一个系统,必须包括其元素的集合与元素之间关系的集合,两者缺一不可。两者结合起来,才能决定一个系统的具体结构与特定功能。

(2) 系统的功能

各种系统的特定功能是不一样的,这里从一般意义上阐述系统的功能,如图 2.3 所示。

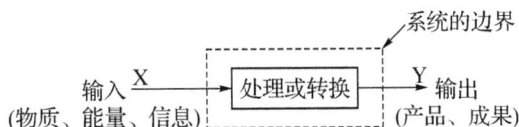

图 2.3　系统的一般功能及其环境

系统以外,与系统发生作用的部分,称为系统的环境;系统及其环境的界面,称为系统的边界;系统对其环境的作用,叫做系统的输出;环境对系统的作用,叫做系统的输入。通过系统的输入与输出,系统与其环境进行物质、能量和信息的交换,产生相互作用。系统的输出是经过处理(或转换、加工)的物质、能量与信息,如产品、成果等。所以系统可以理解为一种处理或转换机构,它把输入转变为人们所需要的输出。从狭义上讲,处理和转换就是系统的功能;广义上讲,输入与输出也是系统的功能。

(3) 系统结构与系统功能的关系

① 结构是完成系统功能的基础

要素与结构是功能的内在根据,功能是要素与结构的外在表现。一定的结构总是表现出一定的功能,一定的功能总是由一定的结构系统产生的。只有依靠结构才能将各个孤立的要素组成一个系统,才能具备所需系统的功能。例如,只有把飞机的各个零部件按照设计中规定的结构装配起来,才能形成一个飞行系统,具备飞行功能;如果把同样的那些零部件乱七八糟地堆放在一起,或不按规定而胡乱地拼在一起,则这些零部件就不会具备飞行功能,因而也不是一个飞行系统。所以说,结构是完成系统功能的基础,或者说系统的功能必须凭借结构才能够实现。

② 不同的系统结构产生不同的系统功能和功能效率

系统的结构不仅在量的方面决定着系统功能的有无,而且在质的方面也影响着系统功能的强弱和系统效率的高低。

例如计算机网络是一种信息系统。在计算机台数和功能相同的条件下,采用分布式结构,即各计算机均和两台以上计算机相连,其工作可靠性要比采用集中式或环式结构的高,一般局部故障不会造成网络的瘫痪。如果一个运输管理系统在结构上庞大臃

53

肿、互相重叠,管理功能自然不强,效率自然不高。

系统的结构对系统的功能之所以有这样大的影响,是因为结构不同组成系统的各个要素互相之间的关系和影响就不会完全相同,因而它们所起的协同作用也就有所差别。合理的结构必然有利于增强组成系统的各个要素之间的联系与影响,有利于增强各个要素联系在一起后所起的协同作用,从而使系统内部以及系统和环境之间的物质、能量、信息的流动方向、流动速度更加合理,变换和转换效率更高。所以,最优的系统结构必然有利于产生最优的系统功能和最高的功能效率。

2) 运输系统结构的概念

综合运输系统的结构,就是组成该运输系统的各个系统(要素)如铁路运输系统、水运系统、航空运输系统、公路运输系统,在数量上的比例和空间上、时间上的联系方式。

2.3.2　运输系统结构分析的任务

系统结构分析是确定和优化系统构成要素相互关系、层次分析和整体协调的分析过程。

1) 系统结构分析的目的

系统结构分析的目的,就是找出系统构成上整体性、相关性、集合性、层次性等表征方面的规律,即系统应具备的合理结构的规律。也就是说,要在保证系统总目标和环境约束集的条件下,在系统组成要素、要素之间的相互关系集以及要素集和相互集阶层分布最优结合并能给出最优组合效果的前提下,能够得到最优系统输出的系统结构,即系统合理结构,用公式表述为:

$$E^{**} = \underset{\substack{P \to G \\ P \to O}}{\operatorname{Max}} P(X \cdot R \cdot C) \tag{2.2}$$

$$S_{\mathrm{opt}} = \operatorname{Max}\{E^{**}\} \tag{2.3}$$

式中:E^{**}——对应于系统目标集和环境约束集下的系统最优组合效果;

S_{opt}——具有最优结合效果及最优输出的系统;

$P(X \cdot R \cdot C)$——整体结合效果函数,即系统要素集 X、系统要素关系集 R 和系统阶层结构 C 的结合函数;

$G = \{g_i | g_i \in G, i = 1, \cdots, p\}$——系统的总目标,$g_i$ 系统的分目标;

$O = \{o_i | o_i \in O, i = 1, \cdots, r\}$——环境约束集。

运输系统结构分析的目的,就是要弄清和理顺运输系统各构成要素(子系统)之间的关系,为实现系统功能而建立起优良的系统结构。

2) 系统结构分析的内容

(1) 寻求 X、R、C 的最优结合形式,即具有最优结合效果 E^{**} 的系统结构形式及在 E^{**} 条件下最大系统输出的系统 S_{opt}。

(2) 重点讨论系统的集合性、相关性、阶层性及其最优结合,即系统的整体性分析

以及如何取得 S_{opt} 的分析与综合的方法。

3）运输系统结构分析的任务

由于系统的结构决定系统的功能,而且最优的系统结构有利于产生最优的系统功能和最高的系统功能效率。所以运输系统结构分析的任务就是:

（1）系统组成要素以及系统结构分析

分析运输系统由哪些要素组成,这些要素之间具有什么样的关系,这些关系产生什么样的系统结构等。

（2）系统结构的稳定性分析

系统结构的稳定性表示系统在其寿命周期内可靠地完成系统应有功能的能力。系统要发挥其功能,保持良好的结构和稳定的运行状态,就必须重视系统结构稳定性分析。

（3）系统结构的合理性分析

结构决定功能,合理的结构必产生优良的功能。进行运输系统结构的合理性分析,就是要想办法创造结构优良的运输系统,防止运输系统的优良结构转化为不良结构;改进结构不良的运输系统,使其向有利的方向转化。

一个运输系统的结构优良与否,包含了两方面的含义:一是运输系统与国民经济其他系统之间保持一种协调发展的比例关系;二是运输系统内部,铁路、公路、水运、航空、管道五种运输方式之间保持一种优化的比例。

从上述三个方面控制运输系统的结构,是为了提高运输系统的功能。但是运输系统的功能是多方面的,各种功能往往是互相联系、互相制约、互相影响的,所以,在处理运输系统结构的时候,一定要全面考虑运输系统的各种功能以及各种功能之间的关系。

2.3.3　系统要素集的分析

为达到系统给定的功能要求,即达到对应于系统总目标所应具有的系统作用,系统必须有相应的组成部分,即系统要素集。系统要素集的确定可在目标分析的基础上进行。当系统目标分析取得不同目标和目标单元的同时,系统的要素集也就相应地产生。对应于总目标分解后的分目标和目标单元,要搜索出能完成此目标的实体部分。这些要素与系统的目标集是一一对应的。系统要素集分析的步骤如下:

（1）目标集的对应分析,找到构成系统的要素集或功能单元集:

$$X = \{x_i \mid x_i \in X,\ i = 1, \cdots, n,\ n \geqslant 2\} \tag{2.4}$$

（2）在满足给定目标要求下,所确定的功能单元使其构造成本最低。

综合上述两项工作,可以获得满足目标要求的系统要素集。这个系统要素集是经过优选的,因此是比较合理的,但不是最后的,还有许多相关联的环节。

2.3.4　系统相关性的分析

系统要素集的确定只是已经根据目标集的要求明确了各种所需的要素或功能单

元,但它们能否达到目标要求,还要看相互关系如何,这就提出了系统的相关性分析的问题。系统的属性不仅取决于它的组成要素的质量和合理性,还取决于要素之间所保持的某些关系。例如,同样的砖、瓦、砂、石、木、水泥可以盖出高质量的漂亮楼房,也可以盖出质量低下、不能使用的楼房。同样的符合标准的机械零部件,可以装出符合质量要求的产品,也可能装出达不到质量要求的次品。

由于系统的属性千差万别,其组成要素的属性也复杂多样,因此要素的关系也是极其丰富多样的。这些关系可能表现为系统要素之间所能保持的空间结构、排列顺序、相互位置、松紧程度、时间序列、数量比例、力学或热力学、信息传递以及组织形式、操作程序、管理方法等许多方面。它们组成了一个系统的相关关系集,即

$$R = \{R_{ij} \in R \mid i, j = 1, 2, \cdots, n\} \qquad (2.5)$$

由于相关关系只能发生在具体的系统要素之间,因此任何复杂的相关关系在要素不发生质的变化的条件下,都可化成两个要素之间的相关关系,即二元关系。二元关系是相关关系的基础,其他复杂的关系则是在二元关系的基础上发展的。表2.1是系统二元关系分析表。

表 2.1 系统要素二元关系分析表

要素 \ 元素系 \ 要素	X_1	X_2	$\cdots$	X_j	$\cdots$	X_n
X_1	R_{11}	R_{12}	$\cdots$	R_{1j}	$\cdots$	R_{1n}
X_2	R_{21}	R_{22}	$\cdots$	R_{2j}	$\cdots$	R_{2n}
$\vdots$	$\vdots$	$\vdots$	$\vdots$	$\vdots$	$\vdots$	$\vdots$
X_i	R_{i1}	R_{i2}	$\cdots$	R_{ij}	$\cdots$	R_{in}
$\vdots$	$\vdots$	$\vdots$	$\vdots$	$\vdots$	$\vdots$	$\vdots$
X_n	R_{n1}	R_{n2}	$\cdots$	R_{nj}	$\cdots$	R_{nn}

在二元关系分析表中,首先要根据目标的要求和功能的需要来明确系统要素之间必须存在和不应存在的两类关系,同时必须消除模棱两可的二元关系。当 $R_{ij}=1$ 时,要素之间存在二元关系;当 $R_{ij}=0$ 时,要素间不存在二元关系。

2.3.5 系统阶层性的分析

大多数的系统都是以多阶层递阶形式存在的。哪些要素应属于同一阶层、阶层之间应保持何种关系以及阶层的层数和层次内要素的数量等都有很多重要的关系。对于这些关系的研究将从系统的本质上加深对系统结构的认识,从而揭示事物合理存在的客观规律,这就是提出系统的阶层性分析的理论依据。为了实现给定的目标,系统或分系统必须具备某种相应的功能,这些功能是通过要素的一定组合和结合来实现的。由

于系统目标多样性和复杂性,任何单一或比较简单的功能都不能达到目的,需要组成功能团和功能团的联合。

例如,一部汽车从技术结构上看由行走部分、动力部分、传动部分、操纵部分、控制部分等组成。行走部分有前桥和后桥,动力部分有发动机,传动部分有齿轮箱和传动轴,操纵部分有手闸和刹车片及各种仪表等。这些功能团(要素集)是联合起来达到运行目的的,它们必须有一定的阶层关系。处于最高层位置的是操纵和控制部分,而后支配动力部分和传动部分,最后到行走部分。可以说,没有阶层上的安排,各个部分就无法达到逐级的和整体的协调。

系统的阶层性分析主要是解决系统分层和各层规模的合理性问题。合理性主要从两个方面考虑:

(1)传递物质、信息和能量的效率、质量和费用

对于技术系统,主要看能量和信息的传递链的组成、传递路径长短;对于组织管理系统,主要看信息传递的效率和质量。

(2)功能单元合理结合和归属的问题

某些功能单元放在一起能起相互补益的作用,有些则相反。

2.3.6 系统整体性的分析

系统整体性的分析是系统结构分析的核心,是解决系统整体协调和整体最优化的基础。上述的系统要素集、关系集和阶层关系的分析,在某种程度上都是研究问题的一个侧面,它的合理化或优化还不足以说明整体的性质。整体性分析要综合上述分析结果,从整体最优上进行概括和协调,即要使 X、R、C 达到最优结合,取得 P 函数最大值和总体最优输出。

1)整体性优化的可能性

(1)X、R、C 的合理性分析是在可行范围内讨论的,即这些变量都有允许的变化范围——约束条件;

(2)在对应于给定目标的要求下,X、R、C 集将有多种结合方案,每种结合方案的效果是不同的;

(3)对应于一定的价值目标,改变 X、R、C 的结合状态,可以看出效果函数变化状况的集优化方向,使取得 E^{**} 是可能的。可获得 E^{**} 条件下最大输出的 X、R、C 的结合方案。

2)整体性分析的内容

为了进行整体性分析,需要解决三个问题:建立评价指标体系,即对具体的系统来说,它的整体性效果函数表现在哪些目标,标准是什么;建立反映系统特征的 X、R、C 结合模型;建立结合模型的选优程序,下面主要讨论前两个问题。

(1)建立评价指标体系

为了衡量和分析系统的整体结合效果,首先要建立一个评价指标体系。这些指标

分别说明这种综合效果所表现的方面;这些指标应当有最低标准,达不到它,就说明这种结合没有取得起码的整体效果;这类指标还应当是可衡量的价值指标,以便在多指标条件下能做到综合评价。例如,一个生产技术系统是由若干台各种装置或设备(X 集)连接而成;由人工操作或在人工监控下进行生产工艺流程,这可能是材料、设备、工具和人的结合,也可能是各种材料在装置内各种参数控制作用下完成的化学物理过程(R 集);由于设备承担的过程不同,有单元设备、设备组和设备功能组等阶层关系(C 集)。根据生产技术特征,这个评价指标体系可以考虑如下指标:设备平均负荷率、材料综合利用率、废品率、耗能指标、工人劳动生产率、各种物料转化率、回收率等。

(2)建立反映系统特性的 X、R、C 结合模型

该类模型反映出系统结合三要素的特点和整体结合函数的表达形式,把结合状态结构化和定量化。

3)提高系统整体效果的规律性

实践表明,提高系统整体效果具有某些规律性:

(1)系统的要素对系统整体均有独特的作用,应按"各占其位,各司其职"的整体观点来对待。

(2)系统的各个组成部分必须按系统整体目标进行有序化,偏离目标的各自为政、目标分散、意见分歧,都将增加系统的内耗,最后使系统整体无输出或减少输出。但是有序化要求有一个强大的引力场,像铁分子在磁场中一样,这是达到有序化的前提条件。

(3)要注意整体中的协调环节和连接部分,没有协调环节和连接部分也就没有整体,当然也就谈不上提高整体。例如:十字路口的红绿灯,市内的交通运输,我们穿的衣服上的扣子、拉链,写文章的段与段的衔接、过渡、承上启下等。

(4)不断调节和处理系统中矛盾部分和落后环节,不断提高系统的整体效果。系统内部的各个组成部分有基本的配套关系和适当比例,个别部分出现不适应或矛盾状态,就必须及时调整和处理,否则整体发展就要受到影响。如国民经济发展中,农业、工业、重工业、轻工业的比例;交通运输系统中,五大运输方式的比例关系。

2.3.7 系统结构模型化技术

系统是由许多具有一定功能的要素所组成的,而各个要素之间总是存在着相互促进或相互制约的逻辑关系。为此,当我们新建或改造一个系统的时候,首先要了解系统中各要素间存在怎样的关系。只有这样,才能更好地完成开发或改造系统的任务。要了解各要素之间的关系,也就是要建立系统的结构模型。

建立结构模型的方法包括只着眼于系统组成要素间有无关联 ISM 方法(解析结构模型)、用具体数值表示关联度的 DEMATEL 方法(决策与试验评价实验室)。这里介绍其中最具代表性的解析结构模型。

解析结构模型(Interpretative Structural Model,ISM),或称为解释型结构模型,

由美国沃菲尔德(John N. Warfield)教授于 1973 年提出的,用于分析和揭示复杂关系结构的有效方法,它可将系统中各要素之间的复杂、零乱关系分解成清晰的多级递阶结构形式。

其特点是把复杂的系统分解为若干子系统(要素),利用人们的实践经验和知识以及电子计算机的帮助,最终将系统构造成一个多级递阶的结构模型。ISM 的应用范围十分广泛,从能源、资源等国际性问题到地区开发以至企事业甚至个人范围的问题等,都可应用 ISM 来建立结构模型,并据此进行系统分析。

1) 结构模型的基础知识

结构模型是表明系统各要素间相互关系的宏观模型。一种最方便的办法是用图的形式表示这种关系。

将系统中的每个要素用一个点(或圆圈)来表示。如果要素 P_i 对 P_j 有影响,则在图中从点 P_i 到点 P_j 用一条有向线段联结起来,有向线段的方向从 P_i 指向 P_j。这种表示方法无论在工程系统或社会经济系统中都是很方便的,通常称为有向图,如图 2.4 就是由六个要素构成的有向图。

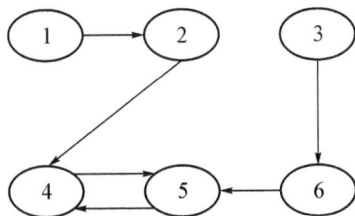

图 2.4　有向图示例

设系统由 $n(n \geqslant 2)$ 个要素 $(s_1, s_2, \cdots, s_n)$ 所组成,其集合可表示为 $S = \{s_1, s_2, \cdots, s_n\}$,根据系统的性质和研究目的的要求,要素 (s_i, s_j) 间存在着直接或间接的关系称为二元关系,二元关系通常有影响关系、因果关系、包含关系、隶属关系以及各种可以比较的关系,诸如大小、先后、轻重、优劣等。

对于系统的任意构成要素 s_i、s_j 来说,如果存在 s_i、sj 相互影响,这种二元关系叫强连接关系,s_i、s_j 在有向图中构成回路,如图 2.4 中的 4、5 要素这种关系下的各要素之间存在替换性,即 4 与其他要素间的关系同 5 与其他要素间的关系相同。

同样可以看到,要素间除了具有直接关系外,还具有间接关系,如图 2.4 中要素 1、4 的关系,要素 1 能直接影响到 2,2 能直接影响到 4,则要素 1 能间接影响到 4。我们把这种通过中间要素传递影响关系的特性称为转移特性,即若 s_i 可达 s_j (s_i 有一条路至 s_j),s_j 可达 s_k (s_j 有一条路至 s_k),则 s_i 必定可达 s_k。

通过上述两个要素间的二元关系的表示,可以用矩阵 $\boldsymbol{A}$ 表示出有向图。

$$\boldsymbol{A} = (a_{ij})_{n \times n}$$

式中:

$$a_{ij} = \begin{cases} 1, & \text{当 } s_i \text{ 指向 } s_j, \text{即 } s_i \text{ 对 } s_j \text{ 有影响时} \\ 0, & \text{否则为零} \end{cases}$$

上述矩阵表示了有向图中的要素之间的直接关系,称为邻接矩阵。邻接矩阵中要素为1的元素表示由 s_i 可以一步到达 s_j,所以邻接矩阵又称为一阶关系矩阵。图 2.4 对应的邻接矩阵为:

$$A = \begin{pmatrix} 0 & 1 & 0 & 0 & 0 & 0 \\ 0 & 0 & 0 & 1 & 0 & 0 \\ 0 & 0 & 0 & 0 & 0 & 1 \\ 0 & 0 & 0 & 0 & 1 & 0 \\ 0 & 0 & 0 & 1 & 0 & 0 \\ 0 & 0 & 0 & 0 & 1 & 0 \end{pmatrix}$$

实际中,为了研究的方便,通常将系统要素自身的关系定义为1,要素自身间的关系矩阵为单位矩阵 I,即有

$$A + I = \begin{pmatrix} 0 & 1 & 0 & 0 & 0 & 0 \\ 0 & 0 & 0 & 1 & 0 & 0 \\ 0 & 0 & 0 & 0 & 0 & 1 \\ 0 & 0 & 0 & 0 & 1 & 0 \\ 0 & 0 & 0 & 1 & 0 & 0 \\ 0 & 0 & 0 & 0 & 1 & 0 \end{pmatrix} + \begin{pmatrix} 1 & 0 & 0 & 0 & 0 & 0 \\ 0 & 1 & 0 & 0 & 0 & 0 \\ 0 & 0 & 1 & 0 & 0 & 0 \\ 0 & 0 & 0 & 1 & 0 & 0 \\ 0 & 0 & 0 & 0 & 1 & 0 \\ 0 & 0 & 0 & 0 & 0 & 1 \end{pmatrix} = \begin{pmatrix} 1 & 1 & 0 & 0 & 0 & 0 \\ 0 & 1 & 0 & 1 & 0 & 0 \\ 0 & 0 & 1 & 0 & 0 & 1 \\ 0 & 0 & 0 & 1 & 1 & 0 \\ 0 & 0 & 0 & 1 & 1 & 0 \\ 0 & 0 & 0 & 0 & 1 & 1 \end{pmatrix}$$

利用二元关系的转移特性,就可以建立要素 s_i、s_j 间的 2 阶、3 阶、…、r 阶关系,即要素 s_i 通过 2 步、3 步、…、r 步是否能到达 s_j,相应地,可以建立系统的 2 阶、3 阶、…、r 阶关系矩阵。有 n 个要素的系统,最多有 $n-1$ 阶的关系。当一个矩阵表示了系统要素的所有直接、间接的关系,则称该矩阵为可达矩阵。例如有向图 2.4 所对应的可达矩阵为 R。

$$R = \begin{pmatrix} 1 & 1 & 0 & 1 & 1 & 0 \\ 0 & 1 & 0 & 1 & 1 & 0 \\ 0 & 0 & 1 & 1 & 1 & 1 \\ 0 & 0 & 0 & 1 & 1 & 0 \\ 0 & 0 & 0 & 1 & 1 & 0 \\ 0 & 0 & 0 & 1 & 1 & 1 \end{pmatrix}$$

通过对邻接矩阵 A 的运算,也可求出系统要素的可达矩阵 R,计算公式为:

$$R = (A + I)^r$$

矩阵 A 和 R 的元素均为"1"或0,是 $n \times n$ 阶的 0 - 1 矩阵,计算过程符合布尔代

数的运算法则,不考虑位与位之间的进位。有

$$0+0=0,0+1=1,1+0=1,1+1=1,0\times0=0,0\times1=0,1\times0=0,1\times1=1$$

最大传递次数 r 可根据下式确定:

$$A+I\neq(A+I)^2\neq(A+I)^3\neq\cdots\neq(A+I)^{r-1}\neq(A+I)^r=(A+I)^{r+1}$$

由于传递 r 步后已得到可达矩阵,因此有

$$(A+I)^r=(A+I)^{r+1}=\cdots=(A+I)^{n-1}=R$$

有向图 2.4 对应的可达矩阵可计算如下:

$$(A+I)^2=\begin{pmatrix}1&1&0&0&0&0\\0&1&0&1&0&0\\0&0&1&0&0&1\\0&0&0&1&1&0\\0&0&0&1&1&0\\0&0&0&0&1&1\end{pmatrix}\times\begin{pmatrix}1&1&0&0&0&0\\0&1&0&1&0&0\\0&0&1&0&0&1\\0&0&0&1&1&0\\0&0&0&1&1&0\\0&0&0&0&1&1\end{pmatrix}=\begin{pmatrix}1&1&0&\underline{1}&0&0\\0&1&0&1&\underline{1}&0\\0&0&1&0&\underline{1}&1\\0&0&0&1&1&0\\0&0&0&1&1&0\\0&0&0&\underline{1}&1&1\end{pmatrix}$$

矩阵运算中的"$\underline{1}$"表示要素间间接(通过两步)到达的情况。由于 $A+I\neq(A+I)^2$,则继续计算。

$$(A+I)^3=(A+I)^2\times(A+I)$$

$$=\begin{pmatrix}1&1&0&\underline{1}&0&0\\0&1&0&1&\underline{1}&0\\0&0&1&0&\underline{1}&1\\0&0&0&1&1&0\\0&0&0&1&1&0\\0&0&0&\underline{1}&1&1\end{pmatrix}\times\begin{pmatrix}1&1&0&0&0&0\\0&1&0&1&0&0\\0&0&1&0&0&1\\0&0&0&1&1&0\\0&0&0&1&1&0\\0&0&0&0&1&1\end{pmatrix}=\begin{pmatrix}1&1&0&\underline{1}&\underline{\underline{1}}&0\\0&1&0&1&\underline{1}&0\\0&0&1&\underline{\underline{1}}&\underline{1}&1\\0&0&0&1&1&0\\0&0&0&1&1&0\\0&0&0&\underline{1}&1&1\end{pmatrix}$$

矩阵运算中的"$\underline{\underline{1}}$"表示要素间间接(通过三步)到达的情况。由于 $(A+I)^3\neq(A+I)^2$,则继续计算。

$$(A+I)^4=(A+I)^3\times(A+I)$$

$$=\begin{pmatrix}1&1&0&\underline{1}&\underline{\underline{1}}&0\\0&1&0&1&\underline{1}&0\\0&0&1&\underline{\underline{1}}&\underline{1}&1\\0&0&0&1&1&0\\0&0&0&1&1&0\\0&0&0&\underline{1}&1&1\end{pmatrix}\times\begin{pmatrix}1&1&0&0&0&0\\0&1&0&1&0&0\\0&0&1&0&0&1\\0&0&0&1&1&0\\0&0&0&1&1&0\\0&0&0&0&1&1\end{pmatrix}=\begin{pmatrix}1&1&0&\underline{1}&\underline{1}&0\\0&1&0&1&\underline{1}&0\\0&0&1&\underline{1}&\underline{1}&1\\0&0&0&1&1&0\\0&0&0&1&1&0\\0&0&0&\underline{1}&1&0\end{pmatrix}$$

由于 $(A+I)^4=(A+I)^3$,计算终止,则可达矩阵为:

$$\boldsymbol{R}=(\boldsymbol{A}+\boldsymbol{I})^3=\begin{pmatrix} 1 & 1 & 0 & 1 & 1 & 0 \\ 0 & 1 & 0 & 1 & 1 & 0 \\ 0 & 0 & 1 & 1 & 1 & 1 \\ 0 & 0 & 0 & 1 & 1 & 0 \\ 0 & 0 & 0 & 1 & 1 & 0 \\ 0 & 0 & 0 & 1 & 1 & 1 \end{pmatrix}$$

2）由可达矩阵画出有向图

由可达矩阵 $\boldsymbol{R}$ 可看出各要素 s_i 与其他要素的到达关系,求如下集合:

$$P(s_i)=\{s_j \mid r_{ij}=1, j=1,2,\cdots,n\} \ (i=1,2,\cdots,n)$$

$$Q(s_i)=\{s_j \mid r_{ji}=1, j=1,2,\cdots,n\} \ (i=1,2,\cdots,n)$$

其中: $P(s_i)$ 称为可达集合,即从要素 s_i 出发可以到达的全部要素的集合。可通过找可达矩阵 $\boldsymbol{R}$ 的第 i 行上的值为1的列对应的要素来求得。 $Q(s_i)$ 称为先行集合,也称前因集,即可以到达要素 s_i 的全部元素的集合。可通过找可达矩阵 $\boldsymbol{R}$ 的第 i 列上值为1的行对应的要素来求得。

再从 $P(s_i)$、$Q(s_i)$ 求出它们的交集(也称共同集),得到满足下列条件的要素的集合 L_1。

$$P(s_i) \bigcap Q(s_i)=P(s_i)$$

L_1 中的元素有如下特征:该要素能够到达的其他要素,必定会到达该要素,即该要素与其可达集中的要素构成回路,该要素没有更上一级的要素。那么, L_1 中的要素是位于最高层次(第1级)的要素。

然后,从原来的可达矩阵 $\boldsymbol{R}$ 中删去对应 L_1 中要素的行与列,得到矩阵 $\boldsymbol{R}'$,对 $\boldsymbol{R}'$ 进行同样操作,确定属于第2级 L_2 的要素,重复同样的操作,依次求出 $L_3,L_4,\cdots$,从而把各要素分配到相应的级别上。

下面根据矩阵 $\boldsymbol{R}$,求与各要素对应的可达集合 $P(s_i)$,先行集合 $Q(s_i)$ 及共同集合 $P(s_i) \bigcap Q(s_i)$,如表2.2所示。

表2.2 可达集合、先行集合与共同集合

s_i	$P(s_i)$	$Q(s_i)$	$P(s_i) \bigcap Q(s_i)$
1	1,2,4,5	1	1
2	2,4,5	1,2	2
3	3,4,5,6	3	3
4	4,5	1,2,3,4,5,6	4,5
5	4,5	1,2,3,4,5,6	4,5
6	4,5,6	3,6	6

满足 $P(s_i) \cap Q(s_i) = P(s_i)$ 的要素有 4 和 5。由此确定第 1 级，$L_1 = \{4,5\}$。

其次，删去第 4 行和第 5 行以及表格中其他要素可达集中的 4 和 5，得表 2.3。

表 2.3　级位划分过程

s_i	$P(s_i)$	$Q(s_i)$	$P(s_i) \cap Q(s_i)$
1	1,2	1	1
2	2	1,2	2
3	3,6	3	3
6	6	3,6	6

满足 $P(s_i) \cap Q(s_i) = P(s_i)$ 的要素有 2,6。由此确定第二级，$L_2 = \{2,6\}$。

再次，删去要素 2 和要素 6 所在的行以及表格中其他要素可达集中的 2 和 6，可得表 2.4。

表 2.4　级位划分过程

s_i	$P(s_i)$	$Q(s_i)$	$P(s_i) \cap Q(s_i)$
1	1	1	1
3	3	3	3

要素 1,3 都满足 $P(s_i) \cap Q(s_i) = P(s_i)$，因此，第 3 级为 $L_3 = \{1,3\}$。

级别分配结束后，在最上层放 1 级 L_1 的要素，它的下面放第 2 级 L_2 的要素，依此类推把各要素从上至下按级别顺序放置，该例中的 6 个要素分配在 3 个级别上。最后把可达矩阵 $\boldsymbol{R}$ 的行列也按这一级别顺序进行排列，通过这一操作，$\boldsymbol{R}$ 化为了分块三角阵 $\boldsymbol{R}'$。

$$\boldsymbol{R}' = \begin{array}{c} \\ 4 \\ 5 \\ 2 \\ 6 \\ 1 \\ 3 \end{array} \begin{array}{cccccc} 4 & 5 & 2 & 6 & 1 & 3 \\ \begin{pmatrix} 1 & 1 & 0 & 0 & 0 & 0 \\ 1 & 1 & 0 & 0 & 0 & 0 \\ 1 & 1 & 1 & 0 & 0 & 0 \\ 1 & 1 & 0 & 1 & 0 & 0 \\ 1 & 1 & 1 & 0 & 1 & 0 \\ 1 & 1 & 0 & 1 & 0 & 1 \end{pmatrix} \end{array}$$

参考矩阵 $\boldsymbol{R}'$，用有向线段代表相邻级别要素间的关系及同一级各要素间的关系，因而可用有向图的形式来表示系统的多层递阶结构，如图 2.5 所示。

3）解析结构模型的步骤

解析结构模型是按层次结构的形式对系统建模的方法，由以下 4 个步骤组成。

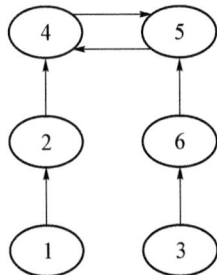

图 2.5　系统的多层递阶结构图

步骤 1：生成邻接矩阵

首先要充分了解系统有哪些要素组成，并确定其组成要素 $s_i(i=1,\cdots,n)$，接下来确定任意两个要素 s_i 和 s_j 之间的直接影响关系，即建立邻接矩阵，邻接矩阵描述了各点间通过长度为 1 的通路相互可以达到的情况。

步骤 2：计算可达矩阵

求得邻接矩阵后，接下来求 A 与单位矩阵 I 的和 $A+I$，作矩阵 $A+I$ 的幂运算，直至下式成立为止：

$$A+I\neq(A+I)^2\neq(A+I)^3\neq\cdots\neq(A+I)^r=(A+I)^{r+1}$$

矩阵 $R=(A+I)^r$ 为可达矩阵。可达矩阵的元素 r_{ij} 的值代表元素 s_i 到 s_j 间是否存在着可到达的路径，即可达矩阵完全表征了要素间直接的、间接的关系，表明了各点间经长度不大于 $n-1$ 的通路的可达情况。

步骤 3：各要素的级别分配

找出每个要素的可达集 $P(s_i)$ 和先行集 $Q(s_i)$，求满足下列条件的要素集合 L_1：

$$P(s_i)\bigcap Q(s_i)=P(s_i)$$

L_1 中的要素处于有向图的第 1 级。然后，从原来的可达矩阵 R 中删去对应 L_1 中要素的行和列，得到矩阵 R'，R' 进行同样操作确定属于第 2 级 L_2 的要素。以后重复同样操作，依次求出 $L_3,L_4,\cdots$，从而把各要素分配到相应的级别上。

步骤 4：画出有向图级别分配结束后，把各要素从上至下按级别顺序放置。同时将可达矩阵转化为按级别排列的可达矩阵，用有向线段表示相邻级别要素间的关系及同一级别要素之间的关系，从而画出有向图。

这里举一个具体例子来说明前面介绍的 ISM 的步骤。

现在以 7 个组成要素 $s_1,\cdots,s_7$ 组成的系统为对象，分析系统的结构，找出各要素之间相互影响的关系，得到邻接矩阵 A。

$$A=\begin{pmatrix} 0 & 0 & 1 & 0 & 0 & 0 & 0 \\ 0 & 0 & 0 & 0 & 1 & 1 & 0 \\ 0 & 1 & 0 & 0 & 0 & 0 & 0 \\ 0 & 0 & 1 & 0 & 0 & 0 & 0 \\ 0 & 0 & 0 & 0 & 0 & 0 & 0 \\ 0 & 1 & 0 & 0 & 0 & 0 & 0 \\ 0 & 0 & 1 & 0 & 0 & 0 & 0 \end{pmatrix}$$

经计算，当 $r=3$ 时，满足 $A+I\neq(A+I)^2\neq(A+I)^3=(A+I)^4$，可达矩阵 $R=(A+I)^3$。

$$R = \begin{pmatrix} 1 & 1 & 1 & 0 & \underline{1} & 1 & 0 \\ 0 & 1 & 0 & 0 & 1 & 1 & 0 \\ 0 & 1 & 1 & 0 & \underline{1} & 1 & 0 \\ 0 & \underline{1} & 1 & 1 & 1 & 1 & 0 \\ 0 & 0 & 0 & 0 & 1 & 0 & 0 \\ 0 & 1 & 0 & 0 & \underline{1} & 1 & 0 \\ 0 & \underline{1} & 1 & 0 & \underline{1} & 1 & 1 \end{pmatrix}$$

该可达矩阵 R 中,存在这个矩阵 $A + I$ 中取值不为 1 的元素(记作 $\underline{1}$),这说明这些要素之间没有直接关系,而是通过其他要素发生间接关系的。

根据可达矩阵 R,求与各要素对应的可达集合 $P(s_i)$、先行集合 $Q(s_i)$ 及共同集合 $P(s_i) \bigcap Q(s_i)$,如表 2.5 所示,满足 $P(s_i) \bigcap Q(s_i) = P(s_i)$ 的要素只有 s_5。由此确定第 1 级 $L_1 = \{s_5\}$。

其次,从表 2.5 中删除要素 5 及其所在行,并删除其他要素可达集中的 5,得表 2.6,判断出第 2 级 $L_2 = \{s_2, s_6\}$。以下同理可求得 $L_3 = \{s_3\}$,$L_4 = \{s_1, s_4, s_7\}$,如表 2.7、表 2.8 所示。因此,该例中的 7 个元素可分配在 4 个级别上。

表 2.5 级位划分过程

s_i	$P(s_i)$	$Q(s_i)$	$P(s_i) \bigcap Q(s_i)$
1	1,2,3,5,6	1	1
2	2,5,6	1,2,3,4,6,7	2,6
3	2,3,5,6	1,3,4,7	3
4	2,3,4,5,6	4	4
5)	5	1,2,3,4,5,6,7	5
6	2,5,6	1,2,3,4,6,7	2,6
7	2,3,5,6,7	7	7

表 2.6 级位划分过程

s_i	$P(s_i)$	$Q(s_i)$	$P(s_i) \bigcap Q(s_i)$
1	1,2,3,6	1	1
2)	2,6	1,2,3,4,6,7	2,6
3	2,3,6	1,3,4,7	3
4	2,3,4,6	4	4
6)	2,6	1,2,3,4,6,7	2,6
7	2,3,6,7	7	7

表 2.7　级位划分过程

s_i	$P(s_i)$	$Q(s_i)$	$P(s_i)\bigcap Q(s_i)$
1	1,3	1	1
3	3	1,3,4,7	3
4	3,4	4	4
7	3,7	7	7

表 2.8　级位划分过程

s_i	$P(s_i)$	$Q(s_i)$	$P(s_i)\bigcap Q(s_i)$
1	1	1	1
4	4	4	4
7	7	7	7

将可达矩阵 $\boldsymbol{R}$ 按以上级别顺序排列,得到分块三角阵 $\boldsymbol{R}'$。

$$
\boldsymbol{R}' = \begin{matrix} 5 & 2 & 6 & 3 & 1 & 4 & 7 \\ \end{matrix}
\begin{pmatrix}
1 & 0 & 0 & 0 & 0 & 0 & 0 \\
1' & 1 & 1'' & 0 & 0 & 0 & 0 \\
1' & 1'' & 1 & 0 & 0 & 0 & 0 \\
1 & 1' & 1' & 1 & 0 & 0 & 0 \\
1 & 1 & 1 & 1' & 1 & 0 & 0 \\
1 & 1 & 1 & 1' & 0 & 1 & 0 \\
1 & 1 & 1 & 1' & 0 & 0 & 1
\end{pmatrix}
\begin{matrix} 5 \\ 2 \\ 6 \\ 3 \\ 1 \\ 4 \\ 7 \end{matrix}
$$

　　参照这一按级排列的可达矩阵 $\boldsymbol{R}'$,用有向线段连接相邻级别间存在可达关系的要素($1'$)及同一级别间存在可达关系的要素($1''$),可得到图 2.6 所示的层次结构。

　　由图 2.6 可见,要素 s_1、s_4、s_7 相互间没有影响关系,但三个要素均直接影响 s_3。通过 s_3 间接影响 s_2、s_5、s_6。要素 s_2 与 s_6 构成回路。要素 s_2 与 s_6 均影响要素 s_5。由于要素 s_2 与 s_6 构成回路,s_2 和 s_6 与系统其他要素的关系完全相同,故在有向图中只要标出要素 s_2 与上下级要素的关系。

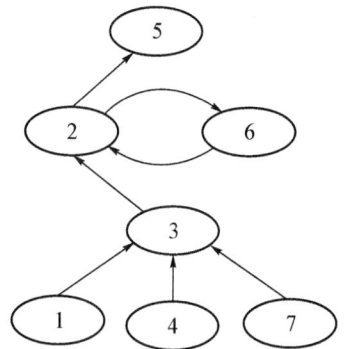

图 2.6　系统的有向图示例

2.4 运输系统环境分析

2.4.1 运输系统环境分析的意义

运输系统工程的目的是实现运输系统的总体最优化。要达到此目的,就必须全面考虑运输系统的各子系统之间、运输系统与环境之间的关系。

1) 系统之间的关系保持协调是系统功能发挥的保证

在研究系统的结构时,我们曾明确地指出过:结构是完成系统功能的基础,最优的结构有利于产生最优的功能和最高的功能效率。这就是说,系统的功能不完全取决于系统的结构。系统的结构再好,如果外部环境不能正常地为它提供输出,或不能正常地接受它的输出,或不断地对它进行干扰和破坏,这个系统的功能潜力是很难充分发挥出来的,甚至根本无法正常地执行系统的功能。

2) 系统之间物质、能量和信息的交换关系是影响系统功能的主导关系

系统之间的关系是多种多样的,有层次关系、包含关系、并列关系等,究竟哪一种关系对系统功能影响起主导作用? 事实表明,对系统功能起主导作用的关系是系统间物质、能量和信息的交换关系。这种关系是系统在交换物质、能量或信息的过程中产生的。这种关系若出了问题,物质、能量或信息的流动、变换、转化与循环就会受到阻碍,系统的功能自然就不会正常。所以,研究这种关系对系统功能的影响以及它的形成法则,对科学地规划、设计、管理和控制系统有着极为重要的意义。

2.4.2 系统与环境的关系

系统和环境之间的相互影响,主要是通过物质、能量和信息的交换引起的。由于客观世界本身是一个多层次的大系统,某一系统的环境实际上是由另一些系统形成的,所以系统和环境之间的交换关系可以归结为系统和系统之间的交换关系。

由于一个系统对另一个系统的输入、输出起的作用不同,因而,系统间存在的关系就不同。归纳起来,有以下五种关系:

1) 互依关系

如果甲系统需要的某种物质、能量或信息是由乙系统的输出供应的,那么,甲乙两系统之间的关系就叫做互依关系。

如交通运输系统对整个国民经济系统之间就是一种互依关系。互依关系在有的情况下表现为一种"互补关系",比如,交通运输系统与国民经济系统之间也可以说是一种互补关系。

2) 竞争关系

如果甲乙两系统需要同一种输入,且都是由丙系统的输出供应的;或者丙系统需要的某种输入是由甲乙两系统的输出供应的,且甲乙两系统之间再没有其他物质、能量或

信息的交换关系,那么甲乙两系统之间的关系就叫做竞争关系。

在交通运输系统中,各种不同运输方式如铁路运输、水路运输、公路运输、航空运输之间存在的就是既竞争又互补的关系。

运输系统之间的互补关系,表现为在待定的环境和条件下,必须由几种运输方式同时参与才能够完成某种运输任务;而运输系统之间的竞争关系,则表现为在运输系统中各种运输方式之间的可替代性,由此产生了各子系统之间的竞争关系。

系统之间的竞争可能会导致两种不同的结果:一是竞争促进了系统竞争力的提高,使系统的功能不断得到改进;一是导致竞争力弱的系统功能下降、瘫痪,甚至崩溃。如市场经济中小企业、小工厂因竞争能力弱而竞争失败倒闭的就属于后者。了解了竞争系统之间的这种关系以及竞争所可能产生的后果,就要充分利用竞争有利的一面,并对竞争施以适当的控制,以防止不良竞争后果的出现。

3)吞食关系

如果甲系统的输入是乙系统本身,而且乙系统进入甲系统后,经甲系统的变换作为原系统的基本属性完全消失,那么,甲乙两系统之间的关系就叫做吞食关系。甲系统叫做吞食系统,乙系统叫做被吞食系统。如旧轮船拆卸回炉和旧轮船之间的关系。

4)破坏关系

如果甲系统的输出传给乙系统后,或甲系统掠取乙系统的组成元素作为自己的输入后,削弱了乙系统的功能,或导致乙系统瘫痪甚至崩溃,那么甲乙两系统之间的关系就叫做破坏关系。交通运输系统给自然环境系统带来的污染、噪声等,就是对自然环境系统的破坏。

2.4.3 交通运输系统与环境

如上所述,交通运输系统与环境之间存在着各种复杂的关系,有些是依存关系,有些是竞争关系,有些则是破坏关系。无论是开发一个新系统还是改造一个旧系统,都必须对运输系统与环境之间的关系进行认真的分析,使系统与环境相互协调,共同发展。

一般来讲,就交通运输系统对环境系统的影响而言,它可以起积极作用,也可以起消极作用。在分析交通运输系统和环境之间的相互影响时,可以从下列四个方面着手:

1)如果系统和环境是依存关系,那么环境对系统的输入或系统对环境的输出是否稳定

一个系统要正常地维持系统的功能,环境就必须对系统提供正常的输入和正常地接受系统的输出,即环境对系统的输入与系统对环境的输出都要保持稳定性,包括数量的稳定和质量的稳定,在考虑改建和新建系统的时候都必须充分考虑这个问题。例如在考虑新建或扩建某个港口的时候,就必须考虑该地区经济的发展、货运量的变化、腹地(消费地和生产地)的性质、地理条件以及建港技术的发展和腹地城市的要求等,以此决定是否要建,建多大的规模。不考虑这些因素,盲目开工建设,就很可能会因没有稳定可靠的输入、输出作保障,导致系统不能正常执行其功能。

2）在环境包含的各个系统中是否与新建或改建的系统有竞争关系

由于系统间的激烈竞争可导致竞争力弱的系统瘫痪甚至崩溃,所以,在规划和设计新的系统或改造原有系统时,必须控制好系统的规模,或在更高层次内协调这些竞争系统和环境之间的关系,认真做好系统间输入、输出的综合平衡。过去,我国在经济建设中,综合平衡工作是很有成绩的,但后来一度出现了不少盲目建厂和重复建厂的现象,造成某些工厂和企业原材料、能源和设备供应不足,不能全部开工或营业,某些产品又由于超过需求而大量积压。目前在经济调整中对某些工厂或企业实行关、停、并、转,正是为了恢复综合平衡,使各个系统的输入和输出都能相对保持稳定。

3）环境对系统提供输入或系统对环境提供输出时是否存在着破坏关系

国民经济的发展依赖于交通运输业的发展,交通运输业的发展反过来又促进了国民经济的进一步发展。然而,交通运输设施的建设对环境会造成一定的影响:如港口设施会引起海流的变化、海岸坍塌,并对水生物等有影响;又如交通设施造成的环境污染、噪声和振动等。因此,无论是新建还是改建一个系统,或是在设计、管理一个系统的时候,都要对系统可能会产生的破坏作用予以充分的估计,并加以认真的防范。

4）环境和系统间是否存在着吞食关系

如果系统和环境之间存在着吞食关系,那么,就必须充分注意系统的吞食强度和环境的再生能力之间的关系,力求使两者之间保持平衡。

总之,交通运输系统要最优地实现它的功能,首先必须有优良的结构,因为系统的结构决定系统的功能。但是,运输系统表现出哪些功能,却是运输系统本身与它的环境共同决定的。在一定的条件下,外部环境会影响运输系统的结构、运输系统的有序度和运输系统的功能,注重对运输系统环境的分析,就是不仅要注意运输系统内部各要素之间关系的协调,而且要考虑运输系统与环境的关系。只有运输系统内部关系与外部关系相互协调、统一,才能全面地发挥它的功能,保证运输系统向整体最优的方向发展。

2.5　阿拉斯加原油输送方案的系统分析

现以美国阿拉斯加东北部的普拉德霍湾油田向美国本土运送原油为例进行系统分析。

2.5.1　任务与环境

1）问题

如何由阿拉斯加东北部的普拉德霍湾油田向美国本土运输原油的问题。

2）任务和环境

（1）系统开发任务

要求每天由阿拉斯加的油田向美国本土运送 200 万桶原油。

（2）系统开发环境

油田处于北极圈内，海湾常年处于冰封状态，陆地更是长年冰冻，最低气温达
－50℃。

2.5.2 备选方案与分析

1）最初方案

方案Ⅰ：由海路用油船运输；

方案Ⅱ：用带加温系统的油管输送。

2）方案分析

方案Ⅰ：其优点是每天仅需四至五艘超级油轮就可满足输送量的要求。存在的问题是：第一，要用破冰船引航，既不安全又增加费用；第二，起点和终点要建造大型油库，这是一笔巨额花费，而且考虑到海运可能受到海上风暴的影响，油库的储量应在油田产量的 10 倍以上。归纳起来这一方案的主要问题是：不安全、费用大、无保证。

方案Ⅱ：其优点是可以用成熟的管道输油技术。存在的问题是：第一，要在沿途设加温站，这样一来管理复杂，而且要供给燃料，然而运送燃料本身又是一件相当困难的事情；第二，加温后的输油管不能简单地铺在冻土里，因为冻土层受热融化后会引起管道变形，甚至造成断裂。为了避免这种危险，有一半的管道需要用底架支撑和做保温处理，这样架设管道的成本费要比铺设地下油管高出 3 倍。

3）决策人员的处理策略

（1）考虑到安全和供油的稳定性，暂把方案Ⅱ作为参考方案来作进一步的、细致的研究，为规划做准备；

（2）继续拨出经费，广泛邀请系统分析人员提出新方案。

4）提出竞争方案Ⅲ

方案Ⅲ：其原理是把含 10%～20%氯化钠的海水加入原油中去，使在低温下的原油呈乳状液，仍能畅流，这样就可以用普通的输油管道运送了。这个方案获得了很高的评价，并取得了专利。其实，这一原理早就用于生产汽车的防冻液了，而将这一原理运用到这个工程中来确是一个很有价值的创造。

那么，是否还有其他更好的方案呢？

5）提出竞争方案Ⅳ

方案Ⅳ：将天然气转换为甲醇以后再加到原油中去，以降低原油的熔点，增加流动性，从而实现用普通的管道就可以同时输送原油和天然气了。

这个方案的提出充分体现出了系统工程方法的综合性和与各种专业知识的相关性。这个方案是由两个系统分析人员马斯登和胡克提出来的，他们对石油的生成和变化有着十分丰富的经验和知识。他们注意到，埋在地下的石油最初是油气合一的，这时它们的熔点非常低，经过漫长的年代以后，油气才逐渐分开。他们提出的方案Ⅳ与方案Ⅲ相比而言更好：第一，不需要运送无用的附加混合剂——海水；第二，不需要另外铺设

天然气管道。一条管道既运气又运油,可谓一举两得。

2.5.3　方案的选择

　　最后选定的是方案Ⅳ,由于采用这一方案,仅铺设管道费用就节省了近60亿美元,比方案Ⅲ省了一半的费用。

　　从阿拉斯加原油输送方案的系统分析中,我们可以领略到系统分析工作的重要性以及系统工程的价值。假如不进行系统方案的分析,仅在方案Ⅰ、方案Ⅱ上搞优化,不去追寻一系列的为什么,不去寻求更好的系统方案,就不可能得到方案Ⅳ。即使确定了最好的管道直径、管道壁厚、加压泵站的压力和距离等也不可能得到方案Ⅳ所带来的好处。

3 运输系统模型

3.1 系统模型概述

3.1.1 模型的定义和作用

模型可以说是现实系统的替代物。模型应反映出系统的主要组成部分、各部分的相互作用以及在运用条件下的因果作用及相互关系。利用模型可以用较少时间和费用对实际系统做研究和实验,可以重复演示和研究,因此更易于洞察系统的行为。建立模型是科学和艺术的结合,不仅需要科学理论和工程技术知识,也需要实际的经验和技艺。模型是现实系统的理想化抽象或简洁表示,它描绘了现实系统的某些主要特点,是为了客观地研究系统而发展起来的。

模型有三个特征:① 它是现实世界部分的抽象或模仿;② 它是由那些与分析的问题有关的因素构成;③ 它表明了有关因素间的相互关系。

模型是描述现实世界的一个抽象。由于描述现实世界,因此必须反映实际;由于它的抽象特征,又应高于实际。在构造模型时,要兼顾到它的现实性和易处理性。考虑到现实性,模型必须包含现实系统中的主要因素;考虑到易处理性,模型要采取一些理想化的办法,去掉一些外在的影响并对一些过程做合理的简化。

3.1.2 模型的分类

1) 模型分类方法之一

从模型的形式来分,模型可以分为三大类:物理模型、数学模型和概念模型。

(1) 物理模型

所谓"物理的"(physical),是广义的,具有物质的、具体的、形象的含义。物理模型又可分为以下几种:

① 实体模型——即系统本身,当系统的大小刚好适合在桌面上研究而又没有危险性的时候,就可以把系统本身作为模型。(这里所谓"桌面上"是广义的,当然包括"落地

式"。)

实体模型包括抽样模型,例如标准件的生产检验、胶卷和药品的检验,是从总体中抽取一定容量的样本来进行,样本就是实体模型。

② 比例模型——即对于系统的放大或缩小,使之适合在桌面上研究。

③ 模拟模型——根据相似系统原理,利用一种系统去代替另一种系统。这里说的"相似系统",是指物理形式不同而有相同的数学表达式、特别是相同的微分方程的系统。在工程技术中,常常是用电学系统代替机械系统、热学系统进行研究。

(2)数学模型

这是用数学语言对系统所作的描述与抽象。依据所用的数学语言不同,数学模型可以分为以下几类:

① 解析模型——用解析式子表示的模型。

② 逻辑模型——表示逻辑关系的模型,如方框图、计算机程序等。

③ 网络模型——用网络图形来描述系统的组成元素以及元素之间的相互关系(包括逻辑关系与数学关系),例如统筹法的统筹图。

④ 图象与表格——这里说的图象是坐标系中的曲线、曲面和点等几何图形,以及甘特图、直方图、切饼图等,它们通常伴有数据表格。

(3)概念模型

这是指如下形式的模型:任务书、明细表、说明书、技术报告和咨询报告等,以及表达概念的示意图。这种模型不如数学模型或物理模型来得好,在工程技术中很难直接使用。但是在系统工程的工作之初,问题尚不明晰,物理模型和数学模型都很难建立,则不得不采用这一模型。

对各种模型都要一分为二。物理模型来得形象生动,但是不易改变参数。数学模型容易改变参数,便于运算、求最优解,但是很抽象,有时不易说明其物理意义。各类模型对于系统研究的关系如图 3.1 所示。

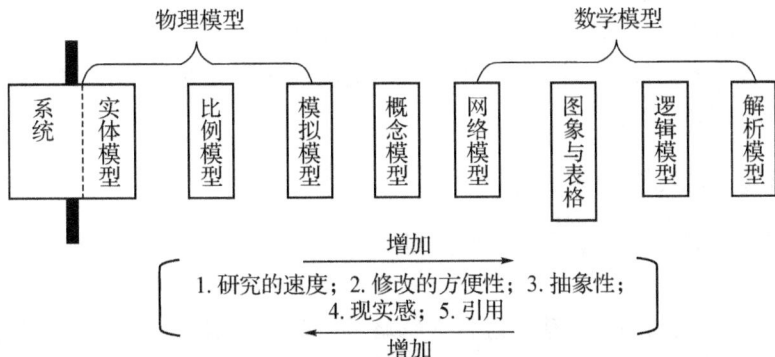

图 3.1　系统模型分类与特征比较

系统工程力求采用数学模型,开展定量研究,实现从定性到定量的综合集成。

2)模型分类方法之二

这种分类方法如图 3.2 所示。各种模型的意义如下:

(1)同构模型——模型与系统之间存在一一对应关系(同构关系);

(2)同态模型——模型与系统的一部分存在着一一对应关系(同态关系);

(3)形象模型——将研究对象经过某种度量的或标尺的变换而得到的模型,模型与对象之间仅存在度量与尺度的差异;

(4)模拟模型——在不同性质的系统之间建立起同构或同态关系,如电路振荡与机械振动的模拟模型;

图 3.2 模型分类方法之二

(5)符号模型——对象的组成元素与相互间关系都由逻辑符号表示;

(6)数学模型——用数学符号与公式来描述研究对象的结构与内在关系;

(7)启发式模型——运用直观、观察、推理或经验,并联系已知的理论与已构成的模型知识,这样建立的模型称为启发式模型;

(8)白箱模型——对研究对象内部的结构与特性完全清楚了解而建立的模型;

(9)黑箱模型——对研究对象内部的结构与特性完全不了解而建立的模型;

(10)灰箱模型——对于研究对象内部的结构与特性只有部分了解而建立的模型。

还有不少对系统模型的分类方法,例如:

按照变量的性质,可将数学模型分为确定性模型与随机性模型;

按照变量之间的关系,分为线性模型与非线性模型;

按照模型中是否显含时间 t,分为动态模型与静态模型;

按照变量取值是否连续,分为连续型模型和离散型模型;

根据学科性质,可以分为运筹学模型、计量经济学模型、投入产出模型、经济控制论模型、系统动力学模型等。

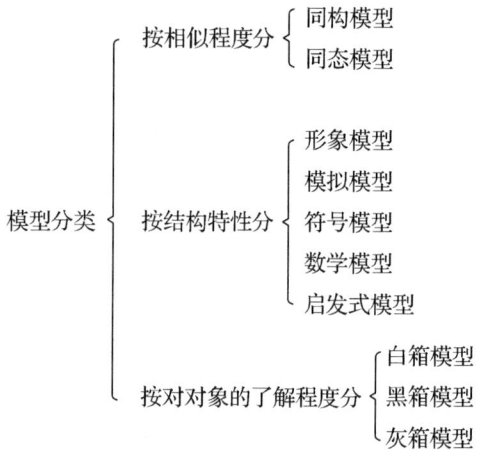

3.1.3 构造模型的一般区别

在模型建立中一般要遵循以下基本原则:

1)简单性

从实用的观点看,由于在建模过程中忽略了一些次要因素和某些非可测变量的影响,因此,实际的模型已是一个简化了的近似模型。一般而言,在实用的前提下,模型越简单越好。

2）清晰性

一个复杂的系统是由许多子系统组成的,因此对应的系统模型也是由许多子模型构成的。在子模型之间除了为了研究目的所必需的信息联系外,互相耦合要尽可能少,结构要尽可能清晰。

3）相关性

模型中应该只包括系统中与研究目的有关的那些信息。例如,对一个空中调度系统的研究,只需要考虑飞行的方位航向,而无需涉及飞机的飞行姿态。虽然与研究目的无关的信息包括在系统模型中可能不会有很大危害,但是,因为它会增加模型的复杂性,从而使得在求解模型时增加额外的工作,所以应该把与研究目的无关的信息排除在外。

但是,实际系统中到底哪些信息是本质的,哪些是非本质的,这要取决于所研究的问题。例如,为了制定大型企业的生产管理计划,模型就不必反映各生产装置的动态特性,但必须反映产品质量、销售和库存原料量等变化情况。这也就是说,各装置的动态特性对这种模型来说是非本质的。相反,为了实现各生产装置的最佳运行,模型就必须反映各装置内部状态变化的、详细的生产过程动态特性。这时,各装置的动态特性就变成本质的了。可见,模型所反映的内容将因其使用的目的不同而已。

对实际系统而言,模型一般不可能考虑系统的所有因素。从这个意义上讲,所谓模型可以说是按照系统的建模目的所做的一种近似描述。研究者必须承认,如果模型的输出响应 $\hat{y}(k)$ 和实际系统的输出响应 $y(k)$ "几乎必然"处处相等,记为 $\hat{y}(k) \xrightarrow{a.s.} y(k)$ (a. s. ＝almost surely),那么应该说所建立的模型就是满意的了。当然,如果要求模型越精确,模型就会变得越复杂。相反,如果适当减低模型的精度要求,只考虑主要因素而忽略次要因素,模型就可以简单些。这就是说,建立实际系统的模型时,存在着精确性和复杂性这一对矛盾,找出这两者的折中解决方法往往是实际系统建模的关键。

4）准确性

建立系统模型时,应该考虑所收集的、用以建立模型的信息的准确性,包括确认所对应的原理和理论的正确性和应用范围,以及检验建模过程中针对系统所作的假设的正确性。

5）可辨识性

模型结构必须具有可辨识的形式。所谓可辨识性是指系统的模型必须有确定的描述或表示方式,而在这种描述方式下与系统性质有关的参数必须是唯一确定的解。若一个模型结构中具有无法估计的参数,则此模型就无实用价值。

6）集合性

建立模型还需要进一步考虑的一个因素,是能够把一些个别的实体组成更大实体的程度,即模型的集合性。

3.1.4 建模的基本步骤

建立系统模型的基本步骤可用图 3.3 表示。

1）分析建模的目的

根据系统的目的,提出建立模型的目的。建立模型必须目的明确,它应明确回答"为什么建立模型"等一类问题。

2）提出问题

根据建立模型的目的,提出要解决的具体问题。该步骤应明确回答"解决哪些问题"之类的问题,也就是将建模目的具体化。提出问题实质上是对系统中影响建模目的的各种要素进行详细分析的过程。

3）构思模型系统

根据所得出的问题,构思要建立的模型类型、各类模型的特点及试用范围和它们之间的关系等。为了达到建模目的,解决所提出的问题,一般要建立几个模型（个别情况可建立一个模型）,因此该步骤需回答"建一些什么样的模型"等问题。

该步与问题提出阶段是一个反复修正的过程。问题的提出是构思模型系统的基础,而构思的模型系统又可补充问题的提出,这样多次反馈,则使问题提出得更全面、模型结构得更合理。

4）收集资料

为了实现所构思的模型,必须根据模型的要求收集有关资料,以确定模型参数及初始量等,该步骤主要应回答"模型需要哪些信息"等问题。

该步骤与构思的模型系统也有反馈关系,有时,构思的模型所需的资料很难收集,这就需要重新修改模型,进而可能影响到问题的提出等。这样经过几次反馈即可收集建模所需的资料。

5）选定变量和参数

变量和参数是构思模型时提出的,参数是在资料的收集、加工、整理后得出的,一般要用一组符号表示,并整理成数据表和参数表的形式。该步骤需回答"需要哪些变量和参数"。

6）确定变量间的关系

定性分析各变量之间的关系及对目标的影响。

7）确定模型的数学结构

建立各变量之间的定量关系,主要的工作是选择合适的数学表达式。

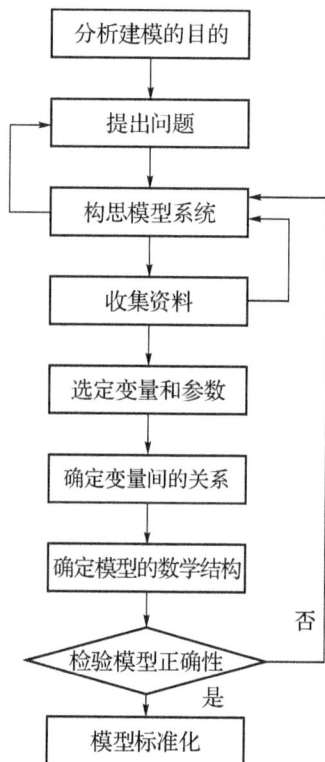

图 3.3　建模的步骤

8）检验模型的正确性

模型正确与否将直接影响建模目的。该步应回答"模型正确吗"这类问题。检验模型的正确性应先从研究各模型之间的关系开始,研究所构成的模型体系是否能实现建模目的;而后研究每个模型是否正确地反映所提出的问题。一般检验方法是试算。如试算不正确,则应重新审查所构思的模型系统,从中找出问题。因此它与构思模型又构成反馈。

9）模型标准化

模型标准化是一项很重要的工作,一般情况下模型要对同类问题有指导意义,因此需要具有通用性。该步需回答"如何实现该模型的通用性"等问题。

3.1.5 模型化的基本方法

建立系统模型的方法很多,采用什么方法,视具体情况而定。

1）理论分析法

理论分析法就是深入剖析问题,根据问题的性质直接做出模型。在技术方法上比较成熟,而对机理了解又比较透彻时,较为适用。

理论分析法是根据系统的工作原理,运用一些已知的定理、定律和原理（例如,能量守恒定理、动量守恒定理、热力学原理、牛顿定律、各种电路定律等）推导出描述系统的数学模型。这就是理论建模方法,Astron 称为白箱问题,如图 3.4 所示。

输入 → | 系统已知 | → 输出

图 3.4 白箱问题

理论分析法属演绎法,是从一般到特殊的过程,并且将模型看作为从一组前提下经过演绎而得到的结果。此时,实验数据只被用来进一步证实或否定原始的原理。

演绎法有它的存在性问题。一组完整的公理将导致一个唯一的模型,前提的选择可能成为一个有争议的问题。演绎法面临着一个基本问题,即实质不同的一组公理可能导致一组非常类似的模型,爱因斯坦曾经遇到过这个问题,牛顿定律与相对论是有区别的。然而,对于当前大多数实验条件而言,二者将导致极其类似的结果。

2）实验法

对于那些内部结构和特性不清楚或不很清楚的系统,即所谓的"黑箱"或"灰箱"系统,或当现有数据分析不能确定个别因素（变量）对系统工作的指标的影响时,如果允许进行实验性观察,则可以通过实验方法测量其输入和输出,或搞清哪些是本质的变量及其对指标的影响,然后按照一定的辨识方法,得到系统模型。

3）类比方法

即建造原系统的类似模型。有的系统,其结构和性质虽然已经清楚,但其模型的数量描述和求解比较复杂,这时如果有另一种系统的结构和性质与之相同,但是该系统的模型的建立及处理要简单得多,我们就可以把后一种系统的模型看成是原系统的类似模型。利用类似模型,按对应关系就可以很方便地求得原系统的模型。例如很多机械系统、气动力学系统、水力学系统、热力学系统与电路系统之间某些现象彼此类似,特别是通过微分方程描述的动力学方程基本一致,因此可以利用相对成熟的电路系统来构造上述系统的类似模型。

4) 数据分析法

有些系统结构性质不太清楚,但可以通过描述系统功能的数据的分析来搞清系统的结构模型。这些数据是已知的,或者可以通过收集材料得到。例如在生产中经常遇到某些产品的质量有问题,造成质量出问题的影响因素很多,其中有些因素是可控的,有些却是不可控的,究竟这些因素与质量指标之间是什么关系和它们分别起的影响有多大却不是很清楚,这时往往使用回归分析等工具来帮助建立起模型,并在此基础上进一步分析一些因素的作用。

5) 利用"人工现实系统"

这是最复杂情况下构造模型的思路。当系统结构性质不明确,无法直接研究现实系统,又没有足够的数据,在系统上无法进行实验研究,这时,表面看来似乎无法构造模型,但可以引入一个人工的现实系统,把要研究的真实系统来进行一番科学的设想,从而把模型构造出来。

6) 程序设计方法

并非所有的模型都是解析的,这时可以考虑利用计算机程序设计来进行仿真实验。把一个问题拆成若干个子问题,按照系统运行规则和研究的目的要求,编写程序来计算结果。注意这种方法和用计算机解模型显然是完全不同的,后者先建立模型,再编程序上机得以实现,而前者程序本身就是模型。

3.2 数学模型

3.2.1 数学模型的定义

一般来说,数学模型可以描述如下:对于现实世界的一个特定对象,为了一个特定目的,根据对象特有的内在规律,做出一些必要的简化假设,运用适当的数学工具,得到的一个数学结构,通过对系统数学模型的研究可以揭示系统的内在运动和系统的动态特性。

3.2.2 数学模型的分类

数学模型的类型一方面与所讨论的系统的特性有关,一般说来,系统有线性模型与非线性模型,静态模型与动态模型,确定性模型与随机性模型,微观模型与宏观模型,定常(时不变)模型与非定常(时变)模型,集中参数模型与分布参数模型之分,故描述系统特性的数学模型必然也有这几种类型的区别;另一方面与研究系统的方法有关,此时有连续模型与离散模型,时域模型与频域模型,输入/输出模型与状态空间模型之别,这些模型可用图3.5表示,对应的表达方程式(表达形式或特征)如表3.1所列。

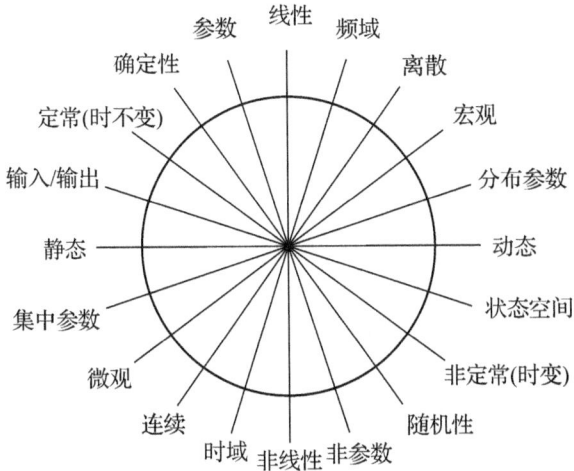

图 3.5 数学模型的分类示意图

表 3.1 数学模型与表达形式

数学模型	表达形式(方程特征)	数学模型	表达形式(方程特征)
线性	线性方程	集中参数	常微分方程
非线性	非线性方程	参数分布	偏微分方程
静态	联立方程、含有空间变量的偏微分方程	连续	微分方程
动态	含有时间变量的微分方程、差分方程、状态方程	离散	差分方程
确定性	不含随机量的各类方程式	参数	数学表达式(各类方程)
随机性	含随机变量的各类方程式	非参数	图、表
微观	微分方程、差分方程、状态方程	时域	状态方程、微分方程、差分方程
宏观	联立方程、积分方程	频域	频率特性
定常 (时不变)	不含对时间的系数项的各类方程	输入/输出	传递函数、微分方程
非定常 (时变)	含时间系数的各类方程式	状态空间	状态方程

1)线性模型与非线性模型

线性模型是用来描述线性系统的,一般说来,线性模型一定能满足下列算子运算:

$$\begin{cases}(A_1+A_2)X=A_1X+A_2X \\ A_1(A_2X)=A_2(A_1X) \\ A_1(X+Y)=A_1X+A_1Y\end{cases} \tag{3.1}$$

式中：X,Y——变量；A_1,A_2——算子。

非线性模型是用来描述非线性系统的，它们一般不满足叠加原理，例如，气体体积 V 与压强 p、温度 T 之间的关系就是一种非线性模型，即理想气体状态方程：

$$pV=RT \tag{3.2}$$

式中：R——气体通用常数。

另外，讨论线性模型与非线性模型时，需要注意连点区别：

（1）系统线性和关于参数空间线性的区别。如果模型的输出关于输入变量是线性的，则称为系统线性；如果模型的输出关于参数空间是线性的，则称为关于参数空间线性。以模型

$$y=a_0+a_1x+a_2x^2 \tag{3.3}$$

为例，输出 y 关于输入变量 x 是非线性的（因为不满足叠加原理），但关于参数 a_0,a_1 和 a_2 却是线性的（满足叠加原理），因此，模型 3.3 是系统非线性，然而是关于参数空间线性的一种模型。

（2）本质线性和非本质线性的区别。如果模型经过适当的数学变换可将本来是非线性的模型转化为线性的模型，那么原来的模型称为本质线性模型，否则称为非本质线性模型，例如，气体状态方程（3.2）表面上看，输出 V 关于输入 p 和 T 是非线性的，但是，如果经过如下数学变换：

$$y=\lg V,x_1=-\lg p,x_2=\lg T,a_0=\lg R \tag{3.4}$$

则模型式（3.3）变成

$$y=a_0+x_1+x_2 \tag{3.5}$$

新的模型式（3.5）的输出 y 关于输入 x_1 和 x_2 是线性的，所以，理想气体状态方程是一种本质线性模型。

2）微观模型与宏观模型

微观模型与宏观模型的差别在于：前者是研究事物内部微小单元的运动规律，一般用微分方程或差分方程表示（如流体微元的运动分析）；后者是研究事物的宏观现象的，一般用联立方程或积分方程模型，如研究流体作用在物体上的力。

3）集中参数模型与分布参数模型

集中参数模型所描述的系统的动态过程可用常微分方程来描述，典型的例子如一个集中质量挂在一根质量可以忽略的弹簧上的系统，在低频下工作的由导线组成的电阻、电容和电感电路等。

分布参数系统要用偏微分方程来描述,如一个管路中流体的流动,若各点的速度相同,则此时流体的运动规律可作为集中参数系统来处理,否则,应作为分布参数系统来研究。

4) 定常模型与非定常模型

系统的输出量若不随时间变化而变化,即方程中不含时间变量,则该系统的模型为定常(时不变)模型,否则为非定常(时变)模型。

5) 动态模型与静态模型

系统的活动即系统的状态变化总是同组成系统的实体之前的能量、物质的传递和变化有关,这种能量流和物质流的强度变化不可能在瞬间完成,而是需要一定的时间和过程的。用于描述系统状态变化的过渡过程(系统活动)的数学模型称为动态模型,它常用微分方程来描述,而静态模型则仅仅反映系统在平衡状态下系统特征值间的关系,这种关系常用代数方程来描述。

(1) 静态模型。静态数学模型给出了系统处于平衡状态下的各属性之间的关系式,据此便可以求得当任何属性值的改变而引起平衡点变化时,模型内部所有属性的新值。但是,这并不能表示其中所有属性从原有值变化到新值的方式。

例如,市场上的某一商品,在需求与供应上存在一种平衡关系,这两个因素都与价格有关。图 3.6 所示为一种简单的线性市场模型,从中可以看出在什么价格下需求与供应将达到平衡。

假设经济规律中的调节作用存在着如图 3.6 所示的线性关系,其数学描述为:

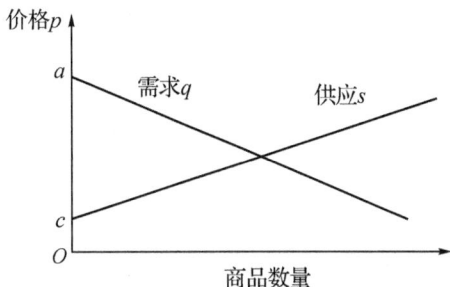

图 3.6　线性市场模型

$$\begin{cases} q = a - bp \\ s = c + dp \\ s = q \end{cases}$$

式中:b——需求量与价格的比率;d——供应量与价格的比率。

后一个方程说明市场上不会出现剩余商品的条件,由此确定的商品价格将使市场供求平衡。

由于模型中变量之间呈线性关系,故通过分析法可由下式求得平衡价格:

$$p = (a - c)/(b + d)$$

更为一般的情况是图 3.7 所示的非线性市场模型。这时求解表达它们关系的方程式必须采用数值法。借助图解方式可确定供求平衡时的交点。实际上,要获得这些模型的准

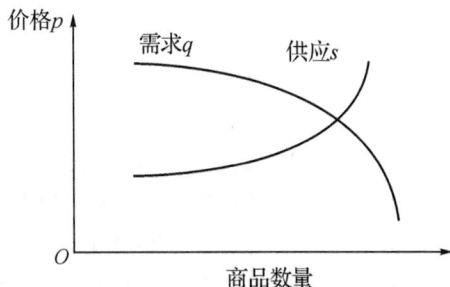

图 3.7　非线性市场模型

确系数是困难的。然而,可观测较长时间周期,在平衡点附近确定它们的斜率。当然,实际经验将有助于确定在各种条件下的平衡价格。因为这些数值取决于经济因素,所以在观测这些数值时,总希望与经济因素联系起来。当用市场情况来预测经济情况变化时,允许用这种模型作为预报变化的手段。

(2)动态模型。一个动态数学模型允许把系统属性值的变化推导为一个时间的函数,在进行求解运算时,按照属性模型的复杂程度可分别采用分析法和数值法。

6)连续模型与离散模型

当系统的状态变化主要表现为连续平滑的运动时,称该系统为连续系统;当系统的状态变化主要表现为不连续(离散)的运动时,则称该系统为离散系统。一个真实系统很少表现为完全连续或完全离散时,而是考虑哪一种形式的变化占优势,即以主要特征为依据来划分系统模型的类型。

还有一类系统,虽然本身是连续的,但仅在指定的离散时间点上利用与变量有关的信息,这种系统称为离散采集系统或时间离散系统,对于这类系统,要考虑断续采样的影响问题。

一个系统可以这样表示,也可以那样表示,这种两重性说明了一个重要的观点,即描述一个系统时,并非根据系统本身的自然特征进行分类,而要根据研究目的来确定系统模型的类型。例如,对于一个完整的飞机系统,若研究飞机的航线,没有必要仔细研究它是如何改变飞行方向的,而只要按照事先预定的航线,把在各转折点改变飞机航向看作瞬时完成就可以了,这样就可以把这个系统看成是离散系统。对于一个工厂系统,若要研究在供应充足条件下的零件加工,则可以用包括机器活动控制速度在内的连续变量来表示。

虽然对如何表示一个特定系统并没有一个特殊的原则,但一般可以给定,所确定的系统模型不应该比研究目的所需要的模型更复杂。与此相联系的是,还必须研究所确定的系统模型的详细级别和精度,然而,对这些因素的衡量,模型类型的确定,全凭人的知识和经验来进行。

需要注意的是,区别仍然是需要的,这是因为,对于连续系统或离散系统,在仿真通用程序设计方法上是有差距的。

7)确定性模型与随机性模型

当一个系统的输出(状态和活动)完全可以用它的输入(外作用或干扰)来描述,则这种系统称为确定性系统,例如,对于飞机自动驾驶仪系统,表示力矩与所产生的加速度之间关系的方程为:

$$T = JQ$$

式中:T——力矩;J——转动惯量;Q——加速度。

上式是一个确定性模型,若一个系统的输出(状态和活动)是随机的,既对于给定的输入(外作用或干扰)存在多种可能的输出,则该系统是随机系统,这种随机性不仅可表现在内在方面还可表现在外部环境方面。

一项活动具有随机性,意味着这项活动是系统环境的一部分。若发生的活动是随机活动,而执行这项活动的实际结果在任何时刻都不可预知,则可把这项活动看成为系统环境的一部分。这种随机活动的输出可以用概率分布的形式加以描述和度量。例如,在工厂系统中,机器操作的时间是随机变化的,需要用概率分布描述,它表现为系统内部的活动;另一方面,在随机的时间间隔内,由于电源故障产生的停机,则表现为一个外部环境的作用。上述情况可用如下模型来表示:

$$P(o) = m$$
$$P(f) = n$$

式中:$P(o)$——机器在加工运转时间的概率;$P(f)$——机器考虑了停电故障运转时间的概率。这种模型常称为概率模型或离散事件模型。

如果一项活动是真正的随机活动,则它的随机性将无法表示。此外,若全面地描述一项活动,觉得太琐碎或太麻烦,就干脆把这项活动表示为随机活动。

在为系统模型收集数据时,也往往会遇到一些不确定因素,例如采样误差或实验误差,若系统中实体的属性是确定的,则这些属性值必须在对包含随机误差的数据进行处理才能确定,例如,常用算术平均值作为属性值。

8) 参数模型与非参数模型

参数模型即用属性表达式描述的模型,如各种方程;而非参数模型则不是用属性表达式而是用图(曲线)表示的,如阶跃响应曲线、频率特性。

9) 时域模型与频域模型

在时间域和频率域内表示的数学模型分别称为时域模型和频域模型,例如,系统的过渡过程曲线和频率响应曲线。

10) 输入/输出模型与状态空间模型

只刻画系统外部特性(即只展现给定输入的系统输出而不提供系统内部有关信息)的数学模型为输入/输出模型,如微分方程、传递函数;而不仅能完全表达显然性能,而且还能描述系统内部全部状态的数学模型称作状态模型,如状态空间模型。

3.3　常用运输系统模型

运输系统模型种类繁多,在运输系统工程各个研究领域都有不同的模型,在本书的其他章节有相关的描述。本节列举了一些常用的、在其他章节没有专门介绍的运输系统模型。

3.3.1　运输问题

1) 问题描述

设某种要调运的物资,有一组供应点(产地或称发点)m 个,一组需求点(销地或称收点)n 个,如果每个供应点的供应量及每个需求点的需求量都已经确定,即第 i 个产地有 a_i 单位的物资发出,第 j 个需求点需要收进 b_j 单位的物资;并且从每一个产地到每一个销地的单位运价是已知的,假定把单位物资从第 i 个产地调运到第 j 个销地去的单位运价为 c_{ij}。

2)模型的构建

设供应点为 A_i,该供应点的供应量是 $a_i(i=1,2,\cdots,m)$;

设需求点为 B_j,该需求点的需求量是 $b_j(j=1,2,\cdots,n)$;

c_{ij} 为从第 i 个供应点到第 j 个需求点的单位运价;

由供应点 A_i 发往需求点 B_j 的物资调运量是 x_{ij} 单位。

假设 m 个供应点的总供应量等于 n 个需求点的总需求量(这样,调运问题满足供需平衡,称为平衡运输问题)。这时,由各供应点 A_i 调出的物资总量应等于它的供应量 $a_i(i=1,2,\cdots,m)$;而每一个需求点 B_j 调入的物资总量应等于它的需求量 $b_j(j=1,2,\cdots,n)$。

目标函数:

$$MinS = \sum_{i=1}^{m}\sum_{j=1}^{n} c_{ij} \cdot x_{ij}$$

约束条件

$$\begin{cases} \sum_{j=1}^{n} x_{ij} = a_i(i=1,2,\cdots,m) \\ \sum_{i=1}^{m} x_{ij} = b_j(j=1,2,\cdots,n) \\ \sum_{i=1}^{m} a_i = \sum_{j=1}^{n} b_j \\ x_{ij} \geqslant 0(i=1,2,\cdots,m;j=1,2,\cdots,n) \end{cases}$$

3.3.2 任务分配问题

1)问题描述

以运输问题的 n 项任务由 n 个司机去完成的情况为例。有 n 个司机被分配完成 n 项运输任务,不同的司机完成某一项任务的费用都不一样。要求每个司机完成其中一项任务,每个任务只能由一名司机完成,则如何分配任务,才能使总的费用最小?

2)模型的构建

$$MinZ = \sum_{i=1}^{n}\sum_{i=1}^{n} c_{ij}x_{ij}$$

$$s.t. \sum_{i=1}^{n} x_{ij} = 1$$

$$\sum_{j=1}^{n} x_{ij} = 1$$
$$x_{ij} = 0 \text{ 或 } 1$$

c_{ij} 表示第 i 个司机完成第 j 项任务的运输成本(工作成本或工作时间等价值系数);

x_{ij} 表示第 i 个司机去完成第 j 项任务,其值为 1 或 0。当其值为 1 时表示第 i 个司机被分配去完成第 j 项任务;其值为 0 时,表示第 i 个司机不被分配去完成第 j 项任务。

3.3.3　货物配装问题

1) 问题描述

货物配装的目的是在车辆载重量为额定值的情况下,合理进行货物的安排,使车辆装载货物的价值最大(如重量最大、运费最低等)。

设货车的载重量上限为 G,用于运送 n 种不同的货物,货物的重量分别为 W_1, $W_2, \cdots, W_n$,每一种货物对应于一个价值系数,分别用 $P_1, P_2, \cdots, P_n$ 表示,它表示价值、运费或重量等。设 X_k 表示第 k 种货物的装入数量。

2) 模型的构建

可以把装入一件货物作为一个阶段,把装货问题看作动态规划问题。一般情况下,动态规划问题的求解过程是从最后一个阶段开始由后向前进行的。由于装入货物的先后次序不影响装货问题的最优解,所以我们的求解过程可以从第一阶段开始,由前向后逐步进行。

$$\text{Max} f(x) = \sum_{k=1}^{n} P_k \cdot X_k$$
$$\text{s.t.} \sum_{k=1}^{n} W_k \cdot X_k \leqslant G$$
$$X_k > 0 (k = 1, \cdots, n)$$

3.3.4　品种混装问题

1) 问题描述

在实际的物流过程中,储运仓库(或货运车站)要把客户所需的货物组成整车,运往各地。不同客户的货物,要分别在一站或多站卸货。在装货、运输和卸货过程中,为了减少装卸、运输过程中出现差错,一般要按照品种、形状、颜色、规格、到达地点把货物分为若干类,在装车时分别进行处理,这就是品种混装问题。

2) 模型的构建

设装车的货物可以分为 1 类, 2 类, $\cdots$, m 类,共有 N 件(捆)待运货物。其中 1 类货物有 N_1 件(捆),它们的重量分别 $G_{11}, G_{12}, \cdots, G_{1N_1}$;2 类货物有 N_2 件(捆),它们

的重量分别为 $G_{21}, G_{22}, \cdots, G_2 N_2$；第 s 类货物共有 N_s 件(捆)，它们的重量分别为 G_{s1}, $G_{s2}, \cdots, G_s N_s$；以此类推,可以看出

货物总的件(捆)数：

$$N = \sum_{s=1}^{m} N_s (s = 1, 2, \cdots, m)$$

式中：N_s——第 s 类货物的件(捆)数；

m——货物的种类数；

N——货物的总件数。

设：

$$X_{rs} = \begin{cases} 1 & \text{第 } r \text{ 类第 } s \text{ 件货物装入} \\ 0 & \text{第 } r \text{ 类第 } s \text{ 件货物不装入} \end{cases}$$

品种混装问题要求同一货车内每类货物至多装入 1 件(捆),同一客户的多件同类货物可记做一件(捆)。在这样的假设条件下,可以把品种混装问题的数学模型表示如下：

$$\text{Max}G = \sum_{r=1}^{m} \sum_{s=1}^{N_r} G_{rs} X_{rs}$$

$$\text{s. t.} \begin{cases} \sum_{s=1}^{m} X_{rs} \leqslant 1 (r = 1, 2, \cdots, m) \\ \sum_{r=1}^{m} \sum_{s=1}^{N_r} G_{rs} X_{rs} \leqslant G_0 \end{cases}$$

式中：m——货物的类别数；

N_r——第 r 类货物的件数；

G_{rs}——第 r 类第 s 件货物的重量；

G_0——货车载重量的上限。

该数学模型的目的是对合理分类后的货物进行装载,使实际载重量 G 的值最大。该数学模型属于整数规划的问题,可以用单纯形法进行求解。

3.3.5　行驶路线优化问题

由于在组织车辆完成货运任务时,通常存在多种可选行驶路线方案,而车辆按不同的运行路线完成同样的运输任务时,其利用效果是不一样的。因此,在满足货运任务要求的前提下,如何选择最经济的运行路线,是货运组织工作中的一项重要内容。

所谓最经济的运行路线,就是在保证运输安全的前提下,运输时间和运输费用最省的路线。由于在一般情况下车辆的运输时间和运输费用均和车辆行程成正比,因此,在忽略车辆行驶速度和不同道路条件下车辆运行费用差别的前提下,可以认为行程最短的路线是最经济的运行路线。

当道路网分布复杂,货运点分布范围较大时,可以采用运筹学方法来确定车辆行驶路线的最佳选择。

下面对运输线路优化进行具体阐述。

某项物资从 m 个产地或仓库(统称为发点),调运到 n 个需要地(称为收点),在指定调运方案时,要先画一个示意的交通图,表明收发点的大致位置、收发量、交通路线长度(不必与实际长度成比例)。

在交通图上,发点用"○"表示,并将发货量记在里面,收点用"□"表示,并将收货量记在里面。两点间交通线的长度记在交通线旁边。然后作调运物资的流向图。物资调动的方向(流向)用→表示,并把→按调运方向画在交通线的右边,如图3.8,把调运物资的数量记在→的右边,并加上括号,以表示和交通线长度区别,这样就构成如图3.8所示的物资调运流量图。

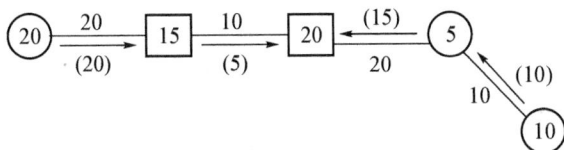

图 3.8　物资调运流量图

在物资调运中,把某项物资从各发点调到各收点,调运方案很多,我们现在的要求是如何找出使用运输力量最小的方案,这就要消除物资调运中的对流和迁回两种不合理的运输。

1) 对流线路优化

即同一物资在同一线路上的往返运输,如图3.9,将某物资 10 t,从 A_1 运到 B_2,而又有同样的物资 10 t,在同一期间从 A_2 运到 B_1,于是 A_1,A_2 间就出现了对流现象。

如果把调运流量图改成如图3.10所示,即将 A_1 的 10 t 运到 B_1,而将 A_2 的 10 t 运到 B_2,就消灭了对流,可以节省运输力量 $2 \times 10 \times 40 = 800$ t·km。

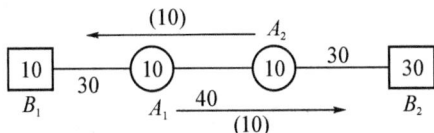

图 3.9　出现对流的调运流量图

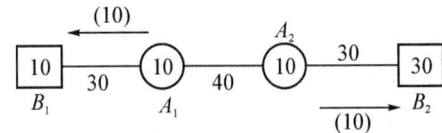

图 3.10　消灭了对流的调运流量图

2) 迁回线路优化

在交通图成圈的时候,由于表示调运方向的箭头,要按调运方向,画在交通线的右边,因此,流向图中,有些流向就在圈外,称为外圈流向,如图3.11,有些流向就在圈内,称为内圈流向,如图3.12。如果流向图中,内圈流向的总长(简称内流长)或外圈流向的总长(简称外流长)超过整个圈长的一半,就称为迁回运输。

图3.11就是一个迁回运输,图内流长大于全圈长的一半。

如果改成图 3.12 就消灭了迁回,可以节省运输力量 5×6−5×4＝10 t・km。

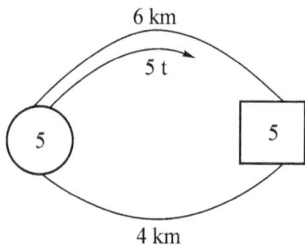

图 3.11　迁回运输图

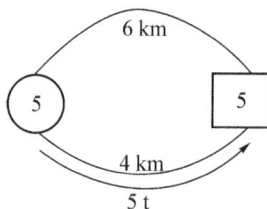

图 3.12　无迁回运输图

3）不成圈交通路线优化

例　有某物资 17 万 t,由 A_1,A_2,A_3,A_4 发出,发量分别为 5,2,3,7(单位:万 t),运往 B_1,B_2,B_3,B_4,收量分别为 8,1,3,5(单位:万 t),收发量是平衡的,它的交通路线如图 3.13 所示,问应如何调运,才使运输量最小。

解　作一个没有对流的流向图。作法是:由各端点开始,由外向里,逐步进行各收发点之间的收发平衡。把 A_1 的 5 万 t 给 A_2,A_2 成为有发量 7 万 t 的发点。由 A_3 调 1 万 t 给 B_2,A_3 剩 2 万 t,由 A_4 调 5 万 t 给 B_4,A_4 剩 2 万 t。将 A_2 的 7 万 t 全部调给 B_1,将 A_3 剩余的 2 万 t,先调 1 万 t 给 B_1,余下的 1 万 t 调给 B_3。A_4 剩余的 2 万 t 全部调给 B_3,调运流向图如图 3.14。

根据上面流向图的作法,很明显,所得的没有对流现象的流向图是唯一的,再根据对流现象是不合理的运输,所以这唯一没有对流的流向图就是唯一的最优方案的流向图。

有时同一流向图,可以编制各种不同的调运方案,比如这例子中,B_3 需要的 3 万 t,除 A_4 供给的 2 万 t 外,其余 1 万 t 可以由 A_3 调给,也可以由 A_2 调给,也可以由 A_2,A_3 共同调给,这些方案所用的运输量是一样的,调运时,可以结合其他条件,选择其中一个。

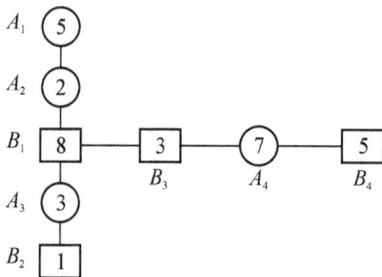

图 3.13　交通路线图

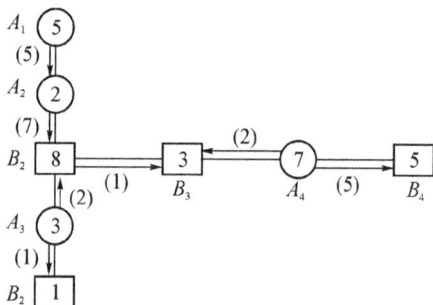

图 3.14　调运流向图

88

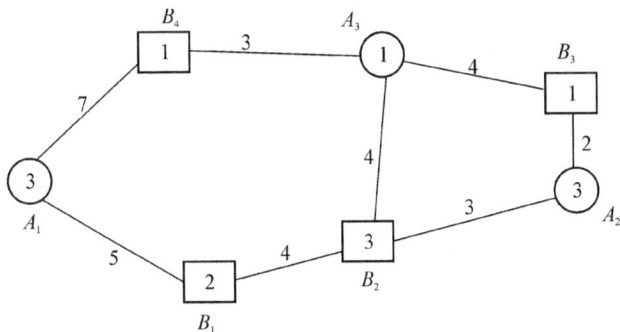

图 3.15　交通路线图

4）交通路线成圈

例　有某物资 7 万 t，由发点 A_1,A_2,A_3 发出，发量分别为 $3,3,1$（万 t），运往收点 B_1,B_2,B_3,B_4，收量分别为 $2,3,1$（万 t），收发量平衡，交通图如图 3.15 所示，问应如何调运，才能使运输量最小。

解　（1）作一个没有对流的流向图，用"去线破圈"的方法，去一线破一圈，有几个圈去掉几条线，把有圈的交通图，化为不成圈的交通图，一般是先去掉长度最长的交通线，比如，去掉 A_1B_4（7 km），破 $A_1B_1B_2A_3B_4$ 圈，再去掉 A_3B_3 线（4 km），破 $B_2A_2B_3A_3$ 圈。这样，原来有圈的交通图，就变成了不成圈的交通图，如图 3.16 所示。

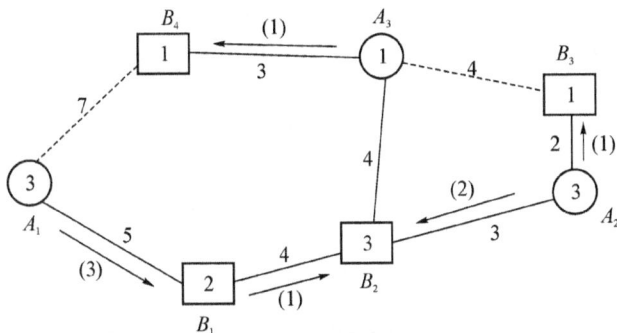

图 3.16　调运流量图

然后先从各个端点开始，在图 3.16 上作一个没有对流的流向图。

（2）检查有无迂回。方法是对流向图中的各圈进行检查，看看有无迂回。如果没有迂回，这个初始方案就是最优方案，如果其中某一圈有迂回，这个方案就不是最优方案，需要改进。

在图 3.16 中，圈 $A_1B_1B_2A_3B_4$ 的总长为 23 km，外流长为 $5+4+3=12$ km，大于圈长的一半，因而需要调整。再看圈 $B_2A_2B_3A_3$，其总长为 13 km，圈中内流长为 3 km，外流长为 2 km，都小于圈长的一半，因此此圈不必调整。

对圈 $A_1B_1B_2A_3B_4$ 的调整方法是：在外圈的各流量中，减去外圈的最小流量 1 万 t；然后在内圈的各流量中加上 1 万 t，在此圈中，因无内流量，所以无处可加；另外，再在无流量的线段上,新添上内圈流量 1 万 t,这样得出新的流量图,如图 3.17 所示。

新的流量图中,在 $A_1B_1B_2A_3B_4$ 圈内,内流长为:4+7=11 km,外流长为 5 km,都不超过全圈长(23 km)的一半;在 $B_2A_2B_3A_3$ 圈内,内流长为 3 km,外流长为 4+2=6 km,也都没有超过全圈长(13 km)的一半,因此,这个流向图没有迂回现象,是本问题的最优调运方案,总运输量为:1×7+2×5+1×4+2×3+2×1=29 t・km。

5)大宗货物运输车辆的行驶路线

大宗货物运输中,车辆采用整车装卸的运输形式。由于货运任务中规定了装卸点位置,因此当采用额定载重量相同的车辆,且每次运载重量利用率相同时,可以认为车辆的载重行程是个定值,车辆里程利用率最高的路线就是最佳行驶路线方案。

整车装卸货运车辆的行驶路线可以分为往复式和环形式。

(1)往复式行驶

往复式行驶路线是指运输过程中,车辆在两个货运点之间往返运行的路线形式。往复式行驶路线可以分为回程不载货、回程载货和回程载货行程不全三种形式。

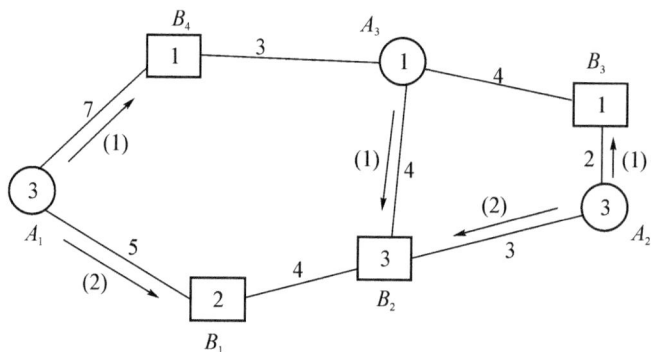

图 3.17　调整后的流量图

①回程不载货的往复式行驶路线如图 3.18(a)

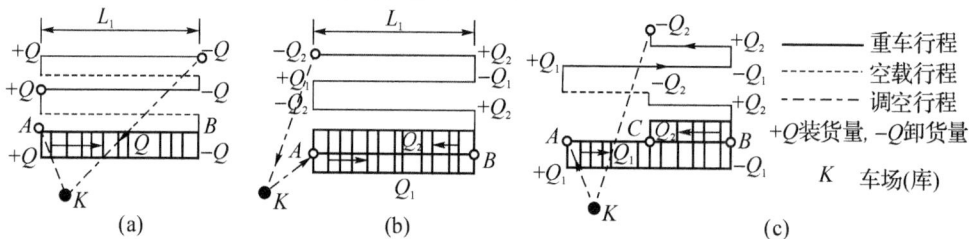

图 3.18　往复式行驶路线示意图

采用回程不载货往复式行驶路线,车辆的日运行指标可按下式确定:

a. 货运量 Q：

$$Q = Z_0 q_0 \gamma \quad (t) \tag{3.6}$$

式中：Z_0—— 车辆完成的周转数(次)；

　　q_0—— 车辆额定载重量(t)；

　　γ—— 车辆载重量利用率(%)。

b. 货物周转量 P：

$$P = Q L_1 = Z_0 q_0 \gamma L_1 \quad (t \cdot km) \tag{3.7}$$

式中：L_1—— 每周转内车辆的载重行程(km)。

c. 里程利用率 β：

$$\beta = \frac{\sum_{i=1}^{z_0} L_{1i}}{\sum_{i=1}^{z_0} (L_{1i} + L_{fi}) + L_H} \times 100\% \tag{3.8}$$

式中：L_{1i}—— 车辆第 i 次周转的载重行程(km)；

　　L_{fi}—— 车辆第 i 次周转的空载行程(km)；

　　L_H—— 日收、发车空驶行程(km)。

② 回程载货的往复式行驶路线如图 3.18(b)

车辆采用回程载货的往复式行驶路线，在每一周转中完成两个运次，空载行程为 0，是生产率最高的往复式行驶路线，其日运行指标如下：

a. 货运量 Q：

$$Q = Z_0 q_0 (\gamma_1 + \gamma_2) \quad (t) \tag{3.9}$$

式中：γ_1 和 γ_2 分别为一个周转中，车辆在第 1 运次和第 2 运次的载重量利用率(%)。

b. 周转量 P：

$$P = 2 Q L_1 \quad (t \cdot km) \tag{3.10}$$

c. 里程利用率 β：

$$\beta = \frac{2 Z_0 L_1}{2 Z_0 L_1 + L_H} \times 100\% \tag{3.11}$$

③ 回程载货行程不全的往复式行驶路线如图 3.18(c)

车辆采用回程载货行程不全的往复式行驶路线完成运输工作时，在回程中货物不是运到路线端点，而只运到路线中间的某货运点。车辆在每个周转中也完成了两个运次，但空载行程不等于 0。日运行指标如下：

a. 货运量 Q：

$$Q = Z_0 q_0 (\gamma_1 + \gamma_2) \quad (\text{t}) \tag{3.12}$$

b. 周转量 P：

$$P = Z_0 q_0 (\gamma_1 L_{1_1} + \gamma_2 L_{1_2}) \quad (\text{t} \cdot \text{km}) \tag{3.13}$$

式中：L_{1_1}，L_{1_2}——一次周转中，车辆第 1 运次和第 2 运次的载重行程(km)。

c. 里程利用率 β：

$$\beta = \frac{Z_0 (L_{1_1} + L_{1_2})}{Z_0 \left[(L_{1_1} + L_{f_1}) + (L_{1_2} + L_{f_2}) \right] + L_{\text{H}}} \times 100\% \tag{3.14}$$

比较上述三种往复式行驶路线，回程载货式的里程利用率最高，是工作生产率最高、经济效果最好的行驶路线。而回程不载货式的行程利用率最低，其运输工作效果较差，因此应尽量避免采用。

（2）环形式行驶路线

当不同运输任务的装卸点依次连接成一条封闭路线时称为环形式路线，如图 3.19(a) 所示。当车辆沿环形式路线运输时，一个周转内至少完成两个运次运输工作。由于不同货运任务装卸点位置分布不同，环形式路线可能有不同形状，如图 3.19(b) 所示。

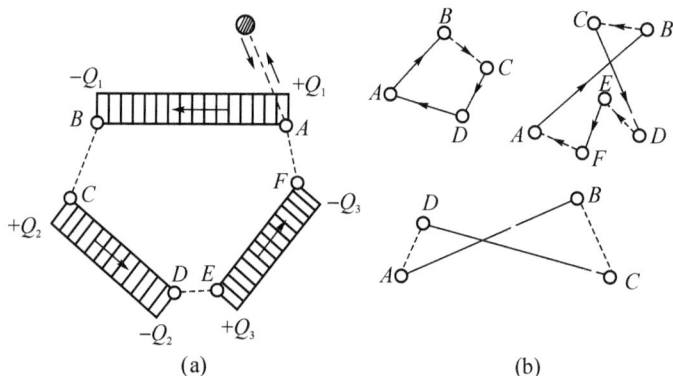

(a)   (b)

图 3.19　环形式路线

当无法组织回程载货的往复式行驶路线时，为提高里程利用率，可组织环形式行驶路线。此时，主要日运行指标可按下式确定：

① 货运量 Q：

$$Q = \sum_{i=1}^{n} q_0 \gamma_i \quad (\text{t}) \tag{3.15}$$

式中：n——完成的运次数；

γ_i——第 i 运次车辆满载率(%)。

② 周转量 P：

$$P = \sum_{i=1}^{n} q_0 \gamma_i L_{1i} \quad (\text{t} \cdot \text{km}) \tag{3.16}$$

式中：L_{1i}——第 i 运次的载重行程(km)。

（3）里程利用率 β：

$$\beta = \frac{\sum_{i=1}^{n} L_{1i}}{\sum_{i=1}^{n} (L_{1i} + L_{fi}) + L_H} \times 100\% \tag{3.17}$$

式中：L_{fi}——第 i 运次的空载行程(km)；

L_H——回收发车空驶行程(km)。

$\beta < 0.5$ 的环式路线，一般不宜采用。

（3）环形式行驶路线的选择

如前所述，选择环形式路线，以完成同样货运任务时，里程利用率 β 最高，即空车行程最短为最佳准则。

根据环形式行驶路线选择问题的特点，可以将其归结为线性规划问题，利用"运输问题"模型寻求解：

假设，空车发点（包括卸货点、车场）数为 m；空车收点（包括装货点、车场）数为 n；由第 i 点发往第 j 点的空车数为 Q_{ij}；第 j 点所需空车数为 q_j；第 i 点发出空车数为 Q_i；自第 i 点到第 j 点的距离为 L_{ij}。则其空车行驶路线的选择问题数学模型如下：

目标函数：

$$\min L_v = \sum_{i=1}^{m} \sum_{j=1}^{n} Q_{ij} L_{ij} \tag{3.18}$$

约束条件：

$$\begin{cases} \sum_{j=1}^{n} Q_{ij} = Q_i \quad (i = 1, \cdots, m) \\ \sum_{i=1}^{m} Q_{ij} = q_i \quad (j = 1, \cdots, n) \\ \sum_{i=1}^{m} Q_i = \sum_{j=1}^{n} q_j \\ Q_{ij} \geqslant 0 \end{cases} \tag{3.19}$$

上述数学模型可用表上作业法、标号法或编程用计算机求解。

4 运输系统预测

4.1 概述

4.1.1 预测的概念

预测是指对事物的演化预先做出的科学推测。广义的预测,既包括在同一时期根据已知事物推测未知事物的静态预测,也包括根据某一事物的历史和现状推测其未来的动态预测;狭义的预测,仅指动态预测,也就是指对事物的未来演化预先做出的科学预测。预测理论作为通用的方法论,既可以应用于研究自然现象,又可以应用于研究社会现象。将预测的方法、技术与实际问题相结合,就产生了预测的各个分支,如社会预测、人口预测、经济预测、政治预测、科技预测、军事预测、气象预测等。

千百年来,人类通过自身的生产实践和社会实践,领悟了这样一条道理:科学的预测是人类正确行动的先导。如果缺乏科学的预测,人们就会做出错误的举动,从而蒙受不必要的损失或招致严重的后果。"凡事预则立,不预则废"就是对预测重要性所做的经验总结。

人类的预测活动史源远流长,但限于对自然和社会的认识水平,古代的预测活动大多带有唯心主义,甚至迷信色彩。据记载,我们的祖先远在3 000多年前的商代,就已经懂得进行占卜活动,他们通过占卜展望未来,做出行动的抉择。公元前7世纪至公元前6世纪,古希腊哲学家塞利斯(Thales)已能够通过研究气象气候预测农业收成。

随着人类社会和科学技术的发展,各种事物的运动规律不断地被揭示出来,预测技术也得到了长足的发展。根据客观规律所作的预测逐渐取代了迷信预测、经验预测,使预测走上了科学化的道路。

交通运输系统是国民经济大系统中的一个子系统,运输需求同时受来自系统内和系统外因素的影响。对运输系统进行预测,一方面可以为国家宏观经济计划、区域发展规划、基础建设投资决策及运输生产组织管理提供必要依据,另一方面可以满足运输系统评价的需要。

4.1.2　预测的基本原理

1）整体性原理

事物是由若干相互关联元素构成的有机整体,事物发展变化的过程也是一个有机整体,因此以整体性为特征的系统思想是预测的基本思想。

2）可知性原理

由于事物发展过程的统一性,即事物发展的过去、现在和将来是一个统一的整体,所以人类不但可以认识预测对象的过去和现在,而且也可以通过过去、现在的发展规律,推测将来的发展变化。

3）可能性原理

预测对象的发展有各种各样的可能性,预测是对预测对象发展的各种可能性的一种估计。如果认为预测是必然结果,则失去了预测的意义。

4）相似性原理

把预测对象与类似的已知事物的发展进行类比,可以对预测对象进行描述。

5）反馈性原理

预测未来的目的是更好地指导当前,因此应用反馈原理不断地修正预测才会更好地指导当前工作,为决策提供依据。

4.1.3　预测的分类

根据研究任务的不同、按照不同的标准,预测可以有不同的分类,常用的有以下几种:

1）按照预测的范围或层次进行分类

（1）宏观预测

宏观预测是指针对国家、部门、地区的社会经济活动进行的各种预测。它以整个社会经济发展的总图景为考察对象,研究社会经济发展中各项指标之间的联系和发展变化。例如,对全国和地区社会再生产各环节的发展速度、规模和结构的预测;对社会商品总供给、总需求的规模、机构、发展速度和平衡关系预测等。宏观经济预测是政府制定方针政策,编制和检查计划,调整经济结构的重要依据。

（2）微观预测

微观预测是针对基层单位的各项活动进行的各种预测。它以生产经营的前景为考察对象,研究微观经济活动中各项指标间的联系和发展变化。例如,对商业企业的商品购、销、调、存的规模、构成变动的预测;对工业企业所生产的具体商品的生产量、需求量和市场占有率的预测等。微观经济预测是企业制定生产经营决策,编制和检查计划的依据。

宏观预测和微观预测之间有着密切的关系,宏观预测应以微观预测为参考,微观预测应以宏观预测为指导,两者相辅相成。

2）按照预测时间长短进行分类

（1）长期预测

长期预测是指对 5 年以上发展前景的预测。长期经济预测是制定国民经济和企业生产经营发展的 10 年计划、远景计划，提出经济长期发展目标和任务的依据。

（2）中期预测

中期预测是指对 1 年以上 5 年以下发展前景的预测。中期经济预测是制定国民经济和企业生产经营发展的 5 年计划，提出经济 5 年发展目标和任务的依据。

（3）短期预测

短期预测是指对 3 个月以上 1 年以下发展前景的预测。短期预测是政府部门或企事业单位制定年度计划、季度计划，明确规定短期发展具体任务的依据。

（4）近期预测

近期预测是指对 3 个月以下社会经济发展或企业生产经营状况的预测。近期预测是政府部门或企事业单位制定月、旬发展计划，明确近期活动具体任务的依据。

3）按照预测方法的性质进行分类

（1）定性预测

定性预测是指预测者通过调查研究，了解实际情况，凭自己的知识背景和实践经验，对事物发展前景的性质、方向和程度做出判断、进行预测，也称为判断预测或调研预测。预测目的主要在于判断事物未来发展的性质和方向，也可以在情况分析的基础上提出粗略的数量估计。定性预测的准确程度主要取决于预测者的经验、理论、业务水平以及掌握的情况和分析判断能力。这种预测综合性强，需要的数据少，能考虑无法定量的因素。常用的定性预测方法有个人判断法、头脑风暴法、德尔菲法、对比类推法、趋势外推法等。

（2）定量预测

定量预测是指根据准确、及时、系统、全面的调查统计资料和信息，运用统计方法和数学模型，对事物未来发展的规模、水平、速度和比例关系的测定。定量预测与统计资料、统计方法有密切关系。常用的定量预测方法有回归分析预测、时间序列预测、灰色系统预测、因果分析预测和趋势外推预测等。

为了使预测结果比较切合实际，提高预测质量，为决策和计划提供可靠的依据，通常是将两种预测方法相结合，将定性预测结果与定量预测结果比较、核对，分析产生差异的原因，根据经验进行综合判断，利用定性分析对定量预测结果进行必要的修正和调整。定量预测与定性预测紧密结合、相互印证，可使得预测结果更为科学、可信。

4）按照预测时是否考虑时间因素进行分类

（1）静态预测

静态预测是指不包含时间变动因素，根据事物在同一时期的因果关系进行的预测。

（2）动态预测

动态预测是指包含时间变动因素，根据事物发展的历史和现状，对其未来发展前景做出的预测。

4.1.4 预测的步骤

科学的预测是在广泛调查研究基础上进行的设计方法的选择、资料的搜集、数据的整理、预测模型的建立、利用模型预测和预测结果的分析等一系列工作。

总的来说,预测的步骤为:

1) 确定目标

即确定预测对象、提出预测目的和目标,明确预测要求等。

2) 确定预测要素

鉴别、选择和确定预测要素,从大量影响因素中,挑选出与预测目的有关的主要影响因素。

3) 选择预测方法

预测方法很多,到目前为止,各类预测方法在 150 种以上,因此应根据预测的目的和要求,考虑预测工作的组织情况,合理地选择效果较好的、既经济又方便的一种或几种预测方法。

4) 收集和分析数据

根据预测目标和所选择预测方法的要求去收集所需的原始数据。原始数据是进行预测的重要依据,所收集原始数据的质量和可靠性将直接影响到预测的结果。对原始数据的要求是数据量足、质量高,只有这样才能贴切地反映事物的规律。

5) 建立预测模型

建立预测模型是预测的关键工作,它取决于所选择的预测方法和所收集到的数据。建立模型的过程分为建立模型和模型的检验分析两个阶段。只建模型不进行检验,这样的预测是不能令人信服的;只有通过检验的模型,才能用于预测。

6) 模型的分析

模型的分析是指对系统内部、外部的因素进行评定,找出使系统转变的内部因素和客观环境对系统的影响,以分析预测对象的整体规律性。

7) 利用模型预测

所建立的模型是在一定假设条件下得到的,因此也只适用于一定条件和一定预测期限,如果将其推广到更大范围,就要利用分析、类比、推理等方法来确定模型的适用性。只有在确认模型符合预测要求时,才可利用该模型进行预测。

8) 预测结果的分析

利用预测模型所得的预测结果并不一定与实际情况符合。因为在建立模型时,往往会有些因素考虑不周或因资料缺乏以及在处理系统问题时的片面性等使预测结果与实际情况偏离较大,故需从两个方面进行分析:

(1) 用多种预测方法预测同一事物,将预测结果进行对比分析、综合研究之后加以修正和改进;

(2) 应用反馈原理及时用实际数据修正模型,使预测模型更完善,具体步骤见

图 4.1。

4.1.5 预测精度评价

预测精度一般指预测结果与实际情况相一致的程度,误差越大,精度就越低,因而通常用误差指标反映预测精度。常用的评价指标如下:

1) 预测误差

设某一项预测指标的实际值为 x,预测值为 $\hat{x}$,令:

$$e = x - \hat{x}$$

e 就是预测值 $\hat{x}$ 的误差,又称偏差。$e > 0$,表示 $\hat{x}$ 为低估预测值;$e < 0$,表示 $\hat{x}$ 为高估预测值。

2) 相对误差

预测误差在实际值中所占比例的百分数称为相对误差,记为 ε:

$$\varepsilon = \frac{e}{x} = \frac{x - \hat{x}}{x} \times 100\%$$

该指标克服了预测指标本身量纲的影响,通常把 $1 - \varepsilon$ 称为预测精度。

3) 平均误差

n 个误差的平均值称为平均误差,记为 $\bar{e}$,计算公式为:

$$\bar{e} = \frac{1}{n} \sum_{i=1}^{n} e_i = \frac{1}{n} \sum_{i=1}^{n} (x_i - \hat{x}_i)$$

由于每个 e_i 可为正值,也可为负值,求代数和时这些分别取正负值的 e_i 将有一部分相互抵消,故 $\bar{e}$ 无法真实反映预测误差的大小,但它反映了预测值的偏差状况,可作为修正预测值的依据。$\bar{e}$ 为正,说明预测值平均说来比实际值低;反之,说明预测值平均说来比实际值高。因此,如果用某一种方法求得的预测值为 $\hat{x}_{n+1}$,运用该方法时预测期的平均误差为 $\bar{e}$,则修正的预测值 $\hat{x}'_{n+1} = \hat{x}_{n+1} + \bar{e}$。

4) 平均绝对误差

n 个预测误差绝对值的平均值称为平均绝对误差,记为 $|\bar{e}|$,计算公式为:

$$|\bar{e}| = \frac{1}{n} \sum_{i=1}^{n} |e_i| = \frac{1}{n} \sum_{i=1}^{n} |x_i - \hat{x}_i|$$

由于每个 $|\bar{e}|$ 皆为正值,故 $|\bar{e}|$ 可用于表示预测误差的大小。

5) 平均相对误差

n 个预测相对误差绝对值的平均数称为平均相对误差,以 $|\bar{\varepsilon}|$ 表示,计算公式为:

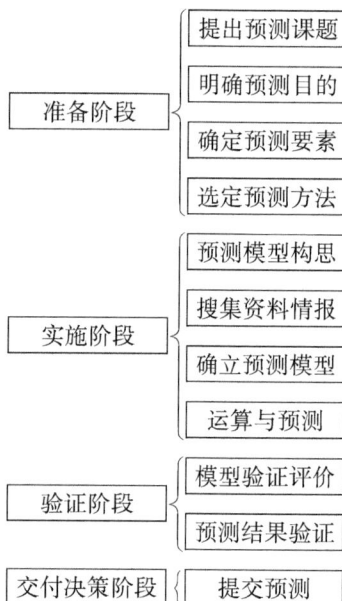

准备阶段	提出预测课题
	明确预测目的
	确定预测要素
	选定预测方法
实施阶段	预测模型构思
	搜集资料情报
	确立预测模型
	运算与预测
验证阶段	模型验证评价
	预测结果验证
交付决策阶段	提交预测

图 4.1　预测步骤

$$|\bar{\varepsilon}| = \frac{1}{n}\sum_{i=1}^{n}\left|\frac{e_i}{x_i}\right| \times 100\% = \frac{1}{n}\sum_{i=1}^{n}\left|\frac{x_i - \hat{x}_i}{x_i}\right| \times 100\%$$

6) 方差

n 个预测误差平方和的平均值,称为方差,以 S^2 表示,计算公式为:

$$S^2 = \frac{1}{n}\sum_{i=1}^{n}e_i^2 = \frac{1}{n}\sum_{i=1}^{n}(x_i - \hat{x}_i)^2$$

7) 标准误差

方差的算术平方根就是标准误差,又称为标准差,记为 S,计算公式为:

$$S = \sqrt{\frac{1}{n}\sum_{i=1}^{n}e_i^2} = \sqrt{\frac{1}{n}\sum_{i=1}^{n}(x_i - \hat{x}_i)^2}$$

S^2 和 S 的值介于 $0 \sim +\infty$ 之间,其值越大,预测准确度越低。

上述误差指标功能相近,但有各自不同的特点:$|\bar{e}|$ 计算方便;$|\bar{\varepsilon}|$ 不受量纲的影响;S^2 和 S 对预测误差的反映较为灵敏。其中,S 不仅保留了 S^2 灵敏度高的优点,还克服了其数值大的不足,它和 $|\bar{\varepsilon}|$ 是最常用的衡量预测精度的两个指标。

4.2 定性预测方法

前已述及,定性预测是指预测者通过调查研究、了解实际情况后,凭自己的知识背景和实践经验,对事物发展前景的性质、方向和程度做出判断、进行预测,也称为判断预测或调研预测。

当掌握的数据不多、数据不够准确或主要影响因素难以用数字描述、无法进行定量分析时,定性预测就是一种行之有效的预测方法。有时在定性分析的基础上,也可以提出数量估计,其特点为:需要的数据少,能考虑无法定量的因素,比较简便可行。通过定性预测,可以为相关部门和单位指导实际工作、进行管理和决策提供依据。

4.2.1 个人判断法

个人判断法指由某一领域的专家个人所进行的预测。一般可分为两种:一种是专家自发进行的预测;另一种是专家应别人邀请所作的预测。

个人判断法可以最大限度地利用专家个人的想象力和创造力,不受外界影响,没有心理压力,方便易行;然而局限性也很大,预测易受专家知识面、学派、经验、占有的资料及对预测问题是否感兴趣的影响,容易产生偏见。

4.2.2 头脑风暴法

在诸多直观预测方法中,头脑风暴法占有重要地位。20 世纪 50 年代,头脑风暴法作为一种创造性的思维方法,在预测中得到广泛的运用,并日趋普及。从 20 世纪 60 年代末期到 70 年代中期,实际应用中,头脑风暴法在各类预测方法中所占的比重由 6.2% 增加到 8.1%。头脑风暴法主要是通过组织专家会议,激励全体与会专家参加积极的创造性思维。会议可以在一个小组内进行,也可以由多人独立完成,然后将他们的意见汇总起来。如果采取小组开会的形式,为了使大家都有充分发表意见的机会,参加的人数不要多,一般只有五六个人,多则十几个人;虽然也有数十人的,但极少见。

1) 组织会议原则

采用头脑风暴法组织专家会议时,应遵循如下原则:

(1) 就所论问题提出一些具体要求,并严格规定提出设想时所用术语,以便限制所讨论问题的范围,使参加者将注意力集中于所讨论的问题。

(2) 不能对别人的意见提出怀疑,不能放弃和终止讨论任何一个设想,不管这种设想是否适当和可行。

(3) 鼓励参加者对已经提出的设想进行改进和综合,为准备修改自己设想的人提供优先发言权。

(4) 支持和鼓励参加者解除思想顾虑,创造出一种自由的气氛,激发参加者的积极性。

(5) 发言要精炼,不需要详细论述。展开发言将拉长时间,并有碍于一种富有成效的创造性气氛的产生。

(6) 不允许参加者宣读事先准备的建议一览表。

2) 会议成员的选择

为了提供一个创造性的思维环境,必须决定小组的最佳人数和会议的进行时间。小组规模以 5~15 人为宜,会议时间一般为 20~60 min。参加的成员按如下规则选取:

(1) 如果参加者相互认识,要从同一职位(职称或级别)的人员中选取,领导人员不应参加,否则将对下属人员产生一定的压力。

(2) 如果参加者互不认识,可以从不同职位(职称或级别)的人员中选取,并注意在会前和会议进行过程中不介绍参会人员的职业、职位背景或头衔等。这时不论成员是领导还是普通员工,都应同等对待,赋予每个成员一个编号,以便以后按编号与参加者联系。

参加者的专业是否与所论问题一致,不是专家组成员的必要条件。并且专家组中,希望包括一些学识渊博、对所讨论的问题有所了解的其他领域的专家。

3) 专家小组人员组成

专家小组通常由下列人员组成:

(1) 方法论学者:预测学领域的专家,一般可担任会议的组织者;

(2) 思想产生者:专业领域的专家,人数应占小组的 50%~60%;

(3) 分析者:专业领域内知识比较渊博的高级专家;

(4) 演绎者:具有较高逻辑思维能力的专家。

4) 算例

例 4.1 为把普通公路改造成高速公路,需要进行该工程的经济评价,对今后若干年的车流量作预测。为此,聘请了三个管理人员和两个专家进行判断预测。为便于说明,本例中只考虑了正常的交通量,并假设预测第四年的交通量。

解 (1)明确问题

预测该路段第四年的交通量。

(2)提出要求

每人对车流量做三种估计:最高车流量、最可能车流量、最低车流量,同时,根据过去的统计资料或实际经验估计这三种车流量出现的概率是多少。

根据要求,三位管理人员(分别称为甲、乙、丙)对未来第四年每天的车流量作出了估计,见表4.1。

表 4.1 头脑风暴法预测车流量

人员	类别	车流量(辆/d)	概率	期望值(辆/d)
甲	最高车流量	20 000	0.3	14 600
	最可能车流量	14 000	0.5	
	最低车流量	8 000	0.2	
乙	最高车流量	24 000	0.2	18 000
	最可能车流量	18 000	0.6	
	最低车流量	12 000	0.2	
丙	最高车流量	18 000	0.2	11 400
	最可能车流量	12 000	0.5	
	最低车流量	6 000	0.3	

(3)汇总、计算、得出结论

首先对三位管理人员的预测值的重要性给出一个权重,再用加权平均法算出平均预测值。设甲、乙、丙三人预测值的权重分别为1.5,1,1,则三人的平均预测值为:

$$\frac{14\ 600\times1.5+18\ 000\times1+11\ 400\times1}{1.5+1+1}\approx14\ 657(辆/d)$$

即平均预测值为每天14 657辆。

用同样的方法,可得两位专家的平均预测值为每天18 000辆。

再分析管理人员和专家预测值的重要性,设专家的预测值权重比管理人员的大1倍,则综合预测值为:

$$\frac{18\ 000\times2+14\ 657\times1}{2+1}\approx16\ 886(辆)$$

即第四年车流量的预测值约为每天16 886辆。

101

4.2.3 德尔菲法

德尔菲(Delphi)法是美国兰德公司 20 世纪 40 年代首先用于技术预测的。德尔菲是古希腊传说中的神谕之地,城中有座阿波罗神殿可以预卜未来,因而借用其名。

德尔菲法是专家会议预测法的一种发展。它以匿名的方式通过几轮函询,征求专家们的意见。预测领导小组对每一轮的意见都进行汇总整理,作为参考资料再发给每个专家,供他们分析判断,提出新的论证。如此多次反复,专家的意见渐趋一致,结论的可靠性越来越大。

德尔菲法的优点在于其简单易行,可靠性较好,能够充分发挥出人的智慧和经验,适用于没有足够信息资料的中长期经济预测与科技预测,还可以支持决策;尤其适用于难以用精确的数学模型处理、需要征求意见的人数较多、人员较分散、经费有限、难以多次开会或因某种原因不宜当面交换意见的问题场合。但因其同样存在定性预测的局限性,所以一般经常与定量预测结合使用,预测效果较好。

1)特点

(1)匿名性

为克服专家会议易受心理因素影响的缺点,德尔菲法采用匿名方式。应邀参加预测的专家互不了解,完全消除了心理因素的影响。专家可以参考前一轮的预测结果,修改自己的意见而无需作出公开说明,无损自己的威望。

(2)轮间反复沟通情况

德尔菲法不同于民意测验,一般要经过四轮。在匿名的情况下,为了使参加预测的专家掌握每一轮预测的汇总结果和其他专家提出意见的论证,预测领导小组对每一轮的预测结果做出统计,并作为反馈材料发给每个专家,作为下一轮预测的参考。

(3)预测结果的统计特性

对各轮反馈意见进行定量处理是德尔菲法的一个重要特点。为了定量评价预测结果,德尔菲法采用统计方法对结果进行处理。

2)专家的选择

进行德尔菲法预测需要成立预测领导小组。领导小组不仅负责拟定预测主题、编制预测事件一览表以及对结果进行分析和处理,更重要的是负责专家的选择。

德尔菲法是一种对于意见和价值进行判断的作业。如果应邀专家对预测主题不具有广泛的知识,很难提出正确的意见和有价值的判断。即使预测主题比较窄、针对性很强,要物色很多对这一专题涉及的各个领域都有很深造诣的专家也很困难,因而物色专家是德尔菲法成败的关键,是预测领导小组的一项主要工作。

怎样选择专家是由预测任务决定的。如果要求比较深入地了解本部门的历史情况和技术政策,或牵涉到本部门的机密问题,最好从本部门中选择专家。从本部门选择专家比较简单,有档可查,又有熟悉人员的现实情况。

如果预测任务仅仅关系到具体技术发展,最好同时在部门内外挑选专家。从外部门选择专家,大体按如下程序进行:

(1) 编制征求专家应答问题一览表;

(2) 根据预测问题,编制所需专家类型一览表;

(3) 将问题一览表发给每个专家,询问他们能否坚持参加规定问题的预测;

(4) 确定每个专家从事预测所消耗的时间和经费。

从外部选择专家比较困难,一般要经过几轮。首先要收集本部门职工比较熟悉的专家名单,而后在有关期刊和出版物中物色一批知名专家。以这两部分专家为基础,将调查表发给他们,征求意见,同时要求他们再推荐 1~2 名有关专家。预测领导小组从推荐名单中,再选择一批由两人以上同时推荐的专家。

在选择专家过程中不仅要注意选择精通技术、有一定名望、有学派代表性的专家,同时还需要选择边缘学科的专家,但要考虑他们是否有足够的时间认真填写调查表。经验表明,一个身居要职的专家匆忙填写的调查表,其参考价值还不如一个专事某项技术工作的一般专家认真填写的调查表。再有,乐于承担任务并坚持始终也是选择专家要注意的一个问题。

预测小组人数视预测问题规模而定,一般以 10~50 人为宜,人数太少,限制了学科代表性,并缺乏权威,同时影响预测精度;人数太多,难以组织,对结果处理比较复杂。然而对于一些重大问题,专家人数也可以扩大到 100 人以上。在确定专家人数时,值得注意的是即使专家同意参加预测,因种种原因也不见得专家每轮必答,有时甚至有专家中途退出,因而预选人数要多于预定人数。

3) 引例

例 4.2 某货运站计划扩建,为对其进行可行性研究,需对未来的运输量情况进行预测。预测采用德尔菲法进行。

解 预测过程如下:

(1) 提出问题

预测某货运站未来的运量。

(2) 聘请专家

聘请三位经济学家、三位领导人员、三位科技专家、三位企业家,发放意见征询表,要求每人对该服务区域内未来(以第四年为例)的运输量进行预测,分为最高运输量、最可能运输量、最低运输量三种情况。

(3) 意见汇总、整理、计算、分析

经过三轮的意见反馈,得到运输量预测统计见表 4.2。

表 4.2　德尔菲法预测运输量　　　　　　　　　　　　　　　　　（万 t·km）

专家组		第 1 轮			第 2 轮			第 3 轮		
		最低	最可能	最高	最低	最可能	最高	最低	最可能	最高
经济学家	A	1 000	1 200	2 000	1 100	1 600	2 500	1 150	1 550	2 460
	B	900	1 000	1 800	950	1 300	2 200	1 200	1 430	2 350
	C	800	1 100	1 600	900	1 500	1 980	1 300	1 600	2 250
领导人员	A	1 200	1 500	2 000	1 350	1 400	2 100	1 600	1 300	2 000
	B	1 300	1 600	2 200	1 200	1 300	2 300	1 100	1 450	2 200
	C	600	1 800	2 300	800	1 700	2 200	850	1 650	2 300
科技专家	A	500	800	1 860	600	1 000	1 900	900	1 200	2 000
	B	800	1 600	2 400	950	1 650	2 300	1 000	1 700	2 400
	C	1 300	1 800	2 500	1 350	1 600	2 200	1 200	1 750	2 200
企业家	A	500	1 000	1 500	750	1 300	1 800	900	1 400	1 900
	B	800	950	1 650	950	1 000	1 600	1 150	1 300	2 000
	C	1 000	1 700	2 450	1 000	1 560	2 600	1 300	1 500	2 500
合　计								13 650	17 830	26 560

（4）根据统计表 4.2,可以采用适当的计算方法求出需要预测的运输量。

方法一:用平均数求解。计算方法为:

最低运输量平均值: $\dfrac{13\ 650}{12} = 1\ 138$（万 t·km）

最可能运输量平均值: $\dfrac{17\ 830}{12} = 1\ 486$（万 t·km）

最高运输量平均值: $\dfrac{26\ 560}{12} = 2\ 213$ 万（万 t·km）

第四年运输量预测值: $\dfrac{1\ 138 + 1\ 486 + 2\ 213}{3} = 1\ 612$（万 t·km）

方法二:用中位数求解。

当意见比较分散时,用中位数法计算。

首先把 12 位专家的三次预测的运输量从小到大依次排列（如遇到相同的数,不重复计算）。

最低运输量:850,900,1 000,1 100,1 150,1 200,1 300,1 600

最可能运输量: 1 200,1 300,1 400,1 430,1 450,1 500,1 550,1 600,1 650,1 700,1 750

最高运输量:1 900,2 000,2 200,2 250,2 300,2 350,2 400,2 460,2 500

求出最低运输量、最可能运输量、最高运输量三个中位数的平均数,作为预测值。

中位数的计算公式为：$\dfrac{n+1}{2}$，n 为数列的项数。

最低运输量的中位数：$\dfrac{8+1}{2}=4.5$，故取第四个、第五个值的平均

$$\frac{1\,100+1\,150}{2}=1\,125(万\,t\cdot km)$$

最可能运输量的中位数：$\dfrac{11+1}{2}=6$，故取第六个值 1 500(万 t · km).

最高运输量的中位数：$\dfrac{9+1}{2}=5$，故取第五个值 2 300(万 t · km)

第四年运输量的预测值：$\dfrac{1\,125+1\,500+2\,300}{3}=1\,642(万\,t\cdot km)$

4.2.4　对比类推法

所谓对比类推法,是指利用事物之间的相似特点,把先行事物的表现过程类推到后继事物上去,从而对后继事物的前景做出预测的一种方法。对比类推依据类比目标的不同可以分为产品类推法、地区类推法、行业类推法和局部总体类推法。其具体预测步骤如下：

（1）明确预测目标

即明确预测对象以及预测的目的和要求。

（2）确定类比目标

即寻找一个相似性较高的实际比较目标,并分析该目标的发展趋势。

（3）分析类比的可行性

指类比目标与预测目标进行比较分析,确定类比是否可行。

（4）确定预测起始点

即通过调查,获得要预测问题的目前实际统计资料,并把这一数据作为预测计算的起始点。

（5）测算预测期间单位时间递增率

确定了类比目标总的增加率或目标总量,又有了起始数据,则可确定各单位时间的平均递增率。

（6）具体计算预测期间各时间段的预测值

在应用类推法进行预测时,应注意对比类推法是建立在事物发展变化相似性基础上的。相似并不等于相同,再加之事物发生的时间、地点、范围等许多条件的不同,常会使两个对比事物的发展变化有一定差异,从而导致预测结果出现偏差,甚至有时使预测结果失真。因此,在选择类比目标时,需预先从各方面充分考虑可比性,这对对比类推法的有效应用有着重要意义。

例如,公路建设会导致工程机械、水泥、沥青等一系列机械、材料需求量增加,因此,

根据某地区公路建设规划情况,可以预测一段时间后,这些机械、材料需求量的变化。

4.2.5　交叉概率法

交叉概率法是对交叉影响作用下的事物进行预测的一种定性预测技术。一系列事件 $A_1, A_2, \cdots, A_n$ 发生概率分别为 P_1，P_2，$\cdots$，P_n，它们之间存在相互影响关系,即当其中某一事件 A_i 发生的概率为 P_i 时,对其他事件发生的概率会产生影响。事件 A_i 发生使另一事件发生的概率增加称为正影响;事件 A_i 发生使另一事件发生的概率减小称为负影响;另外还存在事件 A_i 发生对另一事件发生的概率无影响的情况。交叉概率法是根据专家经验确定不同事物之间相互影响关系的一种研究程序。

德尔菲法是对专家经验的一种匿名收集程序,主观概率法是对专家经验的一种定量化程序。这两种方法一起使用可以预测出各种事件发生的概率,但不能明确指出各种事件之间的相互关系。交叉概率法则是把专家经验用于寻求不同事件之间相互影响关系的一种研究程序。

4.3　时间序列预测方法

时间序列是指一组按时间先后次序排列的同一现象的统计数据。交通运输经济研究或运输企业管理部门要对未来做出科学的预测和决策,就需要及时了解、分析与时间有关的一系列统计资料。从一组时间序列过去变化规律的分析来推断今后变化状况或趋势的方法,称为时间序列预测法。这种方法简便易行,不用分析其影响因素,只利用被预测量本身的历史数据,主要用于那些分析影响因素比较困难或相关变量资料难于获得的场合。

4.3.1　简单平均法

简单平均法是以历史数据的算术平均数、加权平均数和几何平均数等直接作为预测值的预测方法,这类方法模型简单、使用方便,因而是一类相对简单的预测方法,一般适用于短期或近期预测。

1) 算术平均法

算术平均法是把历史数据加以算术平均,并以平均数作为预测值的方法。预测模型为:

$$\overline{X}_A = \frac{\sum_{i=1}^{n} x_i}{n} \tag{4.1}$$

式中:$\overline{X}_A$——预测值的算术平均数;

x_i——第 i 个历史数据;

n——参加平均的历史数据的个数。

2）加权平均法

加权平均法是对参加平均的历史数据给予不同的权数，并以加权算术平均数作为预测值。因为按照时间顺序排列的一组历史数据中，每个数据对预测值的重要性是不同的，离预测值较近的历史数据显然比离预测期较远的历史数据重要得多，这就要求在计算平均数时把每个历史数据的重要性也考虑进去，给予近期数据以较大的权数，给予远期数据较小的权数。加权平均法的预测模型为：

$$\overline{X}_W = \frac{\sum\limits_{i=1}^{n} W_i x_i}{\sum\limits_{i=1}^{n} W_i} \tag{4.2}$$

式中：$\overline{X}_w$——预测值的加权平均数；

W_i——给予第 i 个历史数据的权数。

4.3.2　移动平均法

移动平均法是以预测对象最近一组历史数据的平均值直接或间接为预测值的方法。预测者每得到一个新的历史数据时，就可以计算出新的平均值用于预测，因而，这种预测方法称为移动平均法，又分为一次移动平均法、加权移动平均法和二次移动平均法。

1）一次移动平均法

一次移动平均法是直接以本期（t 期）滑动平均值作为下期（$t+1$ 期）预测值的方法。一次移动平均法的预测模型为：

$$\hat{y}_{t+1} = \frac{y_t + y_{t-1} + \cdots + y_{t-n+1}}{n} \tag{4.3}$$

式中：$\hat{y}_{t+1}$——预测值；

n——选择的数据项数；

y——实际的历史数据；

t——时间。

从式（4.3）可以推导出第 t 期的移动平均值：

$$\hat{y}_t = \frac{y_{t-1} + y_{t-2} + \cdots + y_{t-n}}{n} \tag{4.4}$$

将式（4.4）代入式（4.3），则可以得到递推公式：

$$\hat{y}_{t+1} = \hat{y}_t + \frac{y_t - y_{t-n}}{n} \qquad (4.5)$$

由式(4.5)可知,欲求 $(t+1)$ 期的预测值,必须选择 n 个距预测期最近的实际历史数据。n 是模型中的重要参数,合理选择 n 值是正确运用移动平均法的关键;此外,由一次移动平均法得出的每一个新预测值都是对前一个移动平均预测值的修正,这种修正体现为增加了最新观测值,而去掉了最远期观测值。

一次移动平均预测法具有如下特点:

(1)预测值是离预测期最近的一组历史数据(实际值)平均的结果;

(2)参加平均的历史数据的个数(即跨越期数)是固定不变的;

(3)参加平均的一组历史数据是随着预测期的向前推进而不断更新的,每当吸收一个新的历史数据参加平均的同时,就剔除了原来的一组历史数据中离预测期最远的那个数据,因而具有"移动"的特点。

(4)移动平均法只能做一步预测,且仅适用于基本趋势呈平稳发展的序列,对于具有明显上升(或下降)趋势的时间序列做预测,会产生滞后误差。

(5)当 n 值较小时,预测结果灵敏,能较快地反映数据变动的趋势;当 n 值较大时,灵敏度差,"趋势性"平稳,滞后现象增加,但对于水平型的历史数据预测效果较好。

2)加权移动平均法

其与简单加权平均法类似,考虑到近期的历史数据要比远期的历史数据对预测值更重要,可以采用加权移动平均的方式来计算移动平均值,即按距离预测期的远近,给近期数据以较大的权数,而给远期数据以较小的权数。

设观测值 y_t, y_{t-1}, $\cdots$, y_{t-n+1} 的权数分别取为 ω_1, ω_2, $\cdots$, ω_n,则第 t 期的加权移动平均值为:

$$\hat{y}_{t+1} = \frac{\omega_1 y_t + \omega_2 y_{t-1} + \cdots + \omega_n y_{t-n+1}}{\omega_1 + \omega_2 + \cdots + \omega_n} \qquad (4.6)$$

如果取 $\sum_{i=1}^{n} \omega_i = 1$,则式(4.6)可简化为:

$$\hat{y}_{t+1} = \omega_1 y_t + \omega_2 y_{t-1} + \cdots + \omega_n y_{t-n+1} \qquad (4.7)$$

简单移动平均法是加权移动平均法当权数 $\omega_1 = \omega_2 = \cdots = \omega_n = 1$ 时的特例。加权移动平均法的适用范围及优缺点与简单移动平均法基本一致。

3)二次移动平均法

二次移动平均法是对一次移动平均值再进行移动平均,并根据实际值、一次移动平均值和二次移动平均值之间的滞后关系,建立预测模型进行预测的方法。它是移动平均法的高级形式,能克服一次移动平均法的不足,提高预测效果。

具体地讲,二次移动平均法根据历史数据、一次移动平均值和二次移动平均值三者间的滞后关系,先求出一次移动平均值和二次移动平均值之间的差值,再将差值加到一次移动平均值上去,并考虑其趋势变动值,进而得到比较接近实际的预测值。

二次移动平均法线性预测模型为:

$$\hat{y}_{t+T} = a_t + b_t T \tag{4.8}$$

式中:$\hat{y}_{t+T}$——预测值;

T——由 t 期至预测期的时期数;

a_t,b_t——参数。其中:

$$a_t = 2S_t^{(1)} - S_t^{(2)}$$

$$b_t = \frac{2}{n-1}(S_t^{(1)} - S_t^{(2)})$$

式中:$S_t^{(1)}$ 和 $S_t^{(2)}$——一次移动平均值和二次移动平均值。并且:

$$S_t^{(1)} = \frac{1}{n}(y_t + y_{t-1} + \cdots + y_{t-n+1})$$

$$S_t^{(2)} = \frac{1}{n}(S_t^{(1)} + S_{t-1}^{(1)} + \cdots + S_{t-n+1}^{(1)})$$

4)引例

例 4.3 已知某市 2005—2016 年公路货运量(见表 4.3),运用移动平均法预测($n=3$)该市 2017 年的公路货运量。

表 4.3　某市历年公路货运量

年　份	货运量 y_t (亿 t·km)	一次移动平均值 $S_t^{(1)}$ (亿 t·km)	二次移动平均值 $S_t^{(1)}$ (亿 t·km)	a_t (亿 t·km)	b_t (亿 t·km)
2005	50	—	—	—	—
2006	45	—	—	—	—
2007	52	49.0	—	—	—
2008	53	50.0	—	—	—
2009	48	51.0	50.0	52.0	1.0
2010	52	51.0	50.7	51.3	0.3
2011	54	51.3	51.1	51.5	0.2
2012	50	52.0	51.4	52.6	0.6
2013	55	53.0	52.1	53.9	0.9
2014	56	53.7	52.9	54.5	0.8
2015	51	54.0	53.6	54.4	0.4
2016	58	55.0	54.2	55.8	0.8

解　各参数值直接在表上计算并标识。

（1）运用一次移动平均法预测：

$$\hat{y}_{2017} = \frac{1}{3}(y_{2016} + y_{2015} + y_{2014}) = 55(亿\ t \cdot km)$$

（2）若取权数 $\omega_1 = 0.5$，$\omega_2 = 0.3$，$\omega_3 = 0.2$，运用加权移动平均法预测：

$$\hat{y}_{2017} = \frac{\omega_1 y_{2016} + \omega_2 y_{2015} + \omega_3 y_{2014}}{\omega_1 + \omega_2 + \omega_3} = 55.5(亿\ t \cdot km)$$

（3）运用二次移动平均法预测：

$$\hat{y}_{2017} = a_{2016} + b_{2016} \times 1 = 56.6(亿\ t \cdot km)$$
$$\hat{y}_{2018} = a_{2016} + b_{2016} \times 2 = 57.4(亿\ t \cdot km)$$

4.3.3　指数平滑法

指数平滑法是利用对历史数据进行平滑来消除随机因素的影响。这种方法只需要本期的实际值和本期的预测值便可预测下一期的数据，因此，不需要保存大量的历史数据。指数平滑法包括一次、二次、三次指数平滑法。

1) 一次指数平滑法

指数平滑法的基本思想是把时间序列看成无穷序列，即 y_t，y_{t-1}，…；把 $\hat{y}_{t+1}$ 看成这个无穷序列的一个函数，即 $\hat{y}_{t+1} = a_0 y_t + a_1 y_{t-1} + \cdots$。

为了在计算中使用单一权数 $a_i(i = 0, 1, \cdots)$，并使权数之和等于1，可以令 $a_0 = \alpha$，$a_k = \alpha(1-\alpha)^k (k = 1, 2, \cdots)$。

当 $0 \leqslant \alpha \leqslant 1$ 时：

$$\sum_{i=0}^{\infty} a_i = \alpha + \alpha(1-\alpha) + \alpha(1-\alpha)^2 + \cdots = \frac{\alpha}{1-(1-\alpha)} = 1$$

这样，指数平滑法得到的预测值为：

$$
\begin{aligned}
\hat{y}_{t+1} &= \alpha y_t + \alpha(1-\alpha)y_{t-1} + \alpha(1-\alpha)^2 y_{t-2} + \cdots \\
&= \alpha y_t + (1-\alpha)[\alpha y_{t-1} + \alpha(1-\alpha)y_{t-2} + \cdots] \\
&= \alpha y_t + (1-\alpha)\hat{y}_t
\end{aligned}
\tag{4.9}
$$

或
$$\hat{y}_{t+1} = \hat{y}_t + \alpha(y_t - \hat{y}_t) \tag{4.10}$$

可见，$\hat{y}_{t+1}$ 是由上一时段 t 的实际值 y_t 和预测值 $\hat{y}_t$ 加权平均而成，或者是上一时段的预测值 $\hat{y}_t$ 和考虑平滑系数对上一期误差修正后的结果。式中 α 称为平滑系数，因此这种方法称为一次指数平滑法。

平滑系数 α 取值的大小对时间序列的修正程度影响很大。一般来说，α 值越大，近期数据作用越大，跟踪能力越强，但数据起伏偏大，平滑效应差。α 的选择可按均方误差最小的原则确定，即 $\sigma_n = \frac{1}{n}\sum_{t=1}^{n}(y_t - \hat{y}_t)^2$ 达到最小值时的 α 值。

当实际数据的时间序列具有明显的线性或非线性增长的趋势时，一次指数平滑法虽能做出反映，但滞后的偏差将使预测值偏低，此时，可用二次指数平滑法或三次指数平滑法，建立预测模型进行预测。

2）二次指数平滑法

二次指数平滑法是对指数平滑值序列再做一次指数平滑，二次指数平滑值的计算公式为：

$$S_t^{(2)} = S_{t-1}^{(2)} + \alpha(S_t^{(1)} - S_{t-1}^{(2)}) \tag{4.11}$$

式中：$S_t^{(1)}$——第 t 期的一次指数平滑值，即为一次指数平滑法中的 $\hat{y}_t$；

$S_t^{(2)}$——第 t 期的二次指数平滑值。

在上述二次指数平滑处理的基础上，可建立线性预测模型：

$$\hat{y}_{t+T} = a_t + b_t T$$

其中，根据最小二乘法原理确定截距 a_t 与斜率 b_t 的计算公式分别为：

$$a_t = 2S_t^{(1)} - S_t^{(2)}$$

$$b_t = \frac{\alpha}{1-\alpha}(S_t^{(1)} - S_t^{(2)})$$

3）三次指数平滑法

当历史数据序列具有曲线型倾向时需要使用三次指数平滑法。三次指数平滑法是对二次指数平滑序列再做一次指数平滑，三次指数平滑值的计算公式为：

$$S_t^{(3)} = S_{t-1}^{(3)} + \alpha(S_t^{(2)} - S_{t-1}^{(3)}) \tag{4.12}$$

式中：$S_t^{(3)}$——第 t 期的三次指数平滑值。

三次指数平滑的初值可以直接取 $S_0^{(3)} = S_0^{(2)}$，也可取前几个二次指数平滑的平均值。

在三次指数平滑处理的基础上，可建立如下非线性预测模型：

$$\hat{y}_{t+T} = a_t + b_t T + c_t T^2$$

根据最小二乘法确定模型系数 a_t, b_t, c_t 的计算公式为：

$$a_t = 3S_t^{(1)} - 3S_t^{(2)} + S_t^{(3)}$$

$$b_t = \frac{\alpha}{2(1-\alpha)^2}[(6-5\alpha)S_t^{(1)} - 2(5-4\alpha)S_t^{(2)} + (4-3\alpha)S_t^{(3)}]$$

$$c_t = \frac{\alpha^2}{2(1-\alpha)^2}(S_t^{(1)} - 2S_t^{(2)} + S_t^{(3)})$$

其中，若实际时间序列数据的变动趋势呈线性，则：

$$S_t^{(1)} - S_t^{(2)} = S_t^{(2)} - S_t^{(3)}$$

代入上述模型系数的计算公式中，可得 $c_t = 0$。由此可知，线性预测模型实际上是非线性预测模型的一种特殊形式。

4) 引例

例 4.4 应用指数平滑法对某地区公路客运量进行预测，$\alpha = 0.3$。

表 4.4　某地区公路客运量

年　份	时　期	客运量（万人次）	一次平滑值（万人次）	二次平滑值（万人次）	三次平滑值（万人次）
	0	—	50.00	50.00	50.00
1997	1	50	50.00	50.00	50.00
1998	2	52	50.60	50.18	50.05
1999	3	47	49.52	49.98	50.03
2000	4	51	49.96	49.97	50.01
2001	5	49	49.67	49.88	49.97
2002	6	48	49.17	49.07	49.70
2003	7	51	49.72	49.68	49.69
2004	8	40	46.80	48.82	49.43
2005	9	48	47.16	48.32	49.10
2006	10	52	48.61	48.41	48.89
2007	11	51	49.33	48.63	48.81
2008	12	59	52.23	49.75	49.09
2009	13	57	53.66	50.92	49.64
2010	14	64	56.76	52.67	50.55
2011	15	68	60.13	54.91	51.86
2012	16	67	62.19	57.09	53.43
2013	17	69	64.23	59.23	55.17
2014	18	76	67.76	61.79	57.16
2015	19	75	69.93	64.23	59.28
2016	20	80	72.95	66.85	61.55

解　各参数直接在表上标识。

(1) 一次指数平滑法：

$$\hat{y}_{21} = \hat{y}_{20} + \alpha(y_{20} - \hat{y}_{20}) = 72.95 + 0.3 \times (80 - 72.95) = 75.065(万人次)$$

(2) 二次指数平滑法：

$$a_{20} = 2S_{20}^{(1)} - S_{20}^{(2)} = 2 \times 72.95 - 66.85 = 79.05$$

$$b_{20} = \frac{\alpha}{1-\alpha}(S_{20}^{(1)} - S_{20}^{(2)}) = \frac{0.3}{1-0.3}(72.95 - 66.85) = 2.61$$

于是有线性预测方程：

$$y_{t+T} = 79.05 + 2.61T, \ t = 20$$

利用此方程便可求得 2017 年和 2018 年公路客运量的预测值，分别为：

$$\hat{y}_{21} = 79.05 + 2.61 = 81.66(\text{万人次})$$
$$\hat{y}_{22} = 79.05 + 2.61 \times 2 = 84.27(\text{万人次})$$

(3) 三次指数平滑法：

$$a_t = 3S_t^{(1)} - 3S_t^{(2)} + S_t^{(3)} = 3 \times 72.95 - 3 \times 66.85 + 61.55 = 79.85$$

$$b_t = \frac{\alpha}{2(1-\alpha)^2}\left[(6-5\alpha)S_t^{(1)} - 2(5-4\alpha)S_t^{(2)} + (4-3\alpha)S_t^{(3)}\right]$$

$$= \frac{0.3}{2(1-0.3)^2}\left[\begin{matrix}(6-5\times0.3)\times72.95 - 2(5-4\times0.3)\times66.85 \\ +(4-3\times0.3)\times61.55\end{matrix}\right] = 3.37$$

$$c_t = \frac{\alpha^2}{2(1-\alpha)^2}(S_t^{(1)} - 2S_t^{(2)} + S_t^{(3)})$$

$$= \frac{0.3^2}{2(1-0.3)^2}(72.95 - 2\times66.85 + 61.55) = 0.07$$

于是有预测方程：

$$\hat{y}_{t+T} = 79.85 + 3.37T + 0.07T^2, t = 20$$

利用此方程对 2017 年和 2018 年该地区公路客运量分别进行预测，得：

$$\hat{y}_{21} = 79.85 + 3.37 + 0.07 = 83.29(\text{万人次})$$
$$\hat{y}_{22} = 79.85 + 3.37 \times 2 + 0.07 \times 2^2 = 86.87(\text{万人次})$$

指数平滑法利用了全部历史统计数据，并遵循"重近轻远"的原则对历史统计数据加权平均，应用修匀后的指数平滑值估计预测模型中的时变参数值 a，b，c，如此所得预测模型具有抵御或减弱异常数据影响的功能，从而使得统计数据包含的历史规律能显著体现出来，因此，指数平滑法成为应用最广泛的预测方法之一。实际研究结果证明，这种操作简单、成本低廉、适应性强和性能优良的指数平滑法是一种具有发展前途的处理数据信息的技术。

指数平滑法由于跟踪能力强、数据量需求少和运算迅速等特点，已被应用于城市交通控制和一些动态路径诱导系统及高速公路流量预测。

4.4 回归分析预测法

回归分析起源于生物学研究，是由英国生物学家、统计学家高尔登（Francis Galton，1822—1911）在 19 世纪末研究遗传学特性时首先提出来的。他在研究人类的身高时，发现父母身高与子女身高之间有密切的关系。一般来说，高个子父母的子女身高有低于其父母身高的趋势，而矮个子父母的子女身高往往有高于其父母身高的趋势。因而从整个发展趋势看，高个子父母的子女身高回归于其种族的平均身高，而矮个子父母的子女身高则从另一个方向回归于种族的平均身高。

回归预测法是预测技术中经常使用的一种方法,是定量预测方法的基础。它是根据事物内部因素变化的因果关系来预测事物未来的发展趋势。经大量的观察、统计和分析发现,变量之间的关系大致可以分为两类:

1)确定性关系

若对一个(或一组)变量的每一个(或一组)取值,另一个变量都有一个完全确定的值与之对应,那么,变量之间的关系就是确定性关系。

2)相关关系

若有一类变量,它们相互间虽然存在密切的关系,但却不能用确定的函数式来表达。即对一个(或一组)变量的某个(组)取值,另一个变量的取值是随机变动的,以一定的概率分布获得值。

对于相关关系,虽然不能找出变量之间精确的函数表达式,但是可以通过大量的观测数据发现它们之间存在着统计规律性。如果变量之间的相关关系是显著的,就可以把这种统计规律性归纳为一个近似的函数表达式,通常称为回归方程,用以描述变量之间的相关关系。利用这个回归方程,就可以对事物的发展变化做进一步的分析和预测,这样的预测方法称为回归预测法。

回归分析预测模型按照变量的个数,可以分为一元回归分析和多元回归分析;按照变量之间的关系,可以分为线性回归分析和非线性回归分析。由于大多数非线性回归分析的问题都可以转化为线性回归分析的问题来处理,而多元回归分析的原理又同一元回归分析的原理一致,因此,这里主要讨论线性回归问题,并就可以转化为线性的非线性回归问题作简单介绍。

4.4.1　一元线性回归

一元线性回归预测是回归预测的基础。若预测对象只受一个主要因素的影响,并且它们之间存在着明显的线性相关关系,通常采用一元线性回归预测法,所建立的回归方程,也称为一元线性回归预测模型。其一般形式是:

$$Y = a + bX \tag{4.13}$$

式中:Y——因变量;

X——自变量;

a,b——常数。

1)模型的建立

回归方程反映了 Y 与 X 之间的相关关系,如果确定了 a,b,那么就得到了回归模型。

通常采用最小二乘法来对回归系数 a,b 进行估计。

由式(4.13)可知,对于每一个 x_i 都有一个对应的估计值 $\hat{y}_i$,估计值 $\hat{y}_i(i=1,2,3,\cdots,n)$ 与实际值 $y_i(i=1,2,3,\cdots,n)$ 之间存在着离差,设两者之间的离差为

e_i，则：

$$e_i = y_i - \hat{y}_i = y_i - a - bx_i$$

那么，离差的平方和为：

$$Q = \sum_{i=1}^{n} e_i^2 = \sum_{i=1}^{n} (y_i - a - bx_i)^2 \tag{4.14}$$

离差平方和反映了 n 个统计数据 $y_i (i = 1, 2, 3, \cdots, n)$ 与回归方程的偏离程度。

选择二元函数 $Q(a, b)$ 的最小值点对应的 $\hat{a}, \hat{b}$ 作为 a, b 的估计值。用式(4.14)分别对 a, b 求偏导数，并令其为零，即：

$$\frac{\partial Q}{\partial a} = -2 \sum_{i=1}^{n} (y_i - a - bx_i) = 0$$

$$\frac{\partial Q}{\partial b} = -2 \sum_{i=1}^{n} (y_i - a - bx_i) x_i = 0$$

解得：

$$\hat{b} = \frac{L_{XY}}{L_{XX}}$$

$$\hat{a} = \bar{y} - \hat{b}\bar{x}$$

式中：$\bar{x} = \dfrac{1}{n} \sum_{i=1}^{n} x_i，\bar{y} = \dfrac{1}{n} \sum_{i=1}^{n} y_i$

$$L_{XX} = \sum_{i=1}^{n} (x_i - \bar{x})^2 = \sum_{i=1}^{n} x_i^2 - \frac{1}{n} \left(\sum_{i=1}^{n} x_i \right)^2$$

$$L_{XY} = \sum_{i=1}^{n} (x_i - \bar{x})(y_i - \bar{y}) = \sum_{i=1}^{n} x_i y_i - \frac{1}{n} \left(\sum_{i=1}^{n} x_i \right) \left(\sum_{i=1}^{n} y_i \right)$$

另外，引入：

$$L_{YY} = \sum_{i=1}^{n} (y_i - \bar{y})^2 = \sum_{i=1}^{n} y_i^2 - \frac{1}{n} \left(\sum_{i=1}^{n} y_i \right)^2$$

一元线性回归方程在平面坐标中是一条直线，回归分析法中称之为回归直线。一元线性回归模型表明的是两个变量之间的平均变动关系。回归分析的主要目的是建立回归模型，由给定的 X 的值来估计 Y 的值，并进一步分析估计的精度，判断预测值的波动范围。

2）模型的显著性检验

建立的一元线性回归模型是否符合变量之间的客观规律性，两变量之间是否具有显著的线性相关关系，还需对回归模型进行显著性检验。在一元线性回归模型中最常用的显著性检验方法有相关系数检验法、F 检验法、t 检验法。本章只介绍相关系数检验法，F 检验法和 t 检验法请参阅相关文献。

相关系数是反映两个变量间是否存在相关关系以及这种相关关系的密切程度的一个统计量。相关系数用 r 表示,即:

$$r = \pm \frac{L_{XY}}{\sqrt{L_{XX}L_{YY}}} (0 \leqslant |r| \leqslant 1)$$

(1) 当 $|r|=1$ 时,表示变量 X 与 Y 完全线性相关;

(2) 当 $|r|=0$ 时,表示变量 X 与 Y 不存在线性相关关系;

(3) 当 $0<|r|<1$ 时,表示变量 X 与 Y 之间存在不同程度的线性相关关系。通常认为:

① $0<|r| \leqslant 0.3$ 时,为微弱相关;

② $0.3<|r| \leqslant 0.5$ 时,为低度相关;

③ $0.5<|r| \leqslant 0.8$ 时,为显著相关;

④ $0.8<|r| \leqslant 1$ 时,为高度相关。

即相关系数 r 反映了变量 X 与 Y 之间线性相关的密切程度,$|r|$ 越接近于 1,就说明 X 与 Y 之间线性相关程度越密切。

3) 置信区间

预测值的准确性与总体的 Y 值有关。如果总体的 Y 值比较离散,那么,预测值的准确性就低,反之则高。总体 Y 值的离散程度可以用观察值 Y 对回归方程的离散程度来估计。用剩余标准差来描述离散程度,即:

$$S = \sqrt{\frac{L_{XX}L_{YY}-(L_{XY})^2}{(n-2)L_{XX}}}$$

在给定置信水平 α 的情况下,对于 X 的任一值 X_0 都可得到相应的 Y_0 的置信区间:

$$[Y_0 - u_{\frac{\alpha}{2}}S, Y_0 + u_{\frac{\alpha}{2}}S]$$

4) 引例

例 4.5 某地区 2010—2015 年的货运量与该地区社会总产值统计资料见表 4.5。试分析该地区货运量与社会总产值之间的关系,并预测当该地区货运量达到 15 千万 t 时,社会总产值是多少亿元?

表 4.5　某地区货运量与社会总产值

年　份	2010	2011	2012	2013	2014	2015
货运量(千万 t)	2	3	4	5	5	11
社会总产值(亿元)	20	25	30	34	31	40

解　(1) 模型建立

计算列表如下:

i	x_i	y_i	x_iy_i	x_i^2
1	2	20	40	4
2	3	25	75	9
3	4	30	120	16
4	5	34	170	25
5	5	31	155	25
6	11	40	440	121
Σ	30	180	1 000	200

$$L_{XX} = \sum_{i=1}^{n}(x_i - \bar{x})^2 = \sum_{i=1}^{n}x_i^2 - \frac{1}{n}\left(\sum_{i=1}^{n}x_i\right)^2$$
$$= 200 - \frac{1}{6} \times 30^2 = 50$$

$$L_{XY} = \sum_{i=1}^{n}(x_i - \bar{x})(y_i - \bar{y})$$
$$= \sum_{i=1}^{n}x_iy_i - \frac{1}{n}\left(\sum_{i=1}^{n}x_i\right)\left(\sum_{i=1}^{n}y_i\right)$$
$$= 1 000 - \frac{1}{6} \times 30 \times 180 = 100$$

$$\hat{b} = \frac{L_{XY}}{L_{XX}} = 2$$
$$\hat{a} = \bar{y} - \hat{b}\bar{x} = 20$$

一元线性回归预测模型为：

$$Y = 20 + 2X$$

（2）相关性检验

由已知数据算得：$L_{XX} = 50, L_{XY} = 100, L_{YY} = 242$

则相关系数 $r = \dfrac{L_{XY}}{\sqrt{L_{XX}L_{YY}}} = \dfrac{100}{\sqrt{50 \times 242}} = 0.909$

故变量 X 与 Y 高度线性相关，此模型可以用于预测。

（3）预测

由预测模型可得，当 $X_0 = 15$ 时，$Y_0 = 20 + 2X_0 = 50$（亿元）

（4）置信区间

对于货运量 $X_0 = 15$（千万 t）时，社会总产值 $Y_0 = 50$（亿元），Y_0 的置信区间（置信度为 95%）为：

$$S = \sqrt{\frac{L_{XX}L_{YY} - (L_{XY})^2}{(n-2)L_{XX}}} = \sqrt{\frac{50 \times 242 - 100^2}{(6-2) \times 50}} = 3.240\ 4$$

Y_0 的置信度为 95%，即 $\alpha = 1 - 0.95 = 0.05$，查得 $u_{\frac{\alpha}{2}} = 1.96$，所以 Y_0 的置信区间为：

$$(50 - 1.96 \times 3.240\ 4,\ 50 + 1.96 \times 3.240\ 4)$$

即有 95% 的把握估计社会总产值在 43.65 亿元至 56.35 亿元之间。

4.4.2 多元线性回归

运输管理工作中,许多事物的变化往往受两个或两个以上因素的影响。为了全面地揭示这种复杂的依存关系,准确地测定它们的数量变动,提高预测和控制的精度,就要建立多元回归模型进行更为深入和系统的分析。多元线性回归分析法和一元线性回归分析法基本相同,只是变量更多,因而计算也更为复杂。

1) 模型的建立

如果在对变量 Y 与 $X_i(i=1,2,3,\cdots,m)$ 的 n 次观察中,获得了如下的数据:

$$X=\begin{bmatrix} x_{11} & x_{12} & \cdots & x_{1n} \\ x_{21} & x_{22} & \cdots & x_{2n} \\ & & \vdots & \\ x_{m1} & x_{m2} & \cdots & x_{mn} \end{bmatrix} \quad Y=\begin{bmatrix} y_1 \\ y_2 \\ \vdots \\ y_n \end{bmatrix}$$

则多元线性回归模型的一般形式为:

$$Y=a+b_1X_1+b_2X_2+\cdots+b_mX_m$$

式中:Y——多元线性回归的估计值;

a——待定的常数;

$b_i(i=1,2,3,\cdots,m)$——Y 对 $X_i(i=1,2,3,\cdots,m)$ 的回归系数。

在多元线性回归方程中,某一自变量的回归系数 $b_i(i=1,2,3,\cdots,m)$ 表示当其他自变量都固定时,该自变量变化一个单位时 Y 的平均变化量,故又称为偏回归系数。参数 a,b_i 的确定与一元线性回归方程参数相同,仍然采用最小二乘法。根据最小二乘法原理,应使:

$$\sum_{j=1}^{n}(\hat{y}-y_j)^2=\sum_{j=1}^{n}(\hat{y}-a-b_1x_{1j}-b_2x_{2j}-\cdots-b_mx_{mj})^2 \qquad (4.15)$$

为最小。对式(4.15)中的 a,b_i 分别求偏导,并令其等于零,经整理后得:

$$\begin{cases} L_{11}b_1+L_{21}b_2+\cdots+L_{m1}b_m=L_{Y1} \\ L_{12}b_1+L_{22}b_2+\cdots+L_{m2}b_m=L_{Y2} \\ \vdots \qquad \vdots \qquad \qquad \vdots \\ L_{1m}b_1+L_{2m}b_2+\cdots+L_{mm}b_m=L_{Ym} \end{cases}$$

$$a=\bar{y}-\sum_{i=1}^{m}b_i\bar{x}_i$$

式中:$\bar{y}=\dfrac{1}{n}\sum_{j=1}^{n}y_j$;

$\bar{x}_i=\dfrac{1}{n}\sum_{j=1}^{n}x_{ij}$;

$$L_{ij} = \sum_{k=1}^{n}(x_{ik} - \bar{x}_i)(x_{jk} - \bar{x}_j)$$

$$= \sum_{k=1}^{n}x_{ik}x_{jk} - \frac{1}{n}\left(\sum_{k=1}^{n}x_{ik}\right)\left(\sum_{k=1}^{n}x_{jk}\right);$$

$$L_{Yj} = \sum_{k=1}^{n}x_{jk}y_k - \frac{1}{n}\left(\sum_{k=1}^{n}x_{jk}\right)\left(\sum_{k=1}^{n}y_k\right);$$

$$L_{YY} = \sum_{k=1}^{n}(y_k - \bar{y})^2 = \sum_{k=1}^{n}(y_k - \hat{y}_k)^2 + \sum_{k=1}^{n}(\hat{y}_k - \bar{y})^2。$$

利用上式可确定参数 $a, b_i (i=1, 2, 3, \cdots, m)$，从而得到多元线性回归方程。

2）模型的显著性检验

同一元线性回归相似，对已经确定的多元线性回归模型能否较好地反映事物之间的内在规律，仍然要进行线性相关检验。可以用决定系数（相当于一元线性回归的相关系数）来检验 Y 与 $X_i (i=1, 2, 3, \cdots, m)$ 之间是否线性相关以及相关的程度。

决定系数：$R^2 = \dfrac{\sum\limits_{i=1}^{m}b_i L_{Yi}}{L_{YY}}$

相关系数：$R = \sqrt{\dfrac{\sum\limits_{i=1}^{m}b_i L_{Yi}}{L_{YY}}}$

$R(0 \leqslant R \leqslant 1)$ 称为 $X_i (i=1, 2, 3, \cdots, m)$ 对 Y 的全相关系数，R 越大，表示二者的相关性越好。

3）置信区间

多元线性回归预测值在置信水平 α 下的置信区间仍用剩余标准差 S 来确定：

$$S = \sqrt{\dfrac{L_{YY} - \sum\limits_{i=1}^{m}b_i L_{Yi}}{n - m - 1}}$$

当把自变量的一组给定值代入回归方程后，便可得到预测值 Y_0 在置信水平 α 下的置信区间：

$$[Y_0 - u_{\frac{\alpha}{2}}S, Y_0 + u_{\frac{\alpha}{2}}S]$$

4）引例

例 4.6 某地客运量（Y，万人次/d）与该地区的社会总产值（X_1，千万元）、总人口数（X_2，百万）有关。已经掌握近 10 年的有关数据见表 4.6。建立多元线性预测模型，并预测该地区社会总产值为 4 千万元、总人口数为 5 百万人时的客运量。

表 4.6　某地客运量与社会总产值、总人口

年份序号	1	2	3	4	5	6	7	8	9	10
客运量(万人次/d)	10	11	17	13	16	14	15	12	18	20
社会总产值(千万元)	2	2	8	2	6	3	5	3	9	10
总人口(百万)	1	2	10	4	8	4	7	3	10	11

解　(1) 模型的建立

由表 4.6 中的数据算得：

$$L_{11} = \sum_{k=1}^{10}(x_{1k} - \bar{x}_1)^2 = \sum_{k=1}^{10} x_{1k}^2 - \frac{1}{10}(\sum_{k=1}^{10} x_{1k})^2 = 336 - \frac{1}{10} \times 50^2 = 86$$

$$L_{12} = \sum_{k=1}^{10}(x_{1k} - \bar{x}_1)(x_{2k} - \bar{x}_2) = \sum_{k=1}^{10} x_{1k} x_{2k} - \frac{1}{n}(\sum_{k=1}^{10} x_{1k})(\sum_{k=1}^{10} x_{2k})$$

$$= 398 - \frac{1}{10} \times 50 \times 60 = 98$$

$$L_{22} = \sum_{k=1}^{10}(x_{2k} - \bar{x}_2)^2 = \sum_{k=1}^{10} x_{2k}^2 - \frac{1}{10}(\sum_{k=1}^{10} x_{2k})^2 = 480 - \frac{1}{10} \times 60^2 = 120$$

$$L_{Y1} = \sum_{k=1}^{10} x_{1k} y_k - \frac{1}{10}(\sum_{k=1}^{10} x_{1k})(\sum_{k=1}^{10} y_k) = 815 - \frac{1}{10} \times 50 \times 146 = 85$$

$$L_{Y2} = \sum_{k=1}^{10} x_{2k} y_k - \frac{1}{10}(\sum_{k=1}^{10} x_{2k})(\sum_{k=1}^{10} y_k) = 979 - \frac{1}{10} \times 60 \times 146 = 103$$

得到方程组：

$$\begin{cases} 86b_1 + 98b_2 = 85 \\ 98b_1 + 120b_2 = 103 \end{cases}$$

解得：$b_1 = 0.148$，$b_2 = 0.737$

$$a = \bar{y} - b_1 \bar{x}_1 - b_2 \bar{x}_2 = \frac{146}{10} - 0.148 \times \frac{50}{10} - 0.737 \times \frac{60}{10} = 9.438$$

所求回归预测模型为：

$$\hat{Y} = 9.438 + 0.148X_1 + 0.737X_2$$

(2) 显著性检验

$$R = \sqrt{\frac{\sum_{i=1}^{m} b_i L_{Yi}}{L_{YY}}} = \sqrt{\frac{0.148 \times 85 + 0.737 \times 103}{92.4}} = 0.9786$$

Y 与 $X_i (i = 1, 2, 3, \cdots, m)$ 之间具有很高的线性相关性，模型可以用于预测。

(3) 预测

将 $X_1 = 4$，$X_2 = 5$ 代入预测模型，得到预测值为：

$$\hat{Y} = 9.438 + 0.148 \times 4 + 0.737 \times 5 = 13.715 \, (万人次/d)$$

（4）置信区间

$$S = \sqrt{\frac{L_{YY} - \sum_{i=1}^{m} b_i L_{Yi}}{n - m - 1}} = \sqrt{\frac{92.4 - (0.148 \times 85 + 0.737 \times 103)}{10 - 2 - 1}} = 0.747\,3$$

Y_0 的置信度为 95%，即 $\alpha = 1 - 0.95 = 0.05$，查附表（正态分布的双侧分位数）得 $u_{\frac{\alpha}{2}} = 1.96$，所以 Y_0 的置信区间为：

$$(13.715 - 1.96 \times 0.747\,3,\ 13.715 + 1.96 \times 0.747\,3)$$

4.4.3 非线性回归分析

1）非线性回归模型

在实际问题中，因变量和自变量之间的依存关系并非都是线性形式，有时是非线性形式。这时，求出的拟合模型就不再是一条直线而是曲线，在统计学上称之为非线性回归或曲线回归。非线性回归按照自变量的个数，可以分为一元非线性回归和多元非线性回归。

2）处理方法

在选择预测模型时，既要保证预测的变量的准确性，又要力求参数之间关系简单以利于模型的实际应用，所以一般首先考虑线性关系。对于非线性回归，通常的做法是采用变量代换法将非线性回归问题转化为线性回归问题，再利用线性回归方法来进行求解。

常见的非线性回归模型以及转化成线性回归问题的处理方法见表 4.7。

表 4.7 常见非线性回归模型的线性化处理

非线性回归类型	函数形式	变换手段	变量代换	线性回归模型
指数回归	$y = a\mathrm{e}^{bx}$	等式两边取对数 $\ln y = \ln a + bx$	$Y = \ln y$ $A = \ln a$	$Y = A + bx$
对数回归	$y = b\ln x$		$X = \ln x$	$y = bX$
幂函数回归	$y = ax^b$	等式两边取对数 $\ln y = \ln a + b\ln x$	$Y = \ln y$ $A = \ln a$ $X = \ln x$	$Y = A + bX$
皮尔函数回归	$y = \dfrac{k}{(1 + a\mathrm{e}^{-bx})}$	等式两边取对数 $\ln(\dfrac{k}{y} - 1) = \ln a - bx$	$Y = \ln(\dfrac{k}{y} - 1)$ $A = \ln a$ $B = -b$	$Y = A + Bx$

（续表）

非线性回归类型	函数形式	变换手段	变量代换	线性回归模型
抛物线回归	$y = a_0 + a_1 x + a_2 x^2$		$x_1 = x$ $x_2 = x^2$	$y = a_0 + a_1 x_1 + a_2 x_2$
双曲线回归	$\dfrac{1}{y} = a + \dfrac{b}{x}$		$Y = \dfrac{1}{y}$ $X = \dfrac{1}{x}$	$Y = a + bX$

4.5 灰色预测方法

4.5.1 灰色预测理论

灰色预测是近年来发展起来的一种新的预测方法,在预测领域发挥着越来越重要的作用,"灰色"一词来源于控制理论。在控制理论中用颜色的深浅表示信息量的多少,黑色表示信息全无,白色表示信息完全,灰色表示信息不完全。一个系统内,如果一部分信息是已知的,另一部分信息是未知的,则称为灰色系统,其重要特征是系统内各因素间不具有确定的关系。

尽管灰色系统表象复杂、数据散乱、信息不充分,但作为一个系统,必然有其整体功能和潜在的规律,必然是有序的。灰色预测法把影响系统变化的随机变量看作是在一定范围内变化的灰色量,通过对原始数据的生成处理,生成具有较强规律性的生成数列,来寻找系统变动的内在规律,进而建立相应的微分方程模型,解得预测事物未来发展状况的预测模型。

已有的预测方法大多是依据过去的大量数据,按照统计方法分析其规律,这样不仅受数据量的限制,而且要做出某种假定。灰色预测法不需要任何假定,也不必寻找随机变量的概率分布和统计特征,所需数据量也不多。这就突破了概率统计法的局限性,便于从系统自身挖掘信息并充分利用信息。灰色预测法既可用于宏观预测,也可用于微观预测;既可用于短期预测,也可用于长期预测。

交通运输体系是一个多因素、多层次、多目标的复杂系统,其中道路交通系统的交通量信息系统具有明显的层次复杂性,结构关系具有模糊性,发展变化具有随机性,指标数据具有不完整和不确定性。随着技术方法、认知因素以及自然环境变化的影响,易出现数据误差、短缺甚至虚假的现象,最终形成交通运输系统的作用机制不明确,系统的状态、结构、边界关系难以精确描述的现实,因此交通运输系统属于典型的灰色系统。

灰色预测模型有多种形式,一般将预测模型为 n 阶微分方程和 h 个变量的灰色模型,记作 $GM(n, h)$。在实际应用中,最常用的是 $GM(1, 1)$ 模型。国内外很多领域的使用表明 $GM(1, 1)$ 模型的预测精度较高、使用简单、适用范围广,因此本节主要讨论应用 $GM(1, 1)$ 模型进行预测。

4.5.2 GM(1，1)模型的建立

$GM(1,1)$表示由一阶、一个变量的线性微分方程模型导出的灰色预测模型。

设时间序列 $X^{(0)}$ 有 n 个观测值：$X^{(1)} = \{X^{(0)}(1), X^{(0)}(2), \cdots, X^{(0)}(n)\}$，要求 $n \geqslant 4$。通过累加生成了新序列：$X^{(1)} = \{X^{(1)}(1), X^{(1)}(2), \cdots, X^{(1)}(n)\}$。

可以证明，原始非负序列 $X^{(0)}$ 做一次累加生成的序列 $X^{(1)}$ 具有近似的指数规律，称为灰指数律。所以把生成序列 $X^{(1)}$ 视为 t 的连续函数，建立如下微分方程：

$$\frac{dX^{(1)}(t)}{dt} + aX^{(1)}(t) = b \tag{4.16}$$

式中：a——发展灰数；

b——内生控制灰数。

式(4.16)实际是一个线性动态模型，参数向量记为 $B = (a, b)^T$，可按下述步骤，用最小二乘法加以估计。

将式(4.16)离散化得如下差分方程：

$$\Delta X^{(1)}(t) + aX^{(1)}(t) = b \tag{4.17}$$

将式 $\Delta X^{(1)}(t) = X^{(1)}(t) - X^{(1)}(t-1) = X^{(0)}(t)$ 代入式(4.17)，得

$$X^{(0)}(t) + aX^{(1)}(t) = b \tag{4.18}$$

对 $X^{(1)}$ 做均值生成得：

$$Z(t) = \frac{1}{2}[X^{(1)}(t) + X^{(1)}(t-1)]$$

用 $Z(t)$ 取代式(4.18)中的 $X^{(1)}(t)$ 得：

$$X^{(0)}(t) + aZ(t) = b$$

此式可视作以 $X^{(0)}(t)$ 为因变量，$Z(t)$ 为自变量的一元线性回归方程。

记：
$$Y = (X^{(0)}(2), X^{(0)}(3), \cdots, X^{(0)}(n),)^T$$

$$X = \begin{bmatrix} -\frac{1}{2}[X^{(1)}(1) + X^{(1)}(2)] & 1 \\ -\frac{1}{2}[X^{(1)}(2) + X^{(1)}(3)] & 1 \\ \vdots & \vdots \\ -\frac{1}{2}[X^{(1)}(n-1) + X^{(1)}(n)] & 1 \end{bmatrix}$$

由最小二乘法的估计公式，可得参数 B 的估计值：

$$\hat{B} = \begin{pmatrix} \hat{a} \\ \hat{b} \end{pmatrix} = (X^T X)^{-1} X^T Y \tag{4.19}$$

将 $\hat{a}, \hat{b}$ 代入式(4.16)，有：

$$\frac{dX^{(1)}(t)}{dt} + \hat{a}X^{(1)}(t) = \hat{b}$$

按高等数学求解一阶线性微分方程的公式,可解出:

$$X^{(1)}(t) = e^{-\int \hat{a} dt}\left[\int \hat{b} \, e^{\int \hat{a} dt} \, dt + C\right]$$

$$= e^{-\hat{a}t}\left[\frac{\hat{b}}{\hat{a}} e^{\hat{a}t} + C\right] = Ce^{-\hat{a}t} + \frac{\hat{b}}{\hat{a}} \qquad (4.20)$$

注意到 $X^{(0)}(1) = X^{(1)}(1) = Ce^{-\hat{a}} + \dfrac{\hat{b}}{\hat{a}}$

代入式(4.20),有:

$$X^{(1)}(t) = \left[X^{(0)}(1) - \frac{\hat{b}}{\hat{a}}\right]e^{-\hat{a}(t-1)} + \frac{\hat{b}}{\hat{a}}$$

由此得 $GM(1,1)$ 灰色预测模型:

$$\hat{x}^{(1)}(t+1) = \left[X^{(0)}(1) - \frac{\hat{b}}{\hat{a}}\right]e^{-\hat{a}t} + \frac{\hat{b}}{\hat{a}} \qquad (4.21)$$

再将 $\hat{x}^{(1)}$ 累减还原,则可得原序列的预测值:

$$\hat{x}^{(0)}(t+1) = \hat{x}^{(1)}(t+1) - \hat{x}^{(1)}(t) \qquad (4.22)$$

需要指出的是:

(1) 要保证 $GM(1,1)$ 模型有意义,必须有 $|\hat{a}| < 2$,详见有关参考文献。

(2) 用于建立 $GM(1,1)$ 模型的序列必须是非负序列。如果序列含有负值项,可用非负生成方法解决。即取该序列的最小值并设为 b_i,把 $|b_i|$ 加到序列的各项上去,即可得非负序列,这种方法也称为数据提升法。按提升后的序列建立模型,得预测值后,再减去 $|b_i|$,即得原序列的预测值。

4.5.3 模型检验

灰色预测模型检验一般有残差检验和后验差检验。

1) 残差检验

计算原始序列 $X^{(0)}(t)$ 与预测序列 $\hat{x}^{(0)}(t)$ 的绝对误差序列及相对误差序列:

$$\Delta^{(0)}(t) = |X^{(0)}(t) - \hat{x}^{(0)}(t)|, \quad t = 1, 2, \cdots, n$$

$$\Phi(t) = \frac{\Delta^{(0)}(t)}{X^{(0)}(t)} \times 100\%, \quad t = 1, 2, \cdots, n$$

检验标准可具体问题具体确定,越小越好。

2) 后验差检验

(1) 计算原始序列 $X^{(0)}(t)$ 的标准差

$$S_1 = \sqrt{\frac{1}{n-1}\sum_{t=1}^{n}\left[X^{(0)}(t) - \overline{X}^{(0)}\right]^2}$$

124

其中：$\overline{X}^{(0)}=\dfrac{1}{n}\sum\limits_{t=1}^{n}X^{(0)}(t)$。

（2）计算绝对误差序列 $\Delta^{(0)}(t)$ 的标准差

$$S_2=\sqrt{\dfrac{1}{n-1}\sum_{t=1}^{n}\left[\Delta^{(0)}(t)-\overline{\Delta}^{(0)}\right]^2}$$

其中：$\overline{\Delta}^{(0)}=\dfrac{1}{n}\sum\limits_{t=1}^{n}\Delta^{(0)}(t)$。

（3）计算标准差比

$$C=\dfrac{S_2}{S_1}$$

（4）估计小误差概率

按 $\left|\Delta^{(0)}(t)-\overline{\Delta}^{(0)}\right|<0.6745S_1$ 的频率估算小误差概率：

$$P=P\left\{\left|\Delta^{(0)}(t)-\overline{\Delta}^{(0)}\right|<0.6745S_1\right\}。$$

一般按表 4.8 的标准来判定精度等级。

表 4.8　精度等级

P	C	精度
>0.95	<0.35	一级：好
>0.80	<0.50	二级：合格
>0.70	<0.65	三级：勉强合格
$\leqslant0.70$	$\geqslant0.65$	四级：不合格

若残差检验、后验差检验都能通过，则可用所建模型进行预测；否则，应对模型进行残差修正。

4.5.4　案例

例 4.8　某公路历年交通量调查数据见表 4.9，利用 $GM(1,1)$ 模型预测第 8 年的交通量。

表 4.9　某公路历年交通量数据

年份序号	1	2	3	4	5	6
年均日交通量（千辆/d）	26.7	31.5	32.8	34.1	35.8	37.5

解　（1）构造累加生成序列

$$X^{(1)}=\{26.7,58.2,91,125.1,160.9,198.4\}$$

（2）构造矩阵 X 和 Y

$$X = \begin{bmatrix} -\dfrac{1}{2}[X^{(1)}(1) + X^{(1)}(2)] & 1 \\ -\dfrac{1}{2}[X^{(1)}(2) + X^{(1)}(3)] & 1 \\ -\dfrac{1}{2}[X^{(1)}(3) + X^{(1)}(4)] & 1 \\ -\dfrac{1}{2}[X^{(1)}(4) + X^{(1)}(5)] & 1 \\ -\dfrac{1}{2}[X^{(1)}(5) + X^{(1)}(6)] & 1 \end{bmatrix} = \begin{bmatrix} -42.45 & 1 \\ -74.60 & 1 \\ -108.05 & 1 \\ -143.00 & 1 \\ -179.65 & 1 \end{bmatrix}$$

$$Y = \begin{bmatrix} X^{(0)}(2) \\ X^{(0)}(3) \\ X^{(0)}(4) \\ X^{(0)}(5) \\ X^{(0)}(6) \end{bmatrix} = \begin{bmatrix} 31.5 \\ 32.8 \\ 34.1 \\ 35.8 \\ 37.5 \end{bmatrix}$$

（3）估计参数向量 $B = (a, b)^{\mathrm{T}}$

$$X^{\mathrm{T}}X = \begin{bmatrix} 71\,765.09 & -547.75 \\ -547.75 & 5 \end{bmatrix}$$

$$X^{\mathrm{T}}Y = \begin{bmatrix} -19\,324.8 \\ 171.7 \end{bmatrix}$$

$$(X^{\mathrm{T}}X)^{-1} = \begin{bmatrix} 71\,765.09 & -547.75 \\ -547.75 & 5 \end{bmatrix}^{-1} = \begin{bmatrix} 0.000\,085 & 0.009\,316 \\ 0.009\,316 & 1.220\,590 \end{bmatrix}$$

$$\hat{B} = \begin{bmatrix} \hat{a} \\ \hat{b} \end{bmatrix} = (X^{\mathrm{T}}X)^{-1}X^{\mathrm{T}}Y = \begin{bmatrix} 0.000\,085 & 0.009\,316 \\ 0.009\,316 & 1.220\,590 \end{bmatrix} \begin{bmatrix} -19\,324.8 \\ 171.7 \end{bmatrix}$$

$$= \begin{bmatrix} -0.04\,305 \\ 29.54\,547 \end{bmatrix}$$

即 $\hat{a} = -0.043\,05, \hat{b} = 29.545\,47$

（4）预测模型

$$\frac{\mathrm{d}X^{(1)}(t)}{\mathrm{d}t} - 0.043\,05X^{(1)}(t) = 29.545\,47$$

$$X^{(0)}(1) - \frac{\hat{b}}{\hat{a}} = 26.7 + \frac{29.545\,47}{0.043\,05} = 26.7 + 686.305\,9 = 713.005\,9$$

预测模型为：

$$\hat{x}^{(1)}(t+1) = 713.005\,9\mathrm{e}^{0.043\,05t} - 686.305\,9$$

（5）残差检验

由预测模型,计算得:

$$\hat{x}^{(1)}(1) = 26.7, \hat{x}^{(1)}(2) = 58.102\ 4, \hat{x}^{(1)}(3) = 90.887\ 9,$$
$$\hat{x}^{(1)}(4) = 125.117\ 3, \hat{x}^{(1)}(5) = 160.854\ 2, \hat{x}^{(1)}(6) = 198.165\ 1$$

累减生成 $\hat{x}^{(0)}$ 序列:

$$\hat{x}^{(0)}(1) = \hat{x}^{(1)}(1) = 26.7$$
$$\hat{x}^{(0)}(2) = \hat{x}^{(1)}(2) - \hat{x}^{(1)}(1) = 58.102\ 4 - 26.7 = 31.402\ 4$$
$$\hat{x}^{(0)}(3) = \hat{x}^{(1)}(3) - \hat{x}^{(1)}(2) = 90.887\ 9 - 58.102\ 4 = 32.285\ 5$$
$$\hat{x}^{(0)}(4) = \hat{x}^{(1)}(4) - \hat{x}^{(1)}(3) = 125.117\ 3 - 90.887\ 9 = 34.229\ 4$$
$$\hat{x}^{(0)}(5) = \hat{x}^{(1)}(5) - \hat{x}^{(1)}(4) = 160.854\ 2 - 125.117\ 3 = 35.736\ 9$$
$$\hat{x}^{(0)}(6) = \hat{x}^{(1)}(6) - \hat{x}^{(1)}(5) = 198.165\ 1 - 160.854\ 2 = 37.310\ 9$$

计算绝对误差和相对误差序列。

由 $X^{(0)}$ 与 $\hat{x}^{(0)}$ 序列的对应数值算得:

绝对误差序列: $\Delta^{(0)} = \{0, 0.097\ 6, 0.014\ 5, 0.129\ 4, 0.063\ 1, 0.189\ 1\}$

相对误差序列: $\Phi = \{0, 0.310\%, 0.044\%, 0.379\%, 0.176\%, 0.504\%\}$

绝对误差均小于 0.20,相对误差均小于 0.6%,模型精度较高。

（6）后验差检验

由原始序列 $X^{(0)}$ 算得其标准差:

$$S_1 = \sqrt{\frac{1}{5}\sum_{t=1}^{6}\left[X^{(0)}(t) - \overline{X}^{(0)}\right]^2} = 3.775\ 006$$

由绝对误差序列 $\Delta^{(0)}$ 算得其标准差:

$$S_2 = \sqrt{\frac{1}{5}\sum_{t=1}^{6}\left[\Delta^{(0)}(t) - \overline{\Delta}^{(0)}\right]^2} = 0.071\ 551$$

算得标准差比:

$$C = \frac{S_2}{S_1} = \frac{0.071\ 551}{3.775\ 006} = 0.018\ 95$$

估算小误差概率:

由 $\overline{\Delta}^{(0)} = \frac{1}{6}\sum_{t=1}^{6}\Delta^{(0)}(t) = 0.082\ 28$, 算得:

$$\left|\Delta^{(0)}(t) - \overline{\Delta}^{(0)}\right| = \{0.082\ 28, 0.015\ 32, 0.067\ 78, 0.047\ 12, 0.019\ 18, 0.106\ 82\}$$

由于所有的 $\left|\Delta^{(0)}(t) - \overline{\Delta}^{(0)}\right| < 0.674\ 5S_1 = 2.546\ 24$

故小误差概率 $\hat{P}=1$。

因为 $\hat{P}>0.95$，$C<0.35$，故：

$$\hat{x}^{(1)}(t+1)=713.005\ 9\mathrm{e}^{0.043\ 05t}-686.305\ 9$$

模型有较好的预测精度。

（7）用检验合格的模型进行预测，具体预测公式可归并为：

$$\hat{x}^{(0)}(t+1)=\hat{x}^{(1)}(t+1)-\hat{x}^{(1)}(t)=713.0\ 059\left[\mathrm{e}^{0.043\ 05t}-\mathrm{e}^{0.043\ 05(t-1)}\right]$$
$$=30.077\ 7\mathrm{e}^{0.043\ 05t}$$

取 $t=7$，可得第 8 年的交通量预测值：

$$\hat{x}^{(0)}(8)=30.0777\mathrm{e}^{0.043\ 05\times7}=40.67(千辆/\mathrm{d})$$

4.6 神经网络预测方法

4.6.1 神经网络概述

人工神经网络（artificial neural network，缩写 ANN），简称神经网络（neural network，缩写 NN），是由大量类似于生物神经元的处理单元相互连接而成的非线性复杂网络系统。在计算机中建立数学计算模型来对生物神经网络结构和信息处理进行描述，并在一定的算法指导下，使其能够在某种程度上模拟生物神经网络所具有的智能行为，解决传统方法所不能胜任的信息处理的问题。

它的构筑理念是受到生物神经网络功能的运作启发而产生的。神经网络通常是通过一个基于数学统计学类型的学习方法得以优化，所以神经网络也是数学统计学方法的一种实际应用，通过统计学的标准数学方法我们能够得到大量的可以用函数来表达的局部结构空间，这种方法比起正式的逻辑学推理演算更具有优势。

神经网络由大量的节点相互连接构成。每个节点代表一种特定的输出函数，称为激励函数（activation function）。每两个节点间的连接都代表一个对于通过该连接信号的加权值，称为权重（weight），这相当于人工神经网络的记忆。网络的输出则依网络的连接方式、权重值和激励函数的不同而不同。而网络自身通常都是对自然界某种算法或者函数的逼近，也可能是对一种逻辑策略的表达。

这种由大量的人工神经元联结组成的一种非线性、自适应的统计性数据计算模型能够根据外界信息不断训练，改变内部计算结构，完成对输入和输出间复杂的关系进行计算模拟建模。因此，神经网络是一个能够学习、能够总结归纳的系统，它能够通过已知数据的实验运用来更新自己的计算模型结构，完成学习和归纳总结。

神经网络不需要对系统进行透彻的了解，但是同时能达到输入与输出的映射关系。它通过重复训练，优化计算模型，获得输入与输出之间的映射关系。对于输入和输出可以进行科学的解释,但是却很难解释从输入到输出之间的具体过程和逻辑。因此,神经网络是一种典型的"黑箱"模型。

4.6.2 单个神经元建模

生物大脑的基本计算单位是神经元。每个神经元都从它的树突获得输入信号,然后沿着它唯一的轴突产生输出信号。轴突在末端会逐渐分枝,通过突触和其他神经元的树突相连。

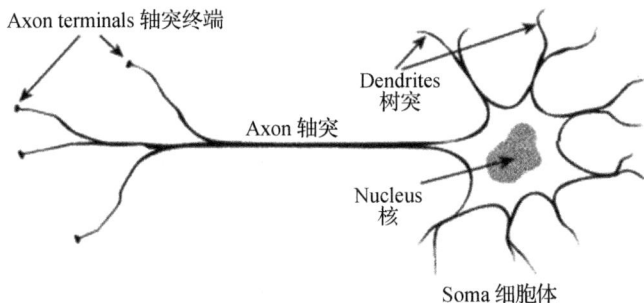

图 4.2　神经元示意图

模拟生物神经元,构建神经元模型。神经元模型是一个包含输入、输出与计算功能的模型。输入可以类比为神经元的树突,而输出可以类比为神经元的轴突,计算则可以类比为细胞核。下图是一个典型的神经元模型:包含有 3 个输入 a_1、a_2、a_3,1 个输出 Z,以及 2 个计算功能求和和非线性变化。每个连接线上有一个权值 w_i。

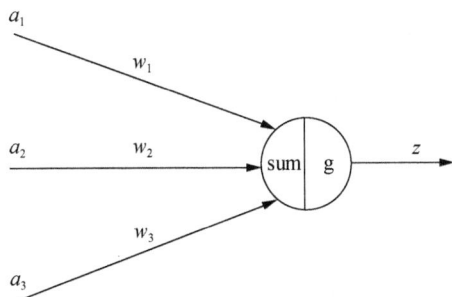

图 4.3　神经元模型

神经元的树突接收到了一个信号 a_i,该信号在树突传递至细胞核的过程中经过一个加权参数 w_i 的放大,传递至细胞核信号增强为 $a_i w_i$。进入细胞核后首先进行加权计算然后叠加了一个函数 g,最后得到结果:

$$z = g\left(\sum a_i w_i\right) \tag{4.23}$$

沿着轴突末端传输,与下一个神经元树突链接。一个神经元可以引出多个代表输出的有向箭头,但值都是一样的。神经元可以看作一个计算与存储单元。计算是神经元对其的输入进行计算功能。存储是神经元会暂存计算结果,并传递到下一层。

在神经元中,输入经过一系列加权求和后作用于另一个函数 g,这个函数就是这里的激活函数。激活函数的主要作用是改变之前数据的线性关系,如果网络中全部是线性变换,则多层网络可以通过矩阵变换,直接转换成一层神经网络。所以激活函数的存在,使得神经网络的"多层"有了实际的意义,使网络更加强大,增加网络的能力,使它可以学习复杂的事物、复杂的数据,以及表示输入、输出之间非线性的复杂的任意函数映射。激活函数的另一个重要的作用是执行数据的归一化,将输入数据映射到某个范围内,再往下传递,这样做的好处是可以限制数据的扩张,防止数据过大导致的溢出风险。常用的激活函数有 Sigmoid 函数、Tanh 激活函数、ReLU 激活函数、LeakyReLU 激活函数。

1) Sigmoid 函数

Sigmoid 函数也叫 Logistic 函数,它可以将一个实数映射到 $(0,1)$ 的区间,可以用来做二分类。在特征相差比较复杂或是相差不是特别大时效果比较好。函数的表达式如下:

$$g(x) = \frac{1}{1 + e^{-x}} \tag{4.24}$$

如果 x 取值绝对值非常大,输出会饱和,表现为函数图象的两端都很平,此时对输入的变化不敏感。其导数值很大或者很小的时候都趋近于 0,反向传播求导时,很容易梯度消失,权重不再更新。

2) Tanh 激活函数

Tanh 激活函数与 Sigmoid 函数类似,但 Tanh 函数将其压缩至 -1 到 1 的区间内。输出以零为中心。函数的表达式如下:

$$g(x) = \text{Tanh}(x) = \frac{e^x - e^{-x}}{e^x + e^{-x}} = \frac{2}{1 + e^{-2x}} - 1 \tag{4.25}$$

与 Sigmoid 函数相比,$\text{Tanh}x$ 是 0 均值的。但是其导数在两端也存在饱和的现象,导致梯度消失。

3) ReLU 激活函数

ReLU 函数是一种分段线性函数,其弥补了 Sigmoid 函数以及 Tanh 函数的梯度消失问题,在目前的深度神经网络中被广泛使用。ReLU 函数本质上是一个斜坡(ramp)函数。函数的表达式如下:

$$\text{ReLU}(x) = \begin{cases} x, & x \geq 0 \\ 0, & x < 0 \end{cases} \tag{4.26}$$

和 Sigmoid 函数类似,ReLU 函数的输出不以零为中心,ReLU 函数的输出为 0 或正数,给后一层的神经网络引入偏置偏移。如果参数初始化不当,或者学习率太高导致在训练过程中参数更新太大,当 $x < 0$ 时,梯度为 0,那么这个神经元以及后面的神经元

梯度一直为 0,所有的数据将不再被更新,这个现象称为神经元坏死现象(DeadReLU)。

4) LeakyReLU 激活函数

为了解决 ReLU 激活函数中的梯度消失问题,当 $x<0$ 时,我们使用 LeakyReLU 函数试图修复 DeadReLU 问题。函数表达式如下:

$$\text{LeakyReLU}(x)=\begin{cases} x, & x \geqslant 0 \\ \gamma x, & x<0 \end{cases} \tag{4.27}$$

LeakyReLU 通过把 x 的非常小的线性分量给予负输入来调整负值的零梯度问题,当 $x<0$ 时,它得到 0.1 的正梯度。该函数一定程度上缓解了 DeadReLU 问题。

4.6.3 神经网络结构

1) 单层神经网络

单层神经网络也称为单层感知器(Perceptron)是由美国计算机科学家罗森布拉特(F. Roseblatt)于 1957 年提出的。它是一个具有单层神经元的网络,由线性阈值逻辑单元所组成。它的输入可以是非离散量,而且可以通过学习而得到,这使单层感知器在神经网络研究中有着重要的意义和地位:它提出了自组织、自学习的思想,对能够解决的问题,有一个收敛的算法,并从数学上给出了严格的证明。

当给定一个输入向量 X,在阈值 θ 和权值 W 的作用下,单层感知器的输出为:

$$Y=f(\sum_{i=1}^{n+1}W_ix_i-\theta)=\begin{cases} 1 & \sum_{i=1}^{n}W_ix_i \geqslant 0 \\ -1 & \sum_{i=1}^{n}W_ix_i <0 \end{cases} \tag{4.28}$$

如果输入向量 X 有 k 个样本,即 $X^p(p=1,2,\cdots,k)$,把样本 X^p 看作是 n 维空间的一个向量,那么 k 个样本就是输入空间的 k 个向量。由于单层感知器神经元的输出只有两种可能,即 1 或 -1。这样方程(4.28)就把这 n 维输入空间分为两个子空间,其分界线为 $n-1$ 维的超平面。通过调节权值 W_i 和阈值 θ 可以改变这个 $n-1$ 维超平面的位置以达到对样本的正确划分。

单层感知器适用于线性分类,在多维样本空间中起到一个将两类模式样本分开的超平面作用。由于单层感知器的激活函数采用的是阈值函数,输出矢量只能取 0 或 1,所以只能用它来解决简单的分类问题。单层感知器仅能够线性地将输入矢量进行分类,并且不能对非线性可分的输入模式进行分类。当输入矢量中有一个数比其他数都大或小得多时,可能导致较慢的收敛速度。

2) 多层神经网络

单层神经网络由于只有一个神经元,功能单一,只能完成线性决策或实现"与""或""非"等单一逻辑函数。多层感知器(Multilayer Perceptron)是在单层感知器的基础上发展起来的,它是一种在输入层与输出层之间含有一层或多层隐含节点的具有正向传播机制的神经网络模型。多层神经网络克服了单层感知器的许多局限,它的性能主要来源于它的每层节点的非线性特性(节点输出函数的非线性特性)。如果每个节点是线性的,那么多层神经网络的功能就和单层神经网络一样,由输入层、输出层和中间层(隐层)组成。

输入层和输出层分别由数量不等的神经元组成。其中输入层神经元数量与参与预测的影响因素数量有关,输出层神经元数量与输出结果可能性或者输出结果数量有关。隐含层是由输入层和输出层之间众多神经元和链接组成的各个层面。隐含可以有一层或多层。隐含的节点(神经元)数目不定,但数目越多神经网络的非线性越显著,从而神经网络的强健性更显著。但是确定合适的隐藏层及其神经元的数量是较为困难的。

对于一般简单的数据集,一两层隐藏层通常就足够了。但对于涉及时间序列的复杂数据集,则需要额外增加层数。单层神经网络只能用于表示线性分离函数,也就是非常简单的问题,比如分类问题中的两个类可以用一条直线整齐地分开。多个隐藏层可以用于拟合非线性函数。层数越深,理论上拟合函数的能力越强,效果按理说会更好,但是实际上更深的层数可能会带来过拟合的问题,同时也会增加训练难度,使模型难以收敛。经验做法是,在使用神经网络时,最好可以参照已有的表现优异的模型,如果实在没有,从一两层开始尝试,尽量不要使用太多的层数。尝试迁移和微调已有的预训练模型,能取得事半功倍的效果。

在隐藏层中使用太少的神经元将导致欠拟合(underfitting)。相反,使用过多的神经元同样会导致一些问题。首先,隐藏层中的神经元过多可能会导致过拟合(overfitting)。当神经网络具有过多的节点(过多的信息处理能力)时,训练集中包含的有限信息量不足以训练隐藏层中的所有神经元,因此就会导致过拟合。即使训练数据包含的信息量足够,隐藏层中过多的神经元会增加训练时间,从而难以达到预期的效果。显然,选择一个合适的隐藏层神经元数量是至关重要的。通常,对所有隐藏层使用相同数量的神经元就足够了。对于某些数据集,拥有较大的第一层并在其后跟随较小的层将导致更好的性能,因为第一层可以学习很多低阶的特征,这些较低层的特征可以馈入后续层中,提取出较高阶特征。与在每一层中添加更多的神经元相比,添加层层数将获得更大的性能提升。因此,不要在一个隐藏层中加入过多的神经元。神经元数量的确定可以用以下经验公式:

$$N_h = \frac{N_s}{[\alpha \times (N_i + N_o)]} \tag{4.29}$$

其中:N_i——输入层神经元个数;

N_o——输出层神经元个数;

N_s——训练样本数;

α——变量,可取范围为 $2 \sim 10$。

4.6.4 神经网络的训练方法

1) BP 算法

多层神经网络采用按误差反向传播训练方法,简称为 BP 算法,它的基本思想是梯度下降法,利用梯度搜索技术,以期使网络的实际输出值和期望输出值的误差均方差为最小。BP 算法由信号的正向传播和误差的反向传播两个过程组成。

正向传播,输入样本从输入层进入网络,经隐含层逐层传递至输入层,如果输入层的实际输出与期望输出不同,则转至误差反向传播;如果输出层的实际输出与期望输出相同,结束学习算法。

反向传播,将输出误差(期望输出与实际输出之差)按原通路反传计算,通过隐层反向,直至输入层,在反传过程中将误差分摊给各层的各个神经元,获得各层各神经元的误差信号,并将其作为修正各单元权值的根据。这一计算过程使用梯度下降法完成,在不停地调整各层神经元的权值和阈值后,使误差信号减小到最低限度。

2) 算法学习规则

对于输入输出对 (X,Y),网络的实际输出为 O,w_{ij} 为前一层第 i 个神经元输入到后一层第 j 个神经元的权重,当神经元为输入层单元时,$O=X$。激发函数为半线性函数。BP 算法的学习规则为:

$$w_{ji}=w_{ji}+\eta\delta_j x_i \tag{4.30}$$

$$\theta_j=\theta_j-\eta\delta_j \tag{4.31}$$

$$\delta_j=\begin{cases}(y_j-o_j)o_j(1-o_j), & \text{当神经元为输出神经元时}\\(\sum_m\delta_m w_{mj})o_j(1-o_j), & \text{当神经元为隐层神经元时}\end{cases}$$

推理过程:(注意:I 表示上一层到下一层的输入,不同函数的 δ_j 不同)

$$W_{ji}=W_{ji}+\Delta W_{ji}=W_{ji}-\eta\frac{\partial E}{\partial W_{ji}}=W_{ji}-\eta\frac{\partial E}{\partial O}\times\frac{\partial O}{\partial I}\times\frac{\partial I}{\partial W_{ji}}$$

$$=W_{ji}+\eta\left(-\frac{\partial E}{\partial O}\times\frac{\partial O}{\partial I}\right)\times\frac{\partial I}{\partial W_{ji}}=W_{ji}+\eta\delta_j x_i$$

$$\theta_j=\theta_j+\Delta\theta_j=\theta_j-\eta\frac{\partial E}{\partial\theta_j}=\theta_j-\eta\frac{\partial E}{\partial O}\times\frac{\partial O}{\partial I}\times\frac{\partial I}{\partial\theta}=\theta_j+\eta\left(-\frac{\partial E}{\partial O}\times\frac{\partial O}{\partial I}\right)\times\frac{\partial I}{\partial\theta}$$

$$=\theta_j+\eta\delta_j(-1)$$

其中:
$$\delta_j=-\frac{\partial E}{\partial O}\times\frac{\partial O}{\partial I}=-\frac{\partial E}{\partial I}$$

带"势态项"的 BP 算法学习规则:

$$w_{ji}(t+1)=w_{ji}(t)+\eta\delta_j o_i+a\Delta w_{ji}(t) \tag{4.32}$$

$$\theta_j(t+1)=\theta_j(t)-\eta\delta_j+a\Delta\theta_j(t) \tag{4.33}$$

其中:a 为常数,它决定过去权重的变化对目前权值变化的影响程度。$\Delta w_{ji}(t)$ 为上一次权值的变化量。

3)算法步骤

以激活函数全部取 $f(x)=\dfrac{1}{1+e^{-x}}$ 为例,则 BP 算法步骤详细描述如下:

(1)置各权值或阈值的初始值:$w_{ji}(0)$,$\theta_j(0)$ 为小的随机数。

(2)提供训练样本:输入矢量 $X_k(k=1,2,\cdots,p)$,期望输出 $y_k(k=1,2,\cdots,p)$,对每个输入样本进行下面(3)到(5)的迭代。

(3)计算网络的实际输出及隐层单元的状态

$$o_{kj}=f\left(\sum_i w_{ji}o_{ki}-\theta_j\right)$$

(4)计算训练误差

$$\delta_{kj}=\begin{cases}(y_{kj}-o_{kj})o_{kj}(1-o_{kj}), & \text{输出层}\\ \left(\sum_m \delta_m w_{mj}\right)o_{kj}(1-o_{kj}), & \text{隐含层}\end{cases}$$

(5)修正权值和阈值

$$w_{ji}(t+1)=w_{ji}(t)+\eta\delta_j o_{ki}+a\Delta w_{ji}(t)$$

$$\theta_j(t+1)=\theta_j(t)-\eta\delta_j+a\Delta\theta_j(t)$$

(6)当 k 每经历 1 至 p 后,计算

$$E=\sqrt{\dfrac{\sum_{k=1}^{p}\sum_{j=1}^{s}(y_{kj}-d_{kj})^2}{p\cdot s}}$$

d_{kj} 为网络实际输出。如果 $E\leqslant\varepsilon$,则到(7),否则到(3)。

(7)结束。

4.6.5 案例

例 4.9 某县历年客运量和货运量调查数据见表 4.10,利用多层神经网络构建客运量和货运量的预测模型。

表 4.10 某县客、货运输调查表

人口(万人)	机动车(万辆)	公路面积(km²)	客运量(人次)	货运量(万 t)
20.55	0.6	0.09	5 126	1 237
22.44	0.75	0.11	6 217	1 379

（续表）

人口（万人）	机动车（万辆）	公路面积（km²）	客运量（人次）	货运量（万 t）
25.37	0.85	0.11	7 703	1 385
27.13	0.9	0.14	9 145	1 399
29.45	1.05	0.2	10 460	1 663
30.1	1.35	0.23	11 387	1 714
30.96	1.45	0.23	12 353	1 834
34.06	1.6	0.32	15 750	4 322
36.42	1.7	0.32	18 304	8 132
38.09	1.85	0.34	19 836	8 936
39.13	2.15	0.36	21 024	11 099
39.99	2.2	0.36	19 490	11 203
41.93	2.25	0.38	20 433	10 524
44.93	2.35	0.49	22 598	11 115
47.3	2.5	0.56	25 107	13 320
52.89	2.6	0.59	33 442	16 762
55.73	2.7	0.59	36 836	18 673
56.76	2.85	0.67	40 548	20 724
59.17	2.95	0.69	42 927	20 803
60.63	3.1	0.79	43 462	21 804

构建一个具有一个隐含层的神经网络，隐含层节点数目为：

$$N_h = \frac{20}{2 \times (3+1)} \approx 3$$

选取 Sigmoid 函数为激活函数，设置可接受误差为 0.03。采用误差反向传播训练方法对神经网络进行反复训练直至计算误差小于可接受阈值。训练得到模型结果如图 4.4 所示。

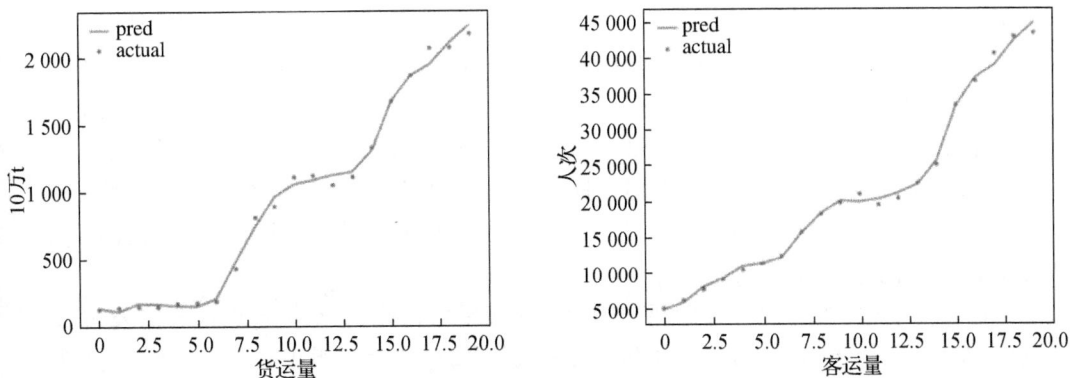

图 4.4 训练模型结果图

5 运输系统网络计划技术

5.1 概述

运输系统是以物质流、能量流、信息流为系统要素构成的网络系统,系统内部各要素之间、要素与整体之间相互关联、相互作用,使得系统作为一个整体发挥其应有功能。运输系统计划工作是运输工作的重要组成部分。运输系统往往是要素数量多、结构复杂的大系统,为编制交通运输系统计划,并在此基础上进一步进行优化和控制,传统的经验方法往往不能胜任,而网络计划技术是完成这一任务的有效方法之一。

在计划编制工作中,过去广泛采用的工具为横道图,即将需要完成的各项工作按照规定的顺序和时间,画在一张具有时间坐标的表格上,并用粗线表示各项工作的起始时间、结束时间和持续时间。横道图对提高管理水平曾经起过非常重要的作用,即使是现在,某些企业和部门仍在沿用这种方法编制计划。但是,对于大规模的工程计划,其各项工作之间的关系错综复杂,而横道图却难以反映这些复杂关系,更难以作为计划优化和控制的工具,因此需要更好的计划编制方法和计划表达方式。

网络计划技术是一种在关键线路法及计划评审技术基础上发展起来的工程管理技术。1956 年,美国杜邦公司在制定、协调企业不同业务部门的系统规划时,运用网络方法制定出了第一套网络计划。这种计划用网络图表示各项工作内容、工作持续时间及各项工作之间的相互关系,形成网络计划模型。借助网络计划模型,易于找出对计划具有重要影响的工作项目,由这些工作组成的序列称为关键线路,利用关键线路对计划进行优化和控制的方法称为关键线路法(Critical Path Method,CPM)。使用关键线路法,既可缩短工期又可降低成本费用。杜邦公司运用 CPM,使路易维尔工厂维修工程所需时间从 125 h 降为 78 h,采用 CPM 技术后的一年中,节约费用达 100 万美元,是该公司 CPM 研发费用的 5 倍。

1958 年,美国海军特种计划局开始编制北极星导弹计划,承担这项任务的公司、企业、学校和科研单位多达 11 000 多家。如此众多的单位怎样组织与管理,做到密切协同、高质量地按期完成任务,显然是一个非常复杂的问题。美国一家顾问公司为解决这个问题开发了一种"计划评审技术"（Program Evaluation and Review Technique，PERT）。由于采用了 PERT 方法，使该项计划提前两年完成。

关键线路法与计划评审技术的相同之处在于：（1）利用网络图表示工程计划。（2）网络图反映了工作之间的关系。（3）分析各项工作在网络计划中的地位。（4）利用关键线路、资源分析、费用分析等手段优化网络图。

上述两种方法的主要区别在于：关键线路法适用于各项作业时间有经验数据可循的工程计划，主要研究工期与工程费用的关系，大多应用于与已有项目类似的项目；而计划评审技术适用于各项作业时间无经验数据可循，只能假定其服从某种概率分布的工程计划，重点在于各项作业的评价、审查和安排，大多应用于新项目研发。

关键线路法及计划评审技术迅速在美国及其他国家的军事、工业、管理等领域获得广泛应用，并进一步发展、成熟，形成了系统工程的一个重要分支——网络计划技术。1965 年，著名数学家华罗庚教授在我国首先推广和应用了这一新的科学管理方法，取其统筹兼顾、合理安排的主导思想，称为统筹法，在我国国民经济各部门、各领域取得了显著成效。目前，我国与网络计划技术有关的行业标准为《工程网络计划技术规程》（JGJ/T121－2015），本章所介绍的各种概念、方法及所使用的各种符号均与该标准一致。

网络计划技术的定义：网络计划技术是一种用网络图表达任务构成、工作顺序并加注工作时间参数，用以对工程计划进行优化与控制的技术。其主要内容包括：绘制网络图、计算时间参数及网络计划优化。

需要指出的是，网络计划技术是使计划安排条理化的科学手段，由实现计划任务的各项技术和组织方案构成的计划安排方案是计划的基础；计划的先进性、实现性和有效性最终取决于计划安排方案本身是否合理，而不是是否采用了网络计划技术。网络计划技术只能对计划安排起条理化的作用，并不能从根本上决定计划的质量和效果。也就是说，在计划安排方案先进合理的前提下，应用网络计划技术，可促进计划目标的实现；否则，可能造成计划编制和执行过程的混乱而影响计划目标的实现。如果计划安排方案本身就不合理，即使应用网络计划技术，也无助于计划目标的实现。

5.2　网络图的绘制

网络图是网络计划技术的基础，因此要掌握网络图的基本概念及绘制网络图的规则。

网络图分为单代号网络图、双代号网络图、单代号时标网络图、双代号时标网络图、单代号搭接网络图五种。由于我国主要使用双代号网络图和双代号时标网络图，所以本章只介绍这两种网络图。

5.2.1　双代号网络图的构成要素

双代号网络图的构成要素包括工作和节点。

1) 工作

工作是一项工程当中在工艺技术和组织管理上相对独立,需要有人力、物力参与,经过一定时间才能完成的活动,又称为作业、工作、活动等。

工作在双代号网络图中用箭线表示,工作内容写在箭线上方,完成该工作的持续时间写在箭线下方,箭尾表示工作的开始,箭头表示工作的结束(见图 5.1)。箭线的长度不直接反映该工作所占用时间的长短。

2) 节点

节点是相邻工作在时间上的分界点,表示工作的开始或结束,又称为事项。同一个节点既表示前一个(或若干个)工作的完成,又表示后一个

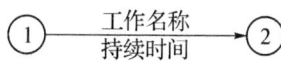

图 5.1 工作与节点

(或若干个)工作的开始。节点在双代号网络图上用带有数字编号的圆圈表示。对于任一工作,规定开工节点的编号小于完工节点的编号(见图 5.1)。

指向某节点的箭线称为该节点的内向箭线,从某节点引出的箭线称为该节点的外向箭线。

3) 紧前工作和紧后工作

某工作开始之前必须先期完成的工作称为该工作的紧前工作,而某工作完成之后必须紧接着开始的工作称该工作的紧后工作。如工作 d 需要在工作 a、b、c 都完工后才能开工,其网络图如图 5.2(a)所示,则称工作 a、b、c 为工作 d 的紧前工作;而工作 d 为工作 a、b、c 的紧后工作。对于网络图 5.2(b),工作 d 为工作 a、b、c 的紧前工作;工作 a、b、c 为工作 d 的紧后工作。

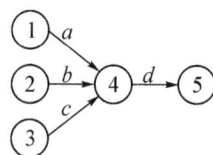

(a)紧前工作

4) 线路

从网络图的起始节点开始,沿箭头方向顺序通过一系列箭线与节点最后到达终点节点的通路称为一条线路。在网络图中由起点到终点的线路有多条,其中必有一条是

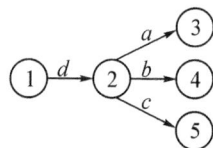

(b)紧后工作

图 5.2 紧前工作与紧后工作

最关键的线路,这条关键线路的路长(在此路上所有工作持续时间之和)为整个工程的总工期。

5.2.2 双代号网络图的绘制步骤

网络图是工程计划的网络模型,是工程工期计算、工作开工时间调整、网络优化的基础。双代号网络图的绘制一般包括以下步骤:

(1) 任务分解。将一项计划工程分解为若干具体的作业。对于小型工程,可直接分解至工作这一层次。对于大型工程,可分解为若干层次,每个层次分别绘制网络图。

(2) 确定工作持续时间。根据工作内容、以往类似工作的资料等确定各工作的持续时间。根据不同情况,可在以下两种方法中选用一种:

① 一点估计法:在具有类似工作可靠数据资料作为参考的情况下,通过对比分析,给出工作持续时间。

② 三点估计法:在缺少类似工作资料的情况下,首先估计工作的最乐观时间 a、最悲观时间 b 和最可能时间 m,然后取这三个时间的平均值作为工作的持续时间。

最乐观时间:在顺利情况下完成工作的最短时间。

最悲观时间:在不理想情况下完成工作的最长时间。

最可能时间:在一般情况下完成工作的时间。

三点估计法的平均工作时间的计算公式为:

$$t = \frac{a + 4m + b}{6}$$

(3) 确定工作之间的关系。分析各工作之间的紧前、紧后关系。完成以上步骤后,须编制网络计划工作逻辑关系及持续时间表,内容包括工作代号、工作名称、紧前工作、紧后工作和持续时间(见表 5.1)。

(4) 绘制网络图。

表 5.1　某交通规划工程网络计划工作逻辑关系及持续时间表

工作代号	工作名称	紧前工作	紧后工作	持续时间(d)
A	交通流调查	—	C	20
B	交通设施现状调查	—	C	10
C	交通需求预测	A、B	D、F	20
D	交通规划编制	C	E、F	50
E	交通规划公示	D	—	10
F	交通规划修订	C、D	G	20
G	交通规划审批	F	—	20

5.2.3　绘制双代号网络图的规则

绘制双代号网络图必须遵循以下规则:

(1) 紧前完工:每项工作开始之前,其所有紧前工作必须已经完工。该规则保证网络图正确表达已经规定的工作之间的逻辑关系。

(2) "二夹一":一对节点之间只能有一项工作。该规则保证一对节点只能表示一项工作。图 5.3 是错误的。

(3) 始终点唯一:网络图只有一个起点节点和一个终点节点,起点节点无紧前工作,终点节点无紧后工作。

(4) 工作不重复,网络无回路:一项工作从整个计划的开始到完工,只能被执行一次,因而不能出现回路。如图 5.4 所示是错误的。

（5）节点编号不重复。

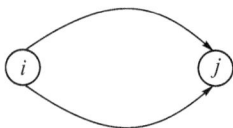

图 5.3　一对节点之间只能有一项工作

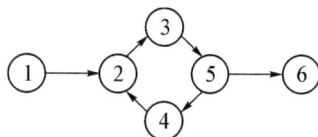

图 5.4　网络图中不能出现回路

5.2.4　虚工作处理

为满足网络图绘制规则,有时需要在网络图中引入虚工作。虚工作没有任何具体的工作内容,也没有时间消耗,只表示工作之间的相互衔接关系。虚工作用虚箭线表示。

如工作 d 要在工作 a、b、c 都完成后方可开始,而工作 e 只需在 b、c 完成后即可开始,则网络图需引入虚工作,如图 5.5(a)所示。

又如,工作 d 在 a 之后,e 在 b 之后,f 在 a 与 b 之后,则网络图的画法如图 5.5(b)所示。

在实际工作中,为达到缩短工期的目的,经常采用平行作业和交叉作业方法,就必须在网络图中利用虚工作反映各工作间的逻辑关系。

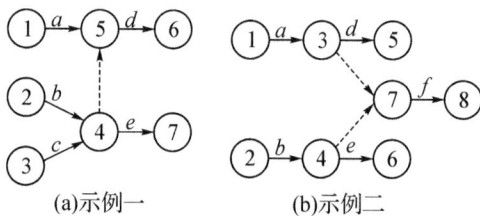

(a)示例一　　(b)示例二

图 5.5　虚工作

几项相邻工作都需要较长时间才能完成时,可以将各工作分成几段工作交叉进行。在前一项工作未全部完成时,后面的工作即可开始,这时也需要在网络图中引入虚工作。

例如某条道路的改造工程分为两项工作 a、b,这两项工作需要的施工时间都比较长,为节约时间,可以采用分段交叉进行的方法,比如将道路分为三段,第一段道路的工作 a_1 完成后,即可开始该路段的工作 b_1,同时开始第二段道路的工作 a_2,依此类推,其网络图如图 5.6 所示。

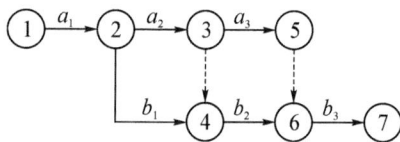

图 5.6　相邻长工作分段处理

5.2.5　绘制双代号网络图的其他注意事项

网络图上除了基本构成要素外,还包括各种时间参数,为了使网络图排列整齐、条理清晰、便于标注各种信息,应尽量保持箭线为水平走向或画成具有一段水平线段的折线。箭线的水平投影方向应自左向右,表示工作行进的方向。除了虚工作外,一般箭线不宜画成垂直线。另外,应尽量避免或少画交叉箭线,在无法避免且交叉较少时,可以直接通过,但建议采用过桥法;当箭线交叉过多时,应当使用指向法(见图 5.7)。

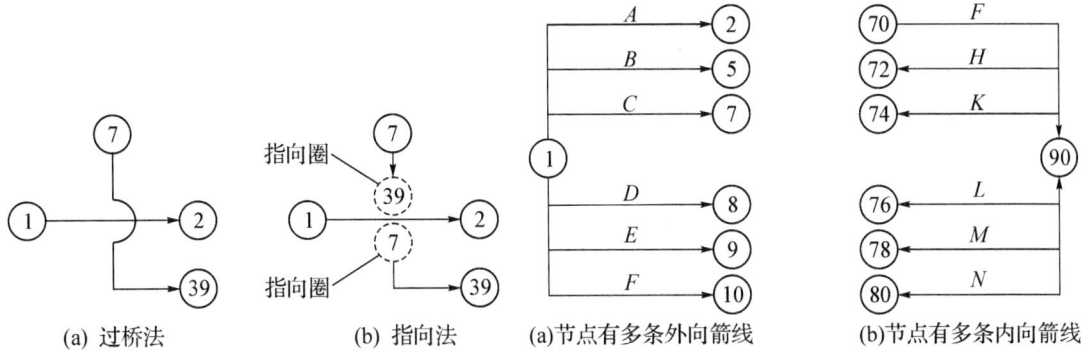

(a) 过桥法   (b) 指向法

图 5.7　箭线交叉的表示方法

(a)节点有多条外向箭线   (b)节点有多条内向箭线

图 5.8　母线法绘图

当网络图中的某个节点有多条外向箭线或多条内向箭线时,可利用一条共用的垂直线段,将多条箭线从该节点引出或引入该节点,使得图形简洁,这种方法称为母线法,母线法允许共用一段箭线(见图 5.8)。

例 5.1　某网络计划的工作代号、工作关系、工作持续时间如表 5.2 所示,试绘制该计划的双代号网络图。

表 5.2　某网络计划的工作逻辑关系及持续时间表

工作代号	紧前工作	紧后工作	持续时间
A_1	—	A_2、B_1	2
A_2	A_1	A_3、B_2	2
A_3	A_2	B_3	2
B_1	A_1	B_2、C_1	3
B_2	A_2、B_1	B_3、C_2	3
B_3	A_3、B_2	D、C_3	2
C_1	B_1	C_2	2
C_2	B_2、C_1	C_3	4
C_3	B_3、C_2	E、F	2
D	B_3	G	2
E	C_3	G	1
F	C_3	I	2
G	D、E	H、I	4
H	G	—	3
I	F、G	—	3

解 该计划的双代号网络图如图 5.9 所示。

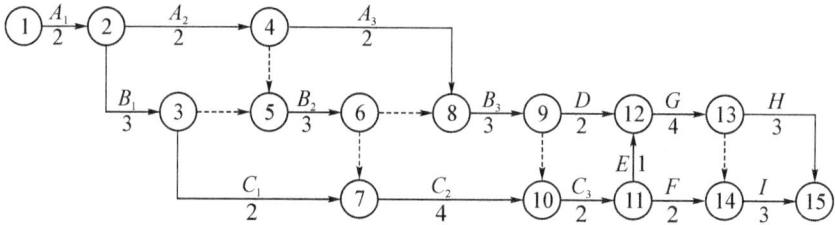

图 5.9   例 5.1 的网络图

5.3   网络图时间参数的计算

应用网络计划技术的目的是进行网络计划优化和网络计划控制,而这两项工作都需要网络图的各种时间参数。双代号网络图的时间参数分为节点时间参数和工作时间参数两种,包括节点最早时间 ET_i、节点最迟时间 LT_i、工作最早开始时间、工作最早完成时间、工作最迟开始时间、工作最迟完成时间、工作总时差及工作自由时差。

网络图时间参数的计算方法分为节点计算法和工作计算法,两种方法都可计算所有的时间参数,且计算结果相同。本章只介绍按节点计算法。

5.3.1   节点时间参数的计算

1) 节点最早时间 ET_i

节点最早时间 ET_i 是以节点 i 为开始节点的各项工作的最早开始时间。

计算原则:某节点的最早时间应能保证其所有紧前工作都已完工。

计算方法:从起点节点开始按顺序计算。

以下以 D_{i-j} 表示工作 $i-j$ 的持续时间。

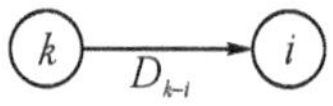

图 5.10   节点只有一项紧前工作

(1) 节点 1 的最早时间:$ET_1=0$。

(2) 节点 i 的紧前工作只有一项(见图 5.10):

$$ET_i = ET_k + 紧前工作的持续时间 = ET_k + D_{k-i}$$

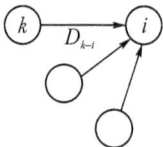

图 5.11   节点有多项紧前工作

(3) 节点 i 的紧前工作有多项(见图 5.11):根据其紧前工作的不同完成时间,节点 i 有多个最早开始时间。但是,为保证节点 i 开始时,其所有紧前工作都能完成,所以节点 i 的最早时间应取其紧前工作最迟者,即:

$$ET_i = \text{Max}\{ET_k + D_{k-i}\}$$

式中 $k<i$,代表 i 的多个紧前工作的起始节点编号。

终点节点的最早时间 ET_n 为网络计划的计算工期。

2）节点最迟时间 LT_i

节点最迟时间 LT_i 是以节点 i 为开始节点的各项工作的最迟开始时间。

计算原则：某节点的最迟时间应能保证其所有紧后工作都能按总工期要求如期完工。

计算方法：从终点节点开始逆序计算。

（1）终点节点 n 的最迟时间：由网络计划的总工期确定，即 $LT_n = ET_n$。

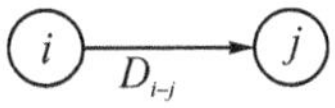

图 5.12　节点只有一项紧后工作

（2）节点 i 的紧后工作只有一项（见图 5.12）：

$LT_i = LT_j -$ 紧后工作的持续时间 $= LT_j - D_{i-j}$。

（3）节点 i 的紧后工作有多项（见图 5.13）：根据总工期对各紧后工作的要求，节点 i 有多个最迟开始时间。但是，为保证所有紧后工作都能按计划工期如期完工，节点 i 的最迟时间应取其最紧后工作早者，即：

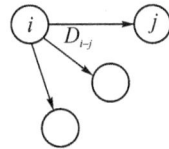

图 5.13　节点有多项紧后工作

$$LT_i = \min\{LT_j - D_{i-j}\}$$

例 5.2　计算如图 5.14 所示网络图中各节点的最早时间和最迟时间。

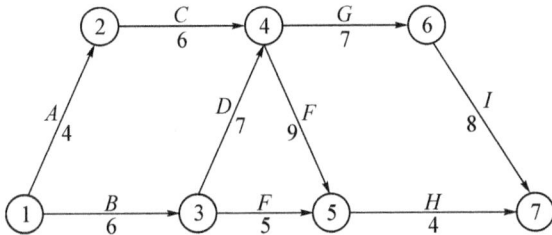

图 5.14　例 5.2 网络图

解　（1）节点最早时间

$ET_1 = 0$

$ET_2 = ET_1 + D_{1-2} = 0 + 4 = 4$

$ET_3 = ET_1 + D_{1-3} = 0 + 6 = 6$

$$ET_4 = \text{Max}\begin{Bmatrix} ET_2 + D_{2-4} \\ ET_3 + D_{3-4} \end{Bmatrix} = \text{Max}\begin{Bmatrix} 4+6 \\ 6+7 \end{Bmatrix} = 13$$

$$ET_5 = \text{Max}\begin{Bmatrix} ET_4 + D_{4-5} \\ ET_3 + D_{3-5} \end{Bmatrix} = \text{Max}\begin{Bmatrix} 13+9 \\ 6+5 \end{Bmatrix} = 22$$

$ET_6 = ET_4 + D_{4-6} = 13 + 7 = 20$

$$ET_7 = \text{Max}\begin{Bmatrix} ET_6 + D_{6-7} \\ ET_5 + D_{5-7} \end{Bmatrix} = \text{Max}\begin{Bmatrix} 20+8 \\ 22+4 \end{Bmatrix} = 28$$

该网络计划的总工期为 $ET_7 = 28$。

（2）节点最迟时间

$$LT_7 = ET_7 = 28$$

$$LT_6 = LT_7 - D_{6-7} = 28 - 8 = 20$$

$$LT_5 = LT_7 - D_{5-7} = 28 - 4 = 24$$

$$LT_4 = \min \begin{Bmatrix} LT_6 - D_{4-6} \\ LT_5 - D_{4-5} \end{Bmatrix} = \min \begin{Bmatrix} 20 - 7 \\ 24 - 9 \end{Bmatrix} = 13$$

$$LT_3 = \min \begin{Bmatrix} LT_4 - D_{3-4} \\ LT_5 - D_{3-5} \end{Bmatrix} = \min \begin{Bmatrix} 13 - 7 \\ 24 - 5 \end{Bmatrix} = 6$$

$$LT_2 = LT_4 - D_{2-4} = 13 - 6 = 7$$

$$LT_1 = \min \begin{Bmatrix} LT_2 - D_{1-2} \\ LT_3 - D_{1-3} \end{Bmatrix} = \min \begin{Bmatrix} 7 - 4 \\ 6 - 6 \end{Bmatrix} = 0$$

在网络图上，节点的最早时间和最迟时间按格式标注在相应节点的上方或附近（见图 5.15）。

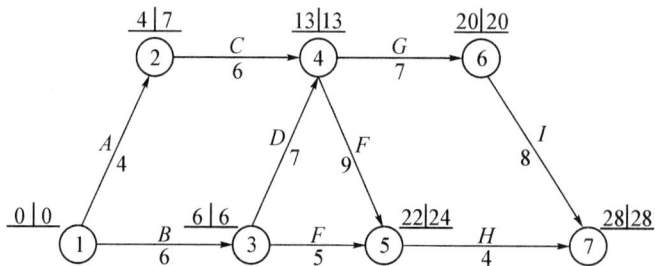

图 5.15　节点时间参数的标注

5.3.2　工作时间参数的计算

1）工作最早开始时间 ES_{i-j}

工作 $i-j$ 最早开始时间 ES_{i-j} 与该工作箭尾节点的最早时间相一致，即：

$$ES_{i-j} = ET_i$$

2）工作最早完成时间 EF_{i-j}

工作 $i-j$ 最早完成时间 EF_{i-j} 等于该工作最早开始时间与工作持续时间之和，即：

$$EF_{i-j} = ES_{i-j} + D_{i-j}$$

3）工作最迟开始时间 LS_{i-j}

工作 $i-j$ 最迟开始时间 LS_{i-j} 等于该工作箭头节点的最迟开始时间减去该工作的持续时间，即：

$$LS_{i-j} = LT_j - D_{i-j}$$

4）工作最迟完成时间 LF_{i-j}

工作 $i-j$ 最迟完成时间 LF_{i-j} 等于该工作箭头节点的最迟开始时间，即：

$$LF_{i-j} = LT_j$$

5）工作自由时差 FF_{i-j}

工作 $i-j$ 的自由时差为在不影响其紧后工作最早开始时间的前提下，该工作可以利用的机动时间，等于该工作箭头节点最早时间减去箭尾节点最早时间，再减去工作持续时间，即：

$$FF_{i-j} = ET_j - ET_i - D_{i-j}$$

6）工作总时差 TF_{i-j}

工作 $i-j$ 的总时差为在不影响总工期的前提下，该工作可以利用的机动时间，等于该工作的最迟开始时间减去最早开始时间，即：

$$TF_{i-j} = LS_{i-j} - ES_{i-j} = LT_j - D_{i-j} - ET_i = LT_j - ET_i - D_{i-j}$$

由以上各计算公式看出，所有工作时间参数均可以利用节点时间参数及工作持续时间进行计算。为方便计算，通常采用列表计算的方法。

例 5.3 在例 5.2 的基础上，计算各工作的时间参数。

解 列表 5.3 计算如下：

表 5.3 工作时间参数计算表

工 作	D_{i-j}	ET_i	ET_j	LT_j	ES_{i-j}	EF_{i-j}	LS_{i-j}	LF_{i-j}	FF_{i-j}	TF_{i-j}
1—2	4	0	4	7	0	4	3	7	0	3
1—3	6	0	6	6	0	6	0	6	0	0
2—4	6	4	13	13	4	10	7	13	3	3
3—4	7	6	13	13	6	13	6	13	0	0
3—5	5	6	22	24	6	11	19	24	11	13
4—5	9	13	22	24	13	22	15	24	0	2
4—6	7	13	20	20	13	20	13	20	0	0
5—7	4	22	28	28	22	26	24	28	2	2
6—7	8	20	28	28	20	28	20	28	0	0

在双代号网络图上，工作时间参数按格式 $\dfrac{ES_{i-j}}{EF_{i-j}} \left| \dfrac{LS_{i-j}}{LF_{i-j}} \right| \dfrac{TF_{i-j}}{FF_{i-j}}$ 标注在相应箭线的上方或附近（见图 5.16）。

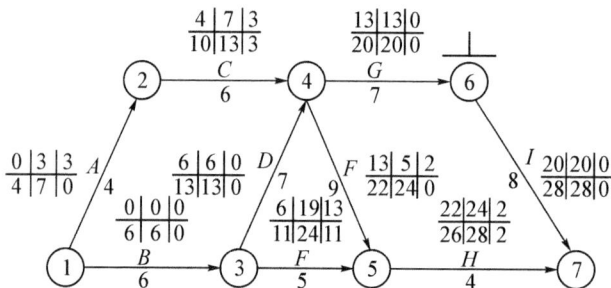

图 5.16 工作时间参数的标注

5.3.3 关键线路的确定

从表 5.3 中看出,有些工作的总时差为 0,且为最小总时差;而其他工作的总时差均大于 0,下面介绍其含义。

工作总时差为 0:表明该工作的开工时间无机动余地,必须准时开工,否则必贻误总工期,这种工作称为关键工作。

工作总时差大于 0:表明该工作的开工时间有一定的机动余地,这种工作称为非关键工作。

关键线路:将全部关键工作按顺序连接起来,从起点节点到终点节点如能形成一条线路,则这条线路称为关键线路。关键线路可能不止一条。

由于关键线路上各工作的总时差为 0,即无开工机动时间,因此关键线路上各工作的持续时间之和为总工期。为保证总工期,必须保证关键线路上的各项工作如期开工;欲缩短总工期,必须向关键线路"要工时",即压缩某些关键工作的持续时间。

关键工作与非关键工作的区分仅仅是从总工期的角度考虑,与其在工程中的重要程度无绝对关系。

从表 5.3 中可知,其网络图的关键线路为 1—3—4—6—7。

关键线路在网络图上以双箭线、粗箭线或彩色箭线表示(见图 5.17)。

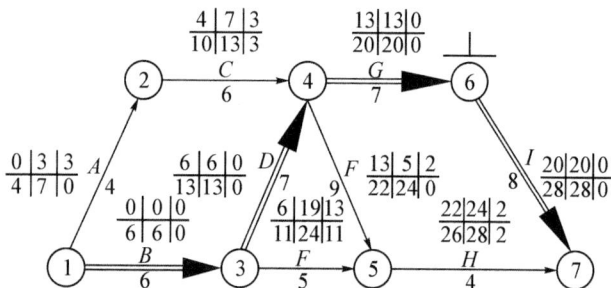

图 5.17 关键线路的表示

5.4 时标网络图的绘制

双代号时标网络图是由节点和工作构成的,以水平时间坐标(时标)为尺度表示工作时间的网络图。时标单位为横坐标上的刻度所代表的时间,一个刻度可以是一个时间单位,也可以是一个时间单位的整数倍,但不应小于一个时间单位。5.3节介绍的双代号网络图又可称为双代号无时标网络图。由于时标图兼有横道图的直观性和网络图的逻辑性,在实践中应用比较普遍,在编制实施用网络计划时,其应用的普遍程度甚至大于无时标网络图。对于资源优化,双代号时标网络图更是必需的工具。

5.4.1 双代号时标网络图的规定

(1) 双代号时标网络图必须以水平时间坐标为尺度表示工作时间。时标的时间单位应根据需要在编制网络计划之前确定,如时、天、周、月等。

(2) 双代号时标网络图应以实箭线表示工作,以虚箭线表示虚工作,以波形线表示工作的自由时差。

(3) 时标网络计划中所有符号在时间坐标上的水平投影位置,都必须与其时间参数相对应。节点中心必须对准相应的时标位置。虚工作必须用垂直方向上的虚箭线表示,有自由时差时加波形线表示。

(4) 由于双代号时标网络图的工作与时间坐标严格对应,所以其表示方法与双代号无时标网络图有所区别,主要区别包括:

① 工作有自由时差时,其工作持续时间部分用实直线表示,自由时差部分用实波形线表示(见图5.18)。

② 虚工作有自由时差时,用垂直虚箭线和水平实波形线表示(见图5.19)。

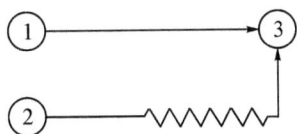

图 5.18 工作的表示

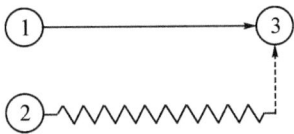

图 5.19 虚工作的表示

5.4.2 双代号时标网络图的绘制步骤

(1) 编制时标计划表(见表5.4)。时标计划表必须标明时标单位,时标可位于表格的顶部或底部,也可在表格的顶部和底部同时标注。必要时,可在顶部时标之上或底部时标之下加注日历的对应时间。时标计划表中部的刻度线宜为细线。为使图面清晰,这些线也可以不画或少画。

表 5.4 时标计划表

日 历																	
(时间单位)	1	2	3	4	5	6	7	8	9	10	11	12	13	14	15	16	17
网络计划																	
(时间单位)																	

（2）绘制双代号无时标网络图，计算节点最早时间。

（3）将所有节点按其最早时间定位在时标计划表上，位置尽量与双代号无时标网络图一致。

（4）按各项工作的时间长度绘制相应工作的实线部分，使其在时间坐标上的水平投影等于工作持续时间。虚工作由于不占用时间，所以只以垂直虚线表示。

（5）用波形线将实线部分与其紧后工作的开始节点连接起来，以表示自由时差。

例5.4 根据如图5.20所示的双代号无时标网络图及时间参数绘制其双代号时标网络图。

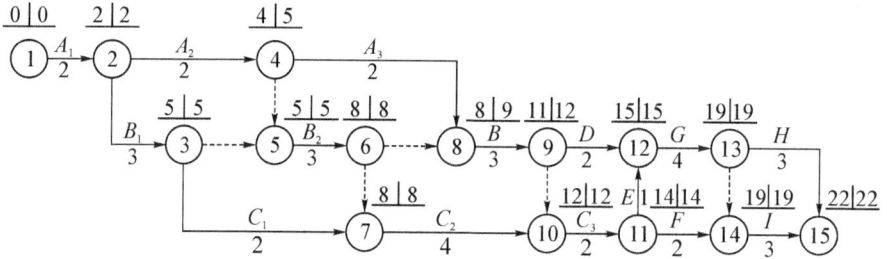

图5.20 例5.4网络图

解 根据双代号时标网络图的绘制步骤，本例的双代号时标网络图如图5.21所示。

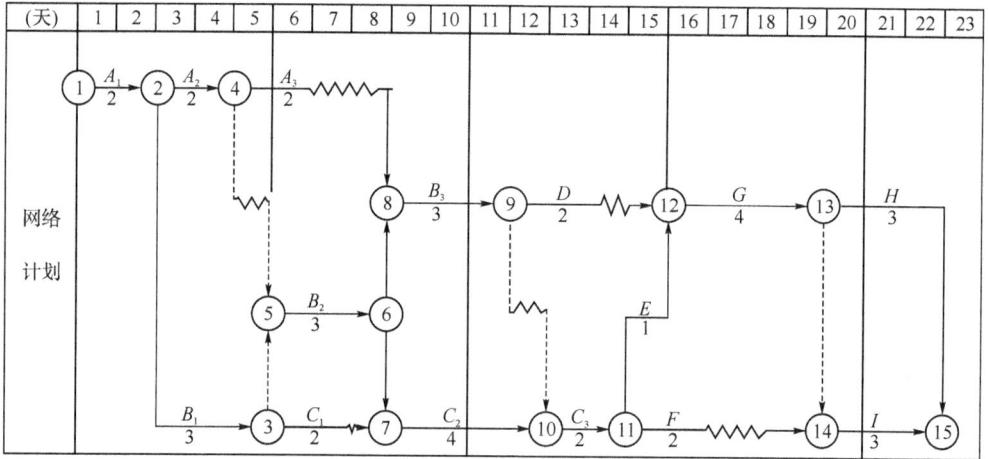

图5.21 双代号时标网络图

5.5 网络计划优化

根据初步确定的任务分解方案、各工作之间的逻辑关系、各工作持续时间所绘制的网络图及其所有的时间参数，只表示初始的网络计划方案。初始方案不一定满足规定的目标要求,比如计算工期可能比要求工期长,这时就需要对初始方案进行调整,那么调整哪些工作的持续时间才能使得计算工期缩短?压缩工期通常要提高费用成本,我们希望既能将工期压缩到要求工期,同时也使得成本增加最少。初始方案即使满足要求工期,但如果同时进行的工作过多,则有可能形成短时期的"资源高峰",这种情况下也需要对初始方案进行调整。上述内容都属于网络计划优化的内容。

网络计划优化的定义:在满足既定约束条件的前提下,按照选定的目标,通过不断改进网络计划来寻求满意方案。

网络计划优化的内容包括工期优化、资源优化和费用优化,前面所介绍的时间参数及关键线路是网络计划优化的基础。

5.5.1 工期优化

所谓工期优化,指计算工期不满足要求工期时,通过压缩关键工作的持续时间来满足工期要求。

工期优化的步骤如下:

(1)确定初始网络计划的计算工期、关键线路及关键工作。

(2)根据要求工期计算应压缩的时间。

(3)确定各关键工作允许压缩的持续时间。

(4)选择关键工作,压缩其持续时间,并重新确定网络计划的计算工期和关键线路。

(5)重复(2)~(4)步,直到满足工期要求或工期不能再压缩为止。

(6)当所有关键工作的持续时间都已达到其能缩短的极限,而工期仍不能满足要求时,应对计划的原技术方案、组织方案进行调整。经反复修改方案和调整计划仍不能达到工期要求时,应对要求工期重新审定。

选择哪些关键工作进行压缩,应考虑以下因素:

(1)压缩持续时间对质量和安全的影响不大。

(2)压缩持续时间所增加的费用最少。

(3)有充足备用资源。

需要指出的是,关键工作的持续时间压缩后,网络计划的关键线路可能改变,因此,必须重新确定改进后的网络计划的关键线路及工期。如关键线路不变,则总工期的压缩时间即为关键工作的压缩时间;如关键线路改变,必须重新计算新工期。

例 5.5 某网络计划如图 5.22 所示,图中箭线下方括号外面的数字为工作的正常持续时间,括号内数字为工作的最短持续时间,该网络计划的要求工期为 100 d,压缩工作 4—6 需要增加的劳动力较多。试根据要求工期进行工期优化。

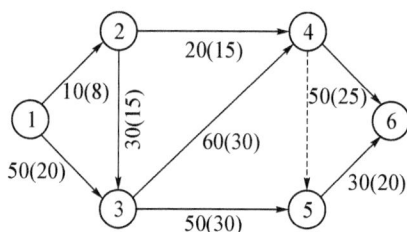

图 5.22　例 5.5 网络图

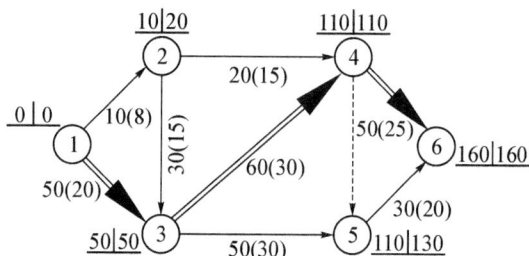

图 5.23　例 5.5 时间参数

解　(1) 计算时间参数,确定关键线路(见图 5.23)。

(2) 计算缩短工期。初始网络计划的计算工期为 160 d,需要压缩 60 d。

(3) 确定各关键工作允许压缩的持续时间(题目已经给定)。

(4) 选择关键工作,压缩其持续时间,并重新确定网络计划的计算工期和关键线路。

根据题目条件,关键工作 1—3、3—4、4—6 分别允许压缩 30、30、25 d,由于压缩工作 4—6 需要增加的劳动力较多,故仅压缩工作 1—3、3—4,并压缩至最短持续时间。

重新计算时间参数,并确定关键线路(见图 5.24)。注意,关键线路有两条,分别为 1—2—3—5—6 和 1—2—3—4—6。

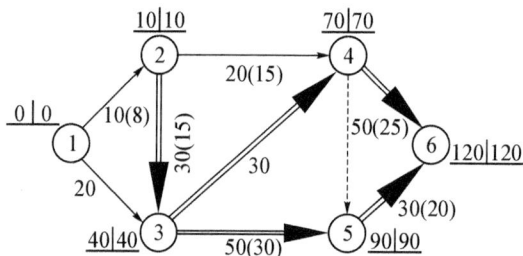

图 5.24　第一次优化后的时间参数

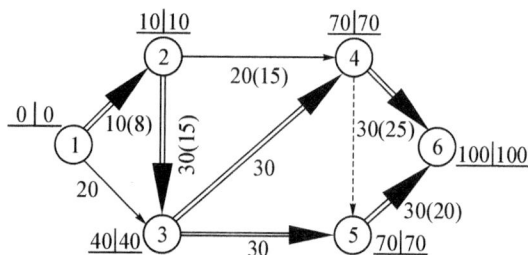

图 5.25　第二次优化后的时间参数

(5) 优化后的计算工期为 120 d,仍比要求工期长 20 d,在两条关键线路上各选能够压缩 20 d 的关键工作 3—5、4—6,将工作 3—5 压缩至最短持续时间 30 d,将工作 4—6 压缩 20 d。

重新计算时间参数及关键线路(见图 5.25),再次优化后的计算工期为 100 d,满足要求。

5.5.2　资源优化

初始网络计划在确定各项工作的持续时间及工作之间的逻辑关系时,并没有考虑若干项工作同时进行是否会造成资源高峰,以至有可能超过资源限量。另外,即使没有超过资源限量,如果资源需用量在工期范围内分布不均衡,会造成资源闲置。所以,初始网络计划编制完成后,应进行资源优化工作。所谓资源优化,即对初始网络计划进行调整,使其满足资源限量要求,并尽可能使得资源需用量在工期范围内分布均衡。

资源优化包括以下两方面的内容:

(1) 资源有限,工期最短。当若干项工作同时进行造成的资源高峰超过资源限量时,需要推迟某些工作的开始时间,但要求不延误工期或延误工期最少。

(2) 工期一定,资源均衡。调整某些工作的开工时间,使得资源需用量在工期范围内尽量分布均衡。

以下只介绍第一种资源优化内容,即资源有限、工期最短。

资源优化的原则是充分利用非关键工作自由时差或总时差不为 0 的特点,调整其开工时间,使平行进行的各项工作的开工时间错开,达到压缩资源高峰的目的。

如非关键工作的推迟时间超过工作总时差;或推迟关键工作的开工时间可以进行资源调整,但会引起工期延误等方面的调整,请参考其他教材。

资源优化的步骤如下:

(1) 确定初始网络计划的计算工期及关键线路。

(2) 绘制双代号时标网络图,并标注关键线路及每日资源需用量。

(3) 推迟非关键工作的开工时间,压缩资源高峰,满足资源限量要求。

(4) 绘制优化后的双代号时标网络图,并标注每日资源需用量。

例 5.6 某交通工程公司承担的道路施工项目共分解为五项工作,其工作持续时间、工作逻辑关系及各项工作每天人力需用量如表 5.5 所示。该公司分配给此项目的人数为 20 人。试对该网络计划进行资源优化。

表 5.5 某道路施工工程网络计划的工作逻辑关系、持续时间及人力需用量表

工作代号	紧前工作	紧后工作	工作时间(d)	每天所需人力(人)
A	—	C	4	10
B	—	D、E	6	10
C	A	F、G	6	10
D	B	F、G	7	10
E	B	H	5	10
F	C、D	H	9	10
G	C、D	I	7	10
H	E、F	—	4	10
I	G	—	8	10

解 (1) 确定初始网络计划的计算工期及关键线路。

根据所给资料绘制双代号网络图,计算时间参数并确定关键线路(见表 5.6,图 5.26)。

$ET_1 = 0$

$ET_2 = ET_1 + D_{1-2} = 0 + 4 = 4$

$$ET_3 = ET_1 + D_{1-3} = 0 + 6 = 6$$

$$ET_4 = \text{Max}\{ET_3 + D_{3-4}\} = \text{Max}\{6+7\} = 13$$

$$ET_5 = \text{Max}\begin{Bmatrix} ET_2 + D_{2-5} \\ ET_4 + D_{4-5} \end{Bmatrix} = \text{Max}\begin{Bmatrix} 4+6 \\ 13+0 \end{Bmatrix} = 13$$

$$ET_6 = ET_5 + D_{5-6} = 13 + 7 = 20$$

$$ET_7 = ET_5 + D_{5-7} = 13 + 9 = 22$$

$$ET_8 = \text{Max}\begin{Bmatrix} ET_3 + D_{3-8} \\ ET_7 + D_{7-8} \end{Bmatrix} = \text{Max}\begin{Bmatrix} 6+5 \\ 22+0 \end{Bmatrix} = 22$$

$$ET_9 = \text{Max}\begin{Bmatrix} ET_6 + D_{6-9} \\ ET_8 + D_{8-9} \end{Bmatrix} = \text{Max}\begin{Bmatrix} 20+8 \\ 22+4 \end{Bmatrix} = 28$$

$$LT_9 = ET_9 = 28$$

$$LT_8 = LT_9 - D_{8-9} = 28 - 4 = 24$$

$$LT_7 = LT_8 - D_{7-8} = 24 - 0 = 24$$

$$LT_6 = LT_9 - D_{6-9} = 28 - 8 = 20$$

$$LT_5 = \text{min}\begin{Bmatrix} LT_6 - D_{5-6} \\ LT_7 - D_{5-7} \end{Bmatrix} = \text{min}\begin{Bmatrix} 20-7 \\ 24-9 \end{Bmatrix} = 13$$

$$LT_4 = LT_5 - D_{4-5} = 13 - 0 = 13$$

$$LT_3 = \text{min}\begin{Bmatrix} LT_4 - D_{3-4} \\ LT_8 - D_{3-8} \end{Bmatrix} = \text{min}\begin{Bmatrix} 13-7 \\ 24-5 \end{Bmatrix} = 6$$

$$LT_2 = LT_5 - D_{2-5} = 13 - 6 = 7$$

$$LT_1 = \text{min}\begin{Bmatrix} LT_2 - D_{1-2} \\ LT_3 - D_{1-3} \end{Bmatrix} = \text{min}\begin{Bmatrix} 7-4 \\ 6-6 \end{Bmatrix} = 0$$

表 5.6　例 5.6 时间参数计算表

工 作	D_{i-j}	ET_i	ET_j	LT_j	ES_{i-j}	EF_{i-j}	LS_{i-j}	LF_{i-j}	FF_{i-j}	TF_{i-j}
1—2	4	0	4	7	0	4	3	7	0	3
1—3	6	0	6	6	0	6	0	6	0	0
2—5	6	4	13	13	4	10	7	13	3	3
3—4	7	6	13	13	6	13	6	13	0	0
3—8	5	6	22	24	6	11	19	24	11	13
4—5	0	13	13	13	13	13	13	13	0	0
5—6	7	13	20	20	13	20	13	20	0	0
5—7	9	13	22	24	13	22	15	24	0	2
6—9	8	20	28	28	20	28	20	28	0	0
7—8	0	22	22	24	22	22	24	24	0	2
8—9	4	22	28	28	22	26	24	28	2	2

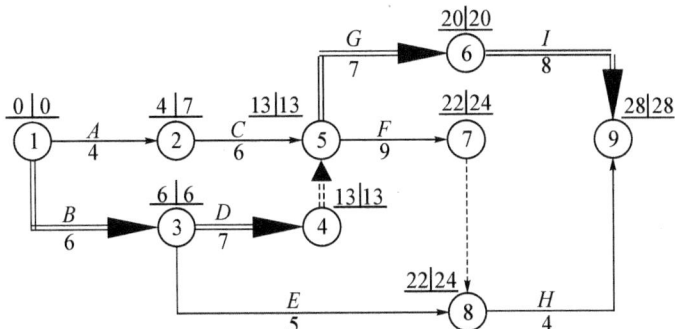

图 5.26　例 5.6 双代号网络图

（2）绘制双代号时标网络图，并标注关键线路及每日资源需用量（见图 5.27）。

由图看出，在第 7～10 天的 4 d 中每天需要 30 人，超过了限定人数，因此必须进行调整。

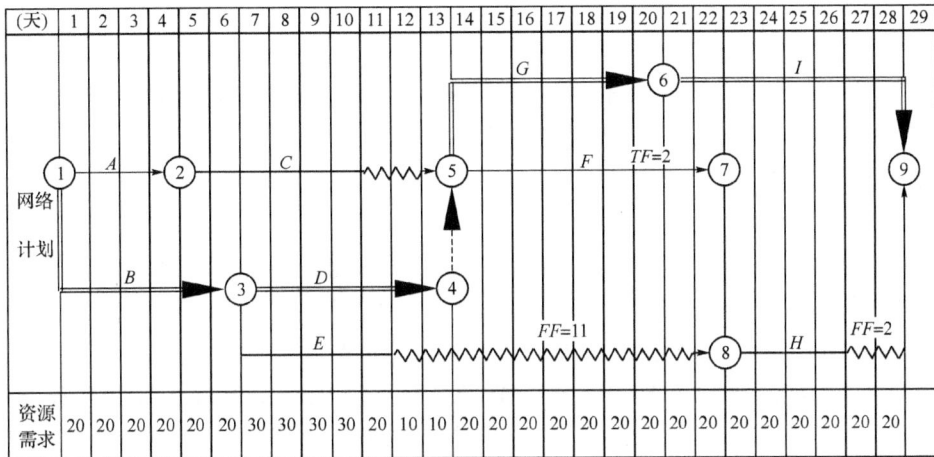

图 5.27　双代号时标网络图及每日资源需用量

（3）推迟非关键工作的开工时间，压缩资源高峰，满足资源限量要求。

观察双代号时标网络图，非关键工作 $E(3-8)$ 的自由时差为 11 d，其最早开始时间可以推迟 4 d，这样，第 7～10 d 的 4 d 中每天需要 20 人，满足要求。这种调整由于是在自由时差范围内进行，所以不影响其紧后工作的最早开始时间。

但是，进行以上调整后，第 14、15 两天每天需求人数由 20 人增加到 30 人，也需要调整。工作 $F(5-7)$ 的自由时差为 0，无法利用；但其总时差为 2，将该工作的最早开始时间推迟 2 d，不会影响总工期，只会影响其紧后工作 $H(8-9)$ 的最早开始时间，而工作 $H(8-9)$ 的自由时差为 2，正好可以利用。

（4）绘制优化后的双代号时标网络图，并标注每日资源需用量（见图 5.28）。

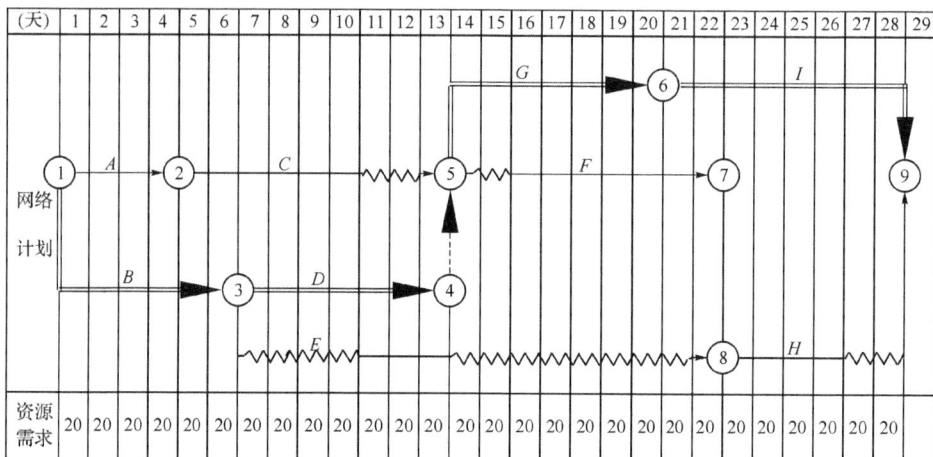

图5.28　优化后的双代号时标网络图及每日资源需用量

5.5.3　费用优化

工期优化仅仅考虑了网络计划的时间因素,若要达到网络计划的整体最优,必须对工期和费用进行综合优化,即计算总费用最低的工期。所谓费用优化,即以最低费用为目标来缩短工期。

1)基本概念

(1)直接费用。直接用来完成工程任务的费用称为直接费用,如直接生产人员的工资、机械设备投资、原材料费、燃料费等。直接费用直接分摊到每一项工作,欲缩短工作的持续时间,则必须为其增加必要的人力、物力等资源,这将会引起直接费用的增加。

(2)间接费用。服务于整个工程的费用称为间接费用,如管理人员的工资、办公费、采购费、管理费等。间接费用按照工作的持续时间分摊到每一项工作,因此工作的持续时间越短,分摊到该工作的间接费用就越少。

(3)工作正常持续时间 DN_{i-j}。初始网络计划所规定的工作持续时间。

(4)工作最短持续时间 DC_{i-j}。工作持续时间压缩到极限程度时的持续时间。

(5)工作正常时间费用 CN_{i-j}。利用工作正常持续时间完成工作所需直接费用。

(6)工作最短时间费用 CC_{i-j}。利用工作最短持续时间完成工作所需直接费用。

(7)直接费用率 ΔC_{i-j}。将工作压缩单位时间所增加的直接费用,即:

$$\Delta C_{i-j}=\frac{CC_{i-j}-CN_{i-j}}{DN_{i-j}-DC_{i-j}}$$

(8)工程总费用

正常时间的工程总费用＝正常时间的直接费用＋正常时间的间接费用。

压缩工期后的工程总费用＝正常时间的直接费用＋压缩工期后增加的直接费用＋压缩工期后的间接费用。

由于随着工期的缩短,直接费用增加,而间接费用减少,所以总费用为一条上凹的曲线,既在正常工期与最短工期之间,必存在总费用最低的工期。在该工期内完成作业,既能缩短工期,又能使总费用增加最少,甚至可降低总费用。

2) 费用优化步骤

(1) 按工作正常持续时间计算时间参数、确定关键线路。

(2) 计算各项工作的直接费用率。

(3) 在网络计划中找出直接费用率最低的一项关键工作,作为缩短持续时间的对象。

(4) 计算压缩工期后直接费用的增加额 C_i(i 表示第 i 次缩短工期)。

(5) 计算压缩工期后间接费用的减少额。

(6) 计算工程总费用的增加额。

(7) 重复步骤(3)～(6),一直计算到总费用的增加额降至最少为止。

注意:确定最小直接费用率关键工作的持续时间缩短值时,应遵循下列原则:① 压缩后的工作持续时间不能小于最短持续时间;② 不能引起关键线路的改变。

例 5.7 某网络计划如图 5.29 所示,各工作的正常持续时间、最短持续时间、正常时间费用以及最短时间费用如表 5.7 所示,已知整个工程的间接费用率为 120 元/天。试求费用最低的工期。为求解方便,网络图中在箭线下方标出了正常持续时间和最短持续时间。

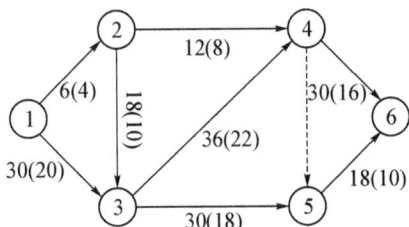

图 5.29　例 5.7 网络图

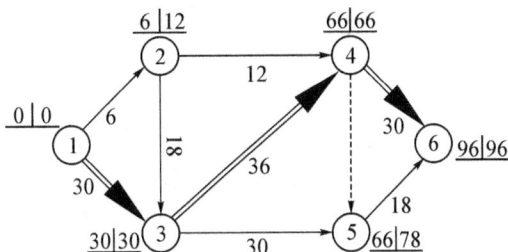

图 5.30　按正常持续时间计算的网络计划

表 5.7　例 5.7 各项工作的数据

工　作	正常持续时间(d)	最短持续时间(d)	正常时间费用(元)	最短时间费用(元)
1—2	6	4	1 500	2 000
1—3	30	20	7 500	8 500
2—3	18	10	5 000	6 000
2—4	12	8	4 000	4 500
3—4	36	22	12 000	14 000
3—5	30	18	8 500	9 200
4—6	30	16	9 500	10 300
5—6	18	10	4 500	5 000

解 (1) 按工作正常持续时间计算时间参数,确定关键线路(见图 5.30,计算过程略)。

(2) 计算各项工作的直接费用率(见表 5.8)。

表 5.8 例 5.7 各项工作的直接费用率

工 作	1-2	1-3	2-3	2-4	3-4	3-5	4-6	5-6
费用率	250	100	125	125	143	58	57	63

(3) 第一次压缩工期。正常时间的关键线路为 1-3-4-6,选择关键线路上直接费用率最低的工作 4-6。如果只考虑最短持续时间,则该工作可缩短 14 d,但为使原关键线路不变为非关键线路,必须考虑工作 5-6 的总时差(96-18-66=12 d),因此工作 4-6 只能压缩 12 d,即持续时间由 30 d 压缩为 18 d。

第一次压缩工期后,直接费用增加 $C_1 = 57 \times 12 = 684$(元),间接费用减少 $120 \times 12 = 1\ 440$(元),总费用的增加为 $684 - 1\ 440 = -756$(元)。

第一次压缩工期后的网络图如图 5.31 所示。由图中看出,关键线路变为两条,原关键线路不变,而新增关键线路 1-3-4-5-6。

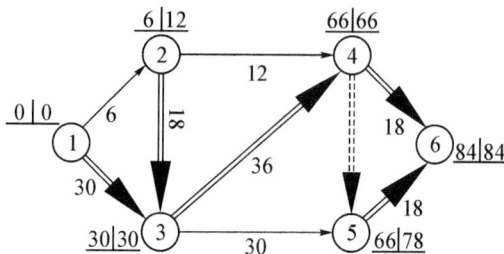

图 5.31 第一次压缩工期后的网络计划

(4) 第二次压缩工期。

由于存在两条关键线路,欲压缩总工期,必须同时压缩两条关键线路上的时间。为减少计算次数,可选择直接费用率较低的若干项关键工作同时压缩其持续时间。

关键工作 4-6 和 5-6 位于两条不同的关键线路,必须同时压缩其持续时间,并且压缩时间应相同。由于工作 4-6 的最短持续时间为 16 d,经过第一次压缩后的持续时间为 18 d,只允许再缩短 2 d,因此这两项工作的持续时间均缩短 2 d。

关键工作 1-3 和 3-4 为两条关键线路所共有,选择直接费用率较低的工作 1-3 压缩其持续时间。如果只考虑该项工作的最短持续时间(20 d),则可压缩 10 d,但为使原关键线路不变为非关键线路,必须考虑工作 2-3 的总时差(30-18-6=6 d),因此工作 2-3 只能压缩 6 d,即持续时间由 30 d 压缩为 24 d。

第二次压缩持续时间总计 8 d,直接费用的增加为 $C_2 = C_1 + 100 \times 6 + (57 + 63) \times 2 = 1\ 524$(元),间接费用的减少为 $1\ 440 + 120 \times 8 = 2\ 400$(元),总费用增加为 $1\ 524 - 2\ 400 = -876$(元)。

第二次压缩工期后的网络图如图 5.32 所示,由图中看出,新增两条关键线路 1-3-4-6 和 1-3-4-5-6。

(5) 第三次压缩工期。

经过两次压缩,工作 4-6 已压缩至最短持续时间,故不能再进行压缩。

选择关键工作 3－4 进行压缩,如果只考虑该项工作的最短持续时间(22 d),则允许压缩 14 d,但为使原关键线路不变为非关键线路,必须考虑工作 3－5 的总时差(60－30－24＝6 d),因此工作 3－5 只能压缩 6 d,即持续时间由 36 d 压缩为 30 d。

第三次压缩后直接费用的增加为 $C_3＝C_2＋143×6＝2\,382$(元),间接费用的减少为 $2\,400＋120×6＝3\,120$(元),总费用的增加为 $2\,382－3\,120＝－738$(元)。

第三次压缩工期后的网络图如图 5.33 所示,由图中看出,在原关键线路保持不变的基础上,工作 3－5 也成为关键工作。

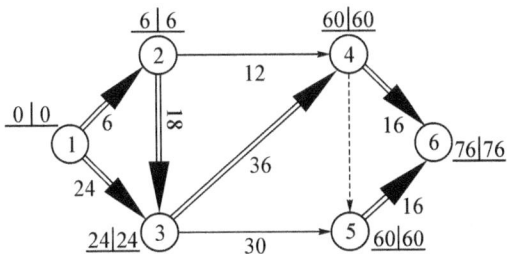

图 5.32　费用最低方案的网络计划

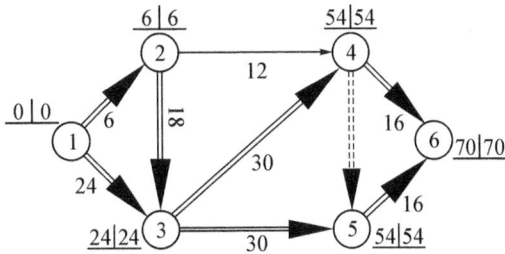

图 5.33　第三次压缩工期后的网络计划

(6)第四次压缩工期。

由图 5.33 看出,关键工作 3－4 和 3－5 位于不同的关键线路上,必须同时压缩。根据两个工作的允许压缩时间,确定压缩时间为 8 d。

第四次压缩后直接费用的增加为 $C_4＝C_3＋(143＋58)×8＝3\,990$(元),间接费用的减少为 $3\,120＋120×8＝4\,080$(元),总费用增加为 $3\,990－4\,080＝－90$(元)。

第四次压缩工期后的网络图如图 5.34 所示,由图可知,没有增加新的关键线路。

(7)第五次压缩工期。

由图 5.32 看出,只能在关键工作 1－2、1－3 和 2－3 选择。选择工作 1－3 和 2－3 同时压缩,根据两个工作的允许压缩时间,确定压缩时间为 4 d。

第五次压缩后直接费用的增加为 $C_5＝C_4＋(125＋100)×4＝4\,890$(元),间接费用的减少为 $4\,080＋120×4＝4\,560$(元),总费用增加为 $4\,890－4\,560＝330$(元)。

第五次压缩工期后的网络图如图 5.35 所示。

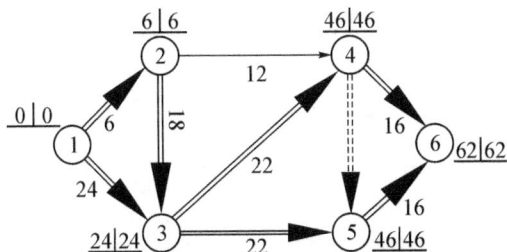

图 5.34　第四次压缩工期后的网络计划

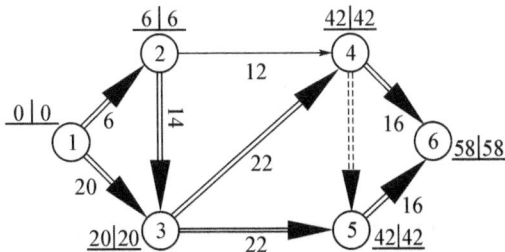

图 5.35　第五次压缩工期后的网络计划

不同压缩工期的费用增减情况如表 5.9 所示。

表 5.9 不同工期的费用增减情况

工　期(d)	直接费用增加(元)	间接费用增加(元)	总费用增加(元)
96(正常工期)	0	0	0
84(第一次压缩)	684	−1 440	−756
76(第二次压缩)	1 524	−2 400	−876
70(第三次压缩)	2 382	−3 120	−738
62(第四次压缩)	3 900	−4 080	−90
58(第五次压缩)	4 890	−4 560	330

由表 5.9 看出,除第五次压缩(总工期为 58 d)导致总费用增加,其余各次压缩均使得总费用降低,其中第二次压缩(总工期为 76 d)降低费用最多。

6 运输系统模拟

6.1 系统仿真与系统模拟

6.1.1 系统仿真

1) 基本概念

所谓系统仿真,就是根据系统分析的目的,在分析系统各要素性质及其相互关系的基础上,建立能描述系统结构或行为过程的、具有一定逻辑关系或数学方程的仿真模型,据此进行试验或定量分析,以获得正确决策所需的各种信息。

2) 系统仿真的实质

(1) 它是一种对系统问题求数值解的计算技术。尤其当系统无法建立数学模型以求解时,仿真技术能有效地处理。

(2) 仿真是一种人为的试验手段,进行类似于物理实验、化学实验那样的实验。它和现实系统实验的差别在于:仿真实验不依据实际环境,而是作为实际系统映象的系统模型在相应的"人造"环境下进行的。这是仿真的主要功能。

(3) 在系统仿真时,尽管要研究的是某些特定时刻的系统状态或行为,但仿真过程也对系统状态或行为在时间序列内的全过程进行描述。换句话说,仿真可以比较真实地描述系统的运行、演变及其发展过程。

3) 系统仿真的作用

(1) 仿真的过程也是实验的过程,而且还是系统地收集和积累信息的过程。尤其是对一些复杂的随机问题,应用仿真技术提供所需信息是唯一令人满意的方法。

(2) 对一些难以建立物理模型和数学模型的对象系统,可通过仿真模型来顺利地解决预测、分析和评价等系统问题。

(3) 通过系统仿真,可以把一个复杂系统降阶成若干子系统以便于分析。

(4) 通过系统仿真,能启发新的思想或产生新的策略,还能暴露出原系统中隐藏的一些问题,以便及时解决。

6.1.2 系统模拟

模拟的本意是"虚构、抽取本质、超越现实"。系统模拟则是指用系统模型结合实际的或模拟的环境和条件,或用实际的系统结合模拟的环境和条件,对系统进行研究、分析和实验的方法。

人们在研究系统,特别是研究那些复杂而庞大的系统的时候,往往要通过建立模型、在模型上进行实验的方法,来认识系统、了解系统。如工程方面,飞机的风洞实验、船模的船池实验等就是利用系统模型在模拟的环境和条件下进行实验;军事方面,军队举行的各种战略、战术演习就是真实的军事系统结合模拟的环境和条件下的实验;再比如航天方面,在宇宙航行中用动物作为生理模型代替人去冒险,就是用系统模型结合真实的环境和条件下的实验。

系统模拟的目的是要在人为控制的环境和条件下,通过改变系统的输入、输出或系统模型的特定参数,来观察系统或模型的响应,用以预测系统在真实环境和条件下的品质、行为、性质和功能。

从上述定义可以看出,系统仿真和系统模拟两者之间大同小异,在很多情况下是可以通用的,主要区分在细微之处:① 模拟是以模型为基础的,而仿真是以功能为基础的,但实际上大多数模型的建造都是以实现某些功能为前提的,因此区分度不大。② 模拟更注重于理论,仿真更侧重于实物,但因为仿真也不是完全的实物,很多时候也只能作为实物的代替品。③ 一般来说,数值模拟是用数值的方法近似地对某个问题进行求解,体现为"模拟"或"逼近",主要在于对问题解的取得程度,常常得到的是确定的一些值;数值仿真是用数值的方法为某个问题的过程进行演绎,计算出不同时间或空间上的状态,更注重问题的过程,常常追求的是一系列值,多半是动态问题。

在本书后面介绍中,不再详细区分模拟和仿真,统一都以模拟这一名词出现。

6.1.3 系统模拟的发展过程

模拟的思想古已有之,如众所周知的中国象棋,就是模仿古代战争的一种游戏,因此,模拟并不是一个新的概念。模拟的发展大致经历了三个阶段:

1) 直观模拟阶段

在这个阶段,人们只是对自然物进行直观的模仿,其特点是:只模仿自然物的外部几何形状和由外部形状产生的某些功能,模拟的目的只是为了研究被模拟的对象(原型),把原型中的某些优点移植到工具或仪器上。由于这种局限性,直观模仿只能为科学的发展提供一些条件,而不能带来根本性的变革。

2) 模拟实验阶段

在这个阶段,开始把模拟方法用于科学实验,用模型模拟原型、研究原型,以便于制成比原型更高级的系统。此时,常采用两种手段进行模拟实验;一是物理模拟,即以几何相似或物理相似为基础的模拟;一是数学模拟,即以数学方程式相似为基础的模拟。

最后,将模拟结果在实践中加以检验。

3) 功能模拟阶段

在这个阶段,以不同系统的功能和行为的相似为基础进行模拟,用不同的系统结构实现相同的系统功能。如用计算机模拟人脑的思维功能、人体功能等。在这一阶段,计算机已经成为其重要工具,使模拟技术得到深入的发展。

6.1.4 系统模拟的功能

(1) 评估系统中的某一部分;

(2) 评估系统各个部分或子系统之间的影响和对系统整体性能的影响;

(3) 比较各种设计方案,以获得最优的设计;

(4) 在系统发生故障后,使之重演,以便研究故障原因;

(5) 进行假设检验;

(6) 训练系统操作人员等。

6.1.5 系统模拟的步骤

1) 提出问题,明确模拟对象

即要求清楚、准确地阐明模拟对象的研究主题,要求建立模拟系统的规模、目的、范围,确定模拟系统的界限、条件,确定系统模拟效果的评定准则。

2) 建立系统模拟模型

应用已取得的资料数据,建立描述系统的模拟模型,以观察其是否与实际系统情况相符合,若有差异,则立即予以修正,务求使建立的模型可靠有效。

3) 模拟模型验证

利用建立的模拟模型进行一系列的模拟试验,对应模型的各种输入条件观察其输出情况,了解各种条件的变化对现实过程的影响。

4) 对模拟结果进行评价

按照模拟模型的评价标准,对其验证工作进行评价、比较,若满足要求,则模拟工作完成;若不满足要求.应反馈后重新模拟或修改模型。

6.1.6 系统模拟的模型

在系统工程中,利用模拟模型来研究现实系统时,首先要建立模拟模型。模拟模型一般分为三类:物理模拟模型、数学模拟模型和兼有以上两种模型特征的模拟模型。物理模拟模型即实体模型,数学模拟模型又分为数学解析模拟和蒙特卡罗模拟(计算机模拟)。

由于连续系统和离散(事件)系统的模型有很大差别,所以建立系统模拟模型的方法基本上分为两大类,即连续系统模拟方法和离散系统模拟方法。

连续系统是指系统中的状态变量随时间连续变化的系统。由于连续系统数学模型主要描述每一实体的变化速率,故数学模型通常是由微分方程组成。当系统比较复杂,尤其是包含非线性因素时,这种微分方程的求解就非常困难,故要借助仿真技术。其基本思想为:将用微分方程描述的系统转变为能在计算机上运行的模型,然后进行编程、运行或其他处理,以得到连续系统的仿真结果。在连续系统模拟中,还需要解决仿真任务分配、采样周期选择和误差补偿等特殊问题。

离散系统是离散事件动态系统的简称,指的是系统状态变量只在一些离散的时间点上发生变化的系统,这些离散的时间点称为特定时刻。在这些特定时刻由于有事件发生所以引起系统状态发生变化,而其他时刻系统状态保持不变。离散系统的另一个主要特点是随机性。因为这类系统中有一个或多个输入量是随机变量而不是确定量,所以它的输出也往往是随机变量。描述这类系统的模型一般不是一组数学表达式,而是一幅表示数量关系和逻辑关系的流程图,并可分为三部分,即"到达"模型(输入)、"服务"模型(输出)和"排队"模型(系统活动)。前两者一般用一组有不同概率分布的随机数来描述,而系统活动则通常由一个运行程序来描述。对这类系统问题,主要使用数字计算机进行模拟实验。

6.2　离散事件系统仿真

6.2.1　基本概念

离散事件系统:系统中的状态只在离散时间点上发生变化,而且这些离散时间点一般是不确定的。

系统状态是离散变化的,而引发状态变化的事件是随机发生的,因此这类系统的模型很难用数学方程来描述。

离散事件系统建模与仿真的基本概念:

1) 实体

从离散事件仿真角度看,实体可分为两大类:临时实体和永久实体。

临时实体——在系统中只存在一段时间的实体。一般是按一定规律由系统外部到达系统,在系统中接受永久实体的作用,按照一定的流程通过系统,最后离开系统。临时实体存在一段时间后即自行消失。消失有时是指实体从物理意义上退出了系统的边界或自身不存在了;有时仅是逻辑意义上的取消,意味着不必再予以考虑。如:进入商店的顾客、路口的车辆、生产线上的工件、进入防空火力网的飞机、停车场的汽车等。

永久实体——永久驻留在系统中的实体,是系统产生功能的必要条件。系统要对临时实体产生作用,就必须有永久实体的活动,也就必须有永久实体。可以说临时实体与永久实体共同完成了某项活动,永久实体作为活动的资源而被占用,如:理发店中的理发员、生产线上的加工装配机械、路口的信号灯等。

2）属性

是实体特征的描述，一般是系统所拥有的全部特征的一个子集，用特征参数或变量表示。选用那些参数作为实体的属性与建模目的有关，一般按以下原则：

便于实体分类：如按理发店顾客的性别；

便于实体行为的描述：如飞机的速度；

便于排队规则的确定：如生产线上待处理工件的优先级水平。

3）活动

实体在一段时间内持续进行的操作或过程。活动所占用的时间段称为忙期，忙期可以是定时的或随机的。

建模中，一般要给出忙期的计算公式或概率分布函数，保证一个实体一进入某一活动，其忙期就可以计算或从概率分布函数中抽取得到，如"服务员"对"顾客"的服务，其忙期就可以从指数分布函数抽样得到（服务时间）。很多情况下的活动是由几个实体协同完成的。

4）状态

对实体活动的特征状况划分，其表征量称为状态变量。在理发中，顾客有等待服务、接受服务等状态，服务员有忙、闲等状态。

活动总是与一个或几个实体的状态相对应。状态可作为动态属性进行描述。

5）事件

导致系统状态产生变化的瞬间操作或行为。从某种意义上说，系统是由事件来驱动的。

事件发生的时刻称为事件点。不关心事件所代表的操作和行为意义时，事件与事件点是同义语。

若事件发生是有前提的，则称为条件事件。

活动、状态和事件三者间关系：时间的发生导致状态的变化，实体的活动可以与一定的状态相对应，因此可以用事件来标识活动的开始和结束。

6）进程

一组按发生时间排列的事件/活动序列称为一个进程。

7）队列

处于等待状态的实体序列。一般按新到的实体排在队尾的次序组成。在建模中，队列可作为一种状态或特殊实体对待。

8）仿真钟

用于表示仿真时间的变化。其推进方法与仿真策略有关。

9）统计计数器

离散事件系统的有些变化是随机的，一次仿真运行得到的状态变化过程只不过是随机过程的一次取样，如果进行另一次独立的仿真运行所得到的状态变化过程可能完全是另一种情况，只在统计意义下有参考价值。一般在仿真中需要一个统计计数部件，以便统计系统中的有关变量。如：服务系统中的平均队长、顾客的平均等待时间、服务员的利用率等。

6.2.2 离散事件系统建模方法

1) 实体流程图法

采用与计算机程序流程图相类似的图示符号和原理，建立表示临时实体产生、在系统中流动、接受永久实体"服务"以及消失等过程的流程图。

借助实体流程图，可以表示事件、状态变化及实体间相互作用的逻辑关系。

计算机程序框图——思想和编制方法已广为接受，实体流程图的编制方法虽然简单，但对离散事件系统的描述却比较全面，应用比较普遍。

用实体流程图方法建模没有特别的技巧和理论可言：一是要对实际系统的工作过程有深刻的理解和认识；二是要将事件、状态变化、活动和队列等概念贯穿于建模过程中。

常用符号：

菱形框——判断；

矩形框——事件、状态、活动等中间过程；

圆端矩形框——开始和结束；

箭头线——逻辑关系。

具体建模思路：

（1）确定组成系统的实体及属性，将队列作为一种特殊的实体来考虑。

（2）分析各种实体的状态和活动，及其相互间的影响。队列实体的状态是队列的长度。

（3）考虑有哪些事情（事件）导致了活动的开始或结束，或者可以作为活动开始或结束的标志，以确定引起实体状态变化的事件，并合并条件事件。

（4）分析各种事件发生时，实体状态的变化规律。

（5）在一定的服务流程下，分析与队列实体有关的特殊操作（如换队等）。

（6）通过以上分析，以临时实体的流动为主线，用约定的图示符号画出被仿真系统的实体流程图。

（7）给出模型参数的取值、参变量的计算方法及属性描述变量的取值方法。属性描述变量，如顾客到达时间、服务时间等，可以取一个固定值（由某一计算公式取值）；也可以是一个随机变量，要给出其分布函数。

（8）给出队列的排队规则。由多个队列存在时，还应给出其服务规则（包括队列的优先顺序、换队规则等）

售票窗口服务系统举例。汽车站雇佣一名售票员同时负责车票的窗口销售和对电话问询者的咨询服务，并有如下规则：

（1）窗口服务比电话服务有更高的优先级。

（2）问询者打来电话由电话系统存储后，按先来先服务的原则——予以答复。

（3）建模目的：研究售票员的忙闲率。

（4）此例中有两类实体同时流动，可能出现资源冲突。

模型属性变量：购票者到达时间，电话问询者到达时间，售票服务时间，电话服务时间。

排队规则：窗口购票者和电话问询者分别排队；优先进行窗口服务。

该案例的系统要素和实体流程图分别见表6.1和图6.1。

表 6.1　实体流程图法售票窗口服务系统要素

实体	售票员 （永久）	购票者 （临时）	电话问询者 （临时）	购票者 队列	电话问询者 队列
活动	窗口售票/电话服务	买票（与售票员协同）	问询（与售票员协同）	—	—
状态	空闲/回电话/售票	等待/接受服务	等待/接受服务	长度	长度

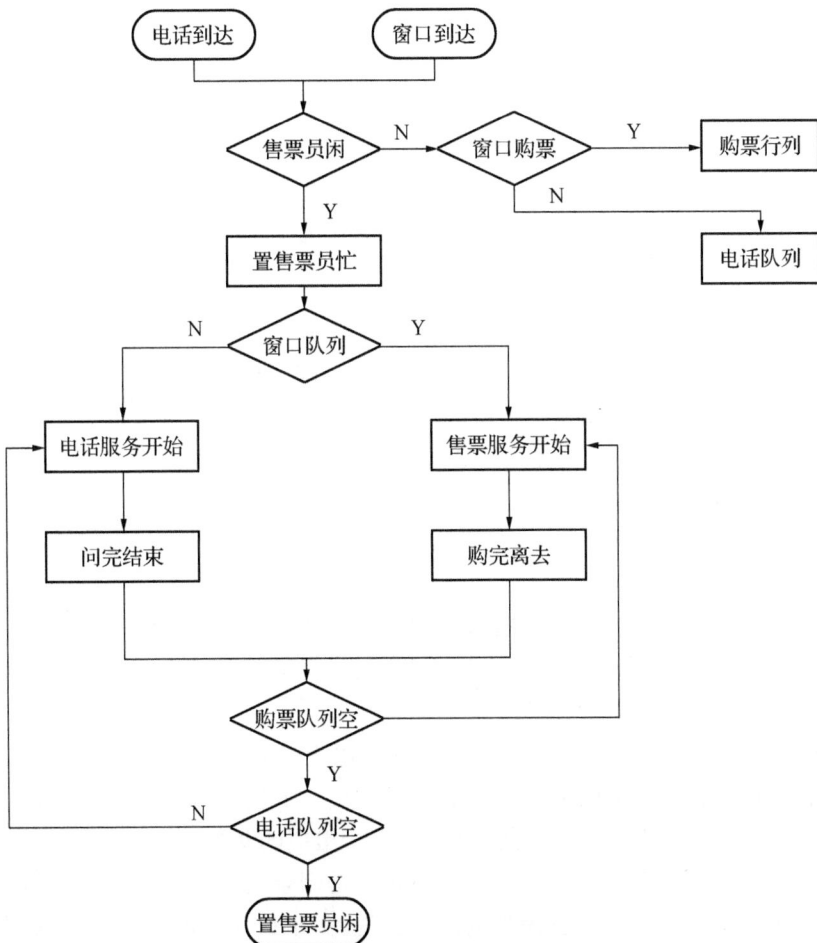

图 6.1　售票窗口服务系统实体流程图

165

2) 活动周期法

实体流程图法中:实体的行为模式在有限的几种情况之间周而复始地变化,表现出一定的生命周期形式。理发员实体状态在"忙"和"闲"之间不断变化,"忙"意味着理发员与顾客正在协同完成"理发"活动。顾客实体群体行为是在"到达""等待""理发"和"离去"之间周而复始变化。活动周期图法正是基于这种思想逐步形成的一种离散事件系统建模方法。

以直观的方式显示了实体的状态变化历程和各实体之间的交互作用关系,便于理解分析。可以充分反映各类实体的行为模式,并将系统的状态变化以"个体"状态变化的集合方式表示出来,因此可以更好地表达众多实体的并发活动和实体之间的协同。但是,它只描述了系统的稳态,而没有表示系统的瞬态,即活动的开始和结束事件。

活动周期图的基本概念有:

实体状态:静寂(Dead)、激活(Active),基本图符见图 6.2。

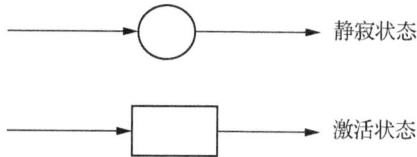

图 6.2　活动周期法基本图符

状态之间:用箭头连接,不同的实体用不同的线型,表示各种实体的变化历程。

激活状态:通常是实体的活动,模型中活动的忙期可采用随机抽样的方法事先加以确定。

静寂状态:通常表示无活动发生,是实体等待参加某一活动的状态,其持续时间在模型中无法事先确定,取决于有关活动的发生时刻与忙期。

每一类实体的生命周期都由一系列状态组成。随着时间的推移和实体间的相互作用,各个实体从一个状态变化到另一个状态,形成一个变化过程。

活动周期图建模过程如下:

(1) 确定组成系统的实体及属性:确定组成系统的永久实体和临时实体,队列不作为实体考虑。

(2) 分别画出各实体的活动周期图:要以实际过程为依据,队列作为排队等待状态来处理;实体流程图中事件看待的某些操作或行为,要拓展为活动来处理。活动周期图服从交替原则和闭合原则两个原则。

① 交替原则:静寂状态和活动状态必须交替出现。如果实际系统中某一活动完成后其后续活动就立即开始,则后续活动为直联活动。为使直联活动与其前置活动的连接仍符合交替原则,规定这两个活动之间存在一个虚拟的队列。

② 闭合原则:每类实体的活动周期图都必须是闭合的,其中临时实体的活动周期图表示一个或单位实体从产生到消失的循环过程,而永久实体的活动周期图则表示一

个或几个实体被占用和被释放的循环往复过程。

（3）将实体的活动周期图联结成系统的活动周期图：以各实体之间的协同活动为纽带，将各种实体的活动周期图合并在一起。

（4）增添必需的虚拟实体：在活动周期图中，当一个活动的所有前置静寂状态均取非零值（队列不空）时，该活动才有可能发生。利用这一特性，可以增添某些必要的虚拟实体，并假定它们与另外的实体协同完成某项活动。利用这种办法可以为实体活动的发生加上某种附加条件，从而实现"隔时发生"的建模效果。

（5）标明活动发生的约束条件和占用资源的数量：活动是否可以发生的判断条件，这些条件应是用活动周期图示符号无法或不便表达的。活动发生的条件一般为某种表达式，标在活动框的旁边。

永久实体在参加一次协同活动时被占用和活动完成时释放的数量。协同活动发生时占用/释放永久实体（资源）的数量标在相应箭线的旁边（带有＋/－符号），数量为1时不标。

（6）给出模型参数的取值、参变量的计算方法及属性描述变量的取值方法，并给出排队规则和服务规则。

下面以售票窗口服务系统举例说明活动周期法的应用过程。剧院雇佣一名售票员同时负责剧票的窗口销售和对电话问询者的咨询服务，具有以下规则：

（1）窗口服务比电话服务有更高的优先级。

（2）问询者打来电话由电话系统存储后按先来先服务的原则一一予以答复。

（3）建模目的：研究售票员的忙闲率。

（4）此例中有两类实体同时流动，可能出现资源冲突。

模型属性变量：购票者到达时间，电话问询者到达时间，售票服务时间，电话服务时间。

排队规则：窗口购票者和电话问询者分别排队；优先进行窗口服务。

系统要素和活动周期图见表 6.2 和图 6.3。

表 6.2　活动周期法售票窗口服务系统要素

实体	售票员（永久）	购票者（临时）	电话问询者（临时）
活动	窗口售票/电话服务	买票（与售票员协同）	问询（与售票员协同）
状态	售票/回电话（激活） 空闲（静寂）	接受服务（激活） 等待（静寂）	

电话=0

打电话

等待　　　　问询者　　　　局外

服务
接/回电话

空闲　　　　售票员

服务
购票/售票

外部　　　购票者　　　排队等待

顾客=0

到达

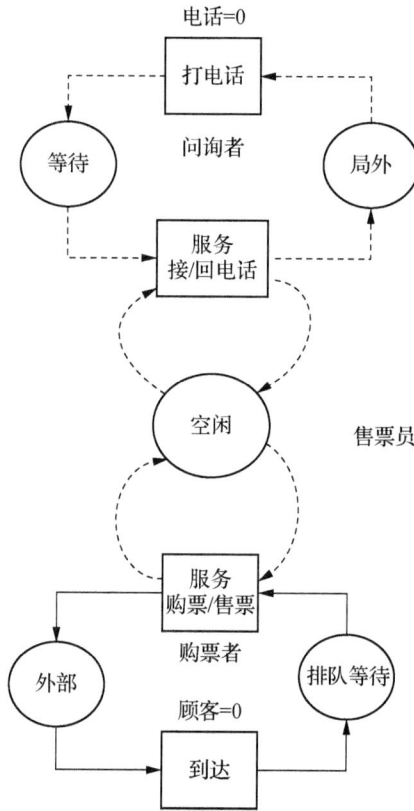

图 6.3　售票窗口服务系统活动周期图

显然,活动周期图在描述两类以上临时实体资源竞争问题时较简练、清晰。

6.2.3　离散事件系统仿真策略

1）事件调度法

基本思想:将事件(处理)例程作为仿真模型的基本模型单元,按照事件发生的先后顺序不断执行相应的事件例程。每一事先可预知其发生时间的确定事件都带有一个事件例程,用以处理事件发生后对实体状态所产生的影响,并安排后续事件;条件事件并不具有事件例程,对它的处理隐含在某一确定事件例程中。事件调度法中所说的事件是指确定事件,对实体流程图法建立的模型,一般采用事件调度法。

事件调度仿真机制见图 6.4,具体的仿真策略有:

（1）初始化

置仿真的开始时间 t_0 和结束时间 t_f；

置实体的初始状态；

置初始事件及其发生时间 t_s。

（2）仿真时钟 $TIME=t_s$。

（3）确定当前时钟 TIME 下发生的事件类型 $E_i(i=1,2,3,\cdots,n)$，并按规则排序

（4）如果 $TIME \leqslant t_s$，执行

{case E_i of

E_1：执行 E_1 的事件例程；产生后续事件类型及发生时间；

……；

E_n：执行 E_n 的事件例程；产生后续事件类型及发生时间；

end case}

否则，转（6）；

（5）将仿真时钟 $TIME$ 推进到下一最早事件发生时刻，转（3）；

（6）仿真结束。

上述第（5）步体现了仿真时钟的推进机制，是将仿真时钟推进到下一最早事件的发生时刻。与连续系统仿真中的时间推进方法——固定时间增量法不同，反映了离散事件系统状态仅在离散时刻点上发生变化的特点，这种时间推进方法为离散事件系统仿真策略所普遍采用，又称为下一事件增量法。

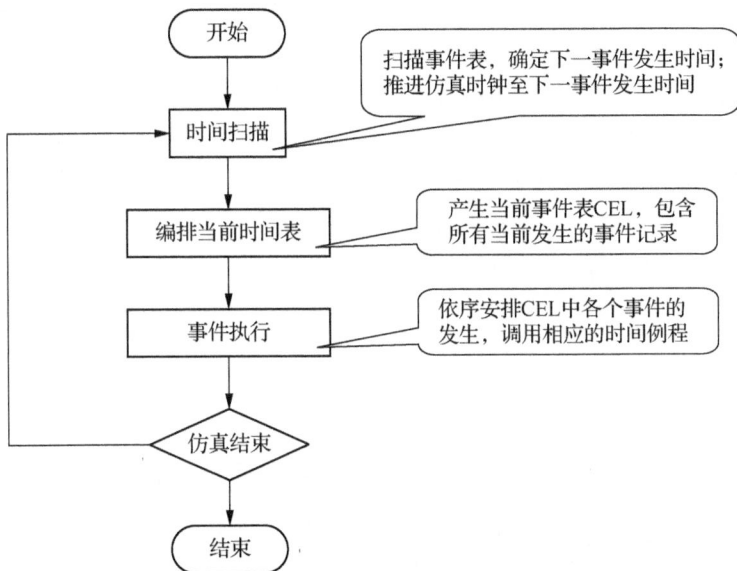

图 6.4 事件调度仿真机制

2）活动扫描法

事件调度法中，仿真钟的推进仅仅依据对下一个最早发生的事件的判断，而该事件发生的任何条件的测试则必须在该事件处理程序内部去处理。如果条件满足，该事件发生，而如果条件不满足的话，则推迟或取消该事件的发生。

因此，从本质上讲，事件调度法是一种"预定事件发生时间"的策略。这样，仿真模型中必须预定系统中最先发生的事件，以便启动仿真进程。在每一类事件处理例程中，

除了要修改系统的有关状态外,还要预定本类事件的下一事件将要发生的时间。该策略对于活动持续时间确定性较强(可以是服从某种分布的随机变量)的系统是比较方便的。

但是,事件的发生不仅与时间有关,而且与其他条件有关,即只有满足某些条件时才会发生。这种情况下,事件调度法策略的弱点就表现出来了,由于这类系统的活动持续时间具有不确定性,因而无法预定活动的开始或终止时间。

活动扫描法就是针对上述特点产生的,在英国很流行,最早出现在 1962 年 Buxton 和 Laski 发布的 CSL 语言中。

活动扫描法与活动周期模型有较好的对应关系。活动周期图中的任一项活动都可以由开始和结束两个事件来表示,每一事件都有相应的活动例程。例程中的操作能否进行取决于一定的测试条件,该条件一般与时间和系统状态有关,而且时间条件需优先考虑。确定事件的发生时间可以事先确定,因此其活动例程的测试条件只与时间有关;条件事件的例程测试条件与系统状态有关。

一个实体可以有几个活动例程;协同活动的活动例程只归属于参与的一个实体(一般是永久实体)。在活动扫描法中,除设置系统仿真时钟外,每一实体都带有标志自身时钟值的时间元(time-cell)。时间元的取值由所属实体的下一确定事件刷新。

活动周期法的基本思想是,用各实体时间元的最小值推进仿真时钟;将仿真时钟推进到一个新的时刻点后,按优先序执行可激活实体的活动例程,使测试通过的事件得以发生并改变系统的状态和安排相关确定事件的发生时间。因此,与事件调度法中的事件例程相当,活动例程是活动扫描法的基本模型单元。

活动扫描法仿真执行机制见图 6.5。

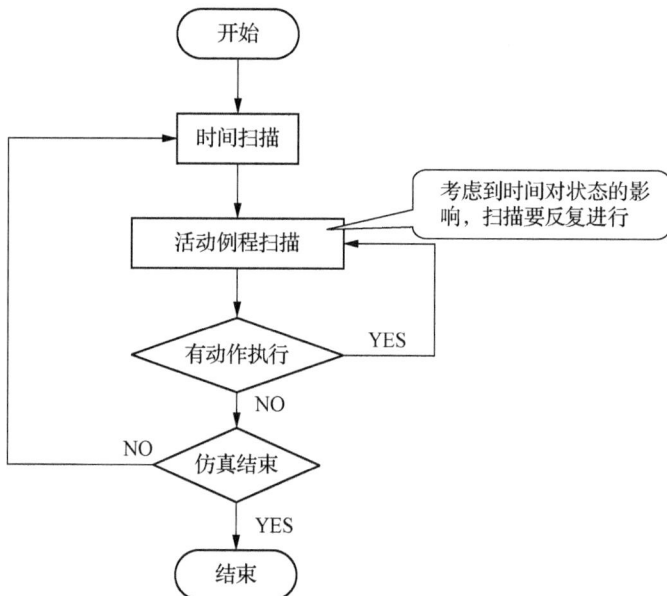

图 6.5 活动扫描法仿真执行机制

活动扫描法的仿真策略：

（1）初始化

置仿真的开始时间 t_0 和结束时间 t_f；

置实体的初始状态；

置实体时间元 time-cell[i] 的初值；$i=1,2,3,\cdots,m$；m 是实体个数。

（2）置仿真时钟 $TIME=t_0$；

（3）如果 $TIME \leqslant t_f$，转（4）；否则，转（6）。

（4）活动例程扫描

  for $j=1,n$（优先序从高到低）

  例程 A_j 隶属于实体 E_i；

  if (time-cell[i]$\leqslant TIME$ 且 A_j 的测试条件 $D[j]=$ True) then

  执行活动例程 A_j；

  若 A_j 中安排了 E_i 的下一事件则刷新 time-cell[i]；

  退出当前循环，重新开始扫描；

  end if

  end for

（5）推进仿真时钟 $TIME=\min\{$time-cell[i] $\mid$ time-cell[i]$>TIME\}$；

（6）仿真结束。

从上面算法可知，活动扫描法要求在某一仿真时刻点上对所有当前（time-cell[i] $=TIME$）可能发生的和过去（time-cell[i]$<TIME$）应该发生的事件反复进行扫描，直到确认已没有可能发生的事件才推进仿真时钟。

在活动扫描法仿真中，每一活动例程都有两部分构成：

探测头：活动例程中所带的测试条件；

动作序列：活动例程所要完成的具体操作，只有在测试通过后才被执行。

总控程序的主要任务是进行时间扫描，以确定仿真时钟的下一时刻，下一时刻是由最早发生的确定事件决定的。

在事件调度法中，时间扫描是通过事件表完成的；而在活动扫描法中，时间扫描是通过时间元 time-cell 完成的。

time-cell 是各个实体的地方时钟，而系统仿真时钟是全局时钟。time-cell 的取值方法有两种：

绝对时间法：将 time-cell 的时钟值设定在相应实体的确定事件发生时刻；

相对时间法：将 time-cell 的时钟值设定在相应实体确定事件发生的时间间隔上。

不管采用哪一种时间扫描方法，进行活动例程扫描时 time-cell 的取值小于 0 的永久实体，表明其处于等待状态。上面给出的仿真策略采用的是绝对时间法。

与事件调度法不同，这里进行时间扫描时也可采用表的方法，但表处理的结果仅仅是求出最小时间值，而不需确定当前要发生的事件。因此，time-cell 表中只存放时间值即可,与事件表相比,其结构与处理过程要简单得多。

3）三段扫描法

由于活动扫描法将确定事件和条件事件的活动例程同等对待,都要通过反复扫描来执行,因此效率较低。1963 年,Tocher 借鉴事件调度法的某些思想,对活动扫描法进行了改进,提出了三段扫描法。三段扫描法兼有活动扫描法简单和事件调度法高效的优点,因此被广泛采用,并逐步取代了最初的活动扫描法。

同活动扫描法一样,三段扫描法的基本模型单元也是活动例程。但是在三段扫描法中,活动例程被分为两类:

B 类活动例程——描述确定事件的活动例程,在某一排定时刻必然会被执行,也称确定活动例程。

C 类活动例程——描述条件事件的活动例程,在协同活动开始(满足状态条件)或满足其他特定条件时被执行,也称条件活动例程或合作活动例程。

显然,B 类活动例程像事件扫描法中的事件例程一样可以在排定时刻直接执行,只有 C 类活动例程才需扫描执行。

基于这种思想,给出三段扫描法的仿真策略如下:

（1）初始化

置仿真的开始时间 t_0 和结束时间 t_f;

置实体的初始状态;

置初始 B 类活动例程及其调用时间 t_s。

（2）置仿真时钟 $TIME = t_s$。

（3）确定当前时钟 TIME 下调用的 B 类活动例程 $A_i(i=1,2,3,\cdots,n)$。

（4）B 类例程调用

如果 $TIME \leqslant t_f$,按优先序执行

{case A_i of

A_1:执行活动例程 A_1;

……

A_n:执行活动例程 A_n。

end case}

否则,转(7);

（5）C 类例程扫描

for $j = 1, m$(优先序从高到低)

if (A_j 的测试条件 $D[j] =$ True) then

执行活动例程 A_j;

{退出当前循环,重新开始扫描};

end if

end for

（6）推进仿真时钟 TIME 到下一最早 B 类例程调用时刻；转（3）；

（7）仿真结束。

B 类例程的调用时刻在 B 类和 C 类活动例程中均可安排。

具体实现时，将活动扫描法中的确定事件（B 类活动）的活动例程中的探测头去掉，其余不变。执行机制见下图：

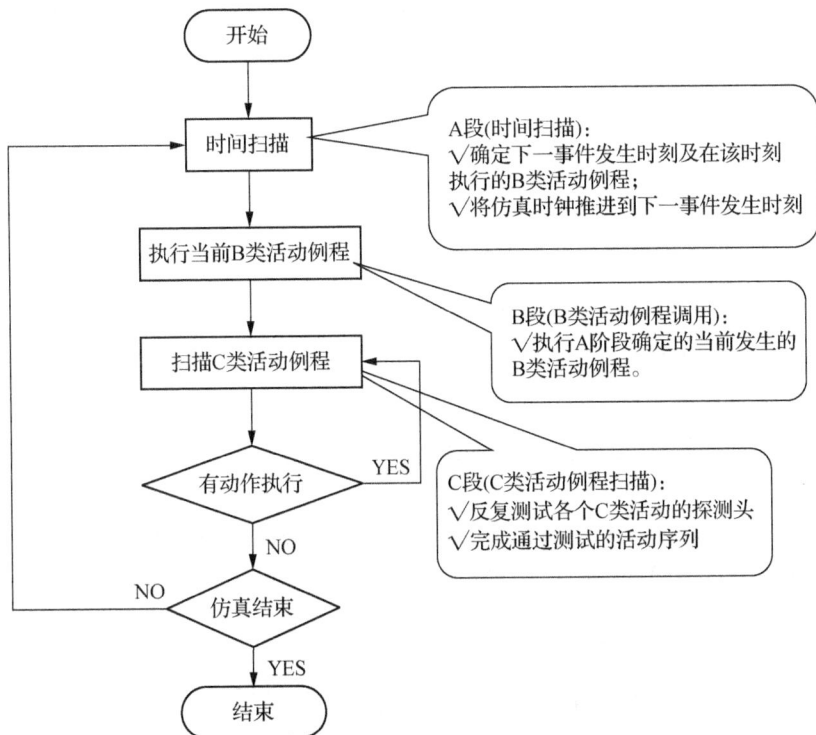

图 6.6　三段扫描法仿真执行机制

6.3　连续系统仿真方法

6.3.1　离散化原理及要求

在数字计算机上对连续系统进行仿真时，首先遇到的问题是如何解决数字计算机在数值及时间上的离散性与被仿真系统数值及时间上的连续性这一基本问题。

从根本意义上讲，数字计算机所进行的数值计算仅仅是"数字"计算，它表示数值的精度受限于字长，这将引入舍入误差；另一方面，这种计算是按指令一步一步进行的，因而，还必须将时间离散化，这样就只能得到离散时间点上系统性能。用数字仿真的方法对微分方程的数值积分是通过某种数值计算方法来实现的。任何一种计算方法都只能是原积分的一种近似。因此,连续系统仿真,从本质上是对原连续系统从时间、数值两个方面对原系统进行离散化,并选择合适的数值计算方法来近似积分运算,由此得到的离散模型来近似原连续模型。如何保证离散模型的计算结果从原理上能代表原系统的行为,这是连续系统数字仿真首先必须解决的问题。

设系统模型为:$\dot{y}=f(y,u,t)$,其中 $u(t)$ 为输入变量,$y(t)$ 为系统变量;令仿真时间间隔为 h,离散化后的输入变量为 $\hat{u}(t_k)$,系统变量为 $\hat{y}(t_k)$,其中 t_k 表示 $t=k_h$。如果 $\hat{u}(t_k)\approx u(t_k)$,$\hat{y}(t_k)\approx y(t_k)$,即 $e_u(t_k)=\hat{u}(t_k)-u(t_k)\approx 0$,$e_y(t_k)=\hat{y}(t_k)-y(t_k)\approx 0$(对所有 $k=0,1,2,\cdots$),则可认为两模型等价,这称为相似原理(参见图6.7)。

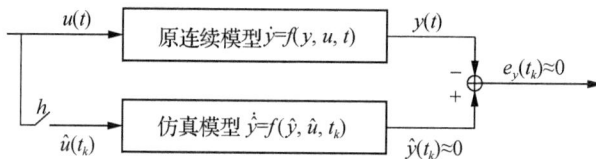

图 6.7　相似原理

实际上,要完全保证 $e_u(t_k)=0$,$e_y(t_k)=0$ 是很困难的。进一步分析离散化引入的误差,随着计算机技术的发展,由计算机字长引入的舍入误差可以忽略,关键是数值积分算法,也称为仿真建模方法。相似原理用于仿真时,对仿真建模方法有三个基本要求:

(1) 稳定性:若原连续系统是稳定的,则离散化后得到的仿真模型也应是稳定的。

(2) 准确性:有不同的准确性评价准则,最基本的准则是:

$$\text{绝对误差准则:}|e_y(t_k)|=|\hat{y}(t_k)-y(t_k)|\leqslant\delta$$

$$\text{相对误差准则:}|e_y(t_k)|=\left|\frac{\hat{y}(t_k)-y(t_k)}{\hat{y}(t_k)}\right|\leqslant\delta$$

其中 δ 规定精度的误差量。

(3) 快速性:如前所述,数字仿真是一步一步推进的,即由某一初始值 $y(t_0)$ 出发,逐步计算,得到 $y(t_1)$,$y(t_2)$,$\cdots$,$y(t_k)$,每一步计算所需时间决定了仿真速度。若第 k 步计算对应的系统时间间隔为 $h_k=t_{k+1}-t_k$,计算机由 $y(t_k)$ 计算 $y(t_{k+1})$ 需要的时间为 T_k,则,若 $T_k=h_k$ 称为实时仿真,$T_k<h_k$ 称为超实时仿真,而大多数情况是 $T_k>h_k$,对应于离线仿真。

连续系统数字仿真中离散化最基本的算法是数值积分算法。对于形如 $\dot{y}=f(y,u,t)$ 的系统,已知系统变量 y 的初始条件 $y(t_0)=y_0$,现在要求 y 随时间变化的过程 $y(t)$。计算过程可以这样考虑(参见图6.8):首先求出初始点 $y(t_0)=y_0$ 的 $f(t_0,y_0)$,微分方程可以写作:

$$y(t)=y_0+\int_{t_0}^{t}f(t,y)\mathrm{d}t \tag{6.1}$$

图 6.8 所示曲线下的面积就是 $y(t)$，由于难以得到 $f(y, u, t)$ 积分的数值表达式，人们对数值积分方法进行了长期探索，其中欧拉法是最经典的近似方法。

欧拉法用矩形面积近似表示积分结果，也就是当 $t=t_1$ 时，$y(t_1)$ 的近似值为 y_1：

$$y_1 = y(t_1) \cong y_0 + \Delta t \cdot f(t_0, y_0) \qquad (6.2)$$

图 6.8 数值积分法原理

重复上述方法，当 $t=t_2$ 时

$$y_2 = y(t_2) \cong y_1 + (t_2 - t_1) \cdot f(t_1, y_1)$$

所以，对任意时刻 t_{k+1}，有：

$$y_{k+1} = y(t_{k+1}) \cong y_k + (t_{k+1} - t_k) \cdot f(t_k, y_k) \qquad (6.3)$$

令 $t_{k+1} - t_k = h_k$ 称为第 k 步的计算步距。若积分过程中步距不变 $h_k = h$，可以证明，欧拉法的截断误差正比于 h^2。

为进一步提高计算精度，人们提出了"梯形法"。梯形法近似积分形式如式(6.4)所示，令：$t_{k+1} - t_k = h_k = h$，已知：$t=t_k$ 时 $y(t_k)$ 的近似值 y_k，那么：

$$y_{k+1} = y(t_{k+1}) \cong y_k + \frac{1}{2}h[f(t_k, y_k) + f(t_{k+1}, y_{k+1})] \qquad (6.4)$$

可见，梯形法是隐函数形式。采用这种积分方法最简单的预报校正方法是用欧拉法估计初值，用梯形法校正，即：

$$y_{k+1}^{(i+1)} \cong y_k + \frac{1}{2}h[f(t_k, y_k) + f(t_{k+1}, y_{k+1}^{(i)})] \qquad (6.5)$$

$$y_{k+1}^{(i)} \cong y_k + h \cdot f(t_k, y_k) \qquad (6.6)$$

式(6.6)称作预报公式，采用欧拉法，式(6.5)为校正公式，采用梯形法。用欧拉法估计一次 $y_{k+1}^{(i)}$ 的值，代入校正公式得到 y_{k+1} 的校正值 $y_{k+1}^{(i+1)}$。设 ε 是规定的足够小正整数，称作允许误差，若 $i=0$，$i+1=1$ 称作第一次校正；$i=1$，$i+1=2$ 称作第二次校正；通过反复迭代，直到满足 $|y_{k+1}^{i+1} - y_{k+1}^{i}| \le \varepsilon$，这时 $y_{k+1}^{(i+1)}$ 是满足误差要求的校正值。

上述方法是针对(6.3)式所示的微分方程在已知初值情况下进行求解，因此也称为微分方程初值问题数值计算法，为统一起见，本书中称为数值积分法。

连续系统数字仿真的离散化方法有两类，它们是数值积分法和离散相似法，本章讨论数值积分法。

数值积分法采用递推方式进行运算，而采用不同的积分方法会引进不同的计算误差，为了提高计算精度，往往会增加运算量。就同一种积分算法而言，为提高计算精度，减小积分步距 h，计算量增大，影响系统运算速度。因此，计算精度和速度是连续系统

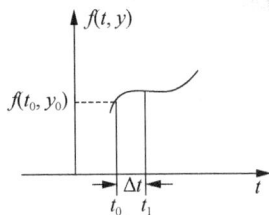

仿真中常用到的一对矛盾,也是数字仿真中要求解决的问题之一。也就是说,选择合适的算法及合适的软、硬件环境,在保证计算精度的前提下,考虑怎样提高仿真的速度。

经典的数值积分法可分为两类:单步法与多步法,下面我们将分别来介绍这两类方法中的最常用的算法。

6.3.2 单步法(龙格库塔法)

在连续系统的仿真中,主要的数值计算工作是对$\dfrac{\mathrm{d}y}{\mathrm{d}t}=f(t,y)$的一阶微分方程进行求解。因为

$$y(t_{k+1})=y(t_k)+\int_{t_k}^{t_{k+1}}f(t,y)\mathrm{d}t$$

若令:

$$y_k\cong y(t_k),\quad Q_k\cong\int_{t_k}^{t_{k+1}}f(t,y)\mathrm{d}t$$

则有:

$$y(t_{k+1})\cong y_{k+1}=y_k+Q_k \tag{6.7}$$

因此主要问题就是如何对Q_k进行数值求解,即如何对$f(t,y)$进行积分。通常称作"右端函数"计算问题。已知$y(t_0)=y_0$,假设我们从t_0跨出一步,$t_1=t_0+h$,t_1时刻为$y_1=y(t_0+h)$,可以在t_0附近展开台劳级数,只保留h^2项,则有:

$$y_1=y_0+f(t_0,y_0)h+\frac{1}{2}\left(\frac{\partial f}{\partial y}\frac{\mathrm{d}y}{\mathrm{d}t}+\frac{\partial f}{\partial t}\right)\bigg|_{t_0}h^2 \tag{6.8}$$

在式(6.8)中括号后的下标 0 表示括号中的函数将用$t=t_0$,$y=y_0$均同。我们假设这个解可以写成如下形式:

$$y_1=y_0+(a_1k_1+a_2k_2)h \tag{6.9}$$

其中:

$$k_1=f(t_0,y_0),\quad k_2=f(t_0+b_1h,y_0+b_2k_1h)$$

对k_2式右端的函数在$t=t_0$,$y=y_0$处展开泰勒级数,保留h项,可得:

$$k_2\cong f(t_0,y_0)+\left(b_1\frac{\partial f}{\partial t}+b_2k_1\right)\bigg|_{t_0}h$$

将k_1,k_2代入式(6.9),则有:

$$y_1=y_0+a_1hf(t_0,y_0)+a_2h\left[f(t_0,y_0)+\left(b_1\frac{\partial f}{\partial t}+b_2k_1\frac{\partial f}{\partial y}\right)\bigg|_{t_0}h\right]$$

$$a_1 + a_2 = 1, \quad a_2 b_1 = 1/2, \quad a_2 b_2 = 1/2$$

将上式与(6.8)式进行比较,可得:

可见有四个未知数 a_1,a_2,b_1,b_2,但只有三个方程,因此有无穷多个解,若限定 $a_1 = a_2$,则可得其中一个解:

$$a_1 = a_2 = \frac{1}{2}, \quad b_1 = b_2 = 1$$

将它们代入(6.9)式可得一组计算公式:

$$y_1 = y_0 + \frac{h}{2}(k_1 + k_2) \tag{6.10}$$

其中:

$$k_1 = f(t_0, y_0), \quad k_2 = f(t_0 + h, y_0 + k_1 h)$$

若写成一般递推形式,即为:

$$y(t_{k+1}) \cong y_{k+1} = y_k + \frac{h}{2}(k_1 + k_2) \tag{6.11}$$

其中,

$$k_1 = f(t_k, y_k), \quad k_2 = f(t_k + h, y_k + k_1 h)$$

由于(6.8)式只取了 h,h^2 两项,而将 h^3 以上的高阶项略去了,所以这种递推公式的截断误差正比于 h 的三次方,又由于计算时只取了 h 及 h^2 项,故这种方法被称为二阶龙格库塔法(简称 RK-2)。

根据上述原理,若在展成台劳级数时保留 h,h^2,h^3 及 h^4 项,那么可得一套截断误差正比于 h^5 的四阶龙格库塔法(简称 RK-4)公式:

$$y(t_{k+1}) \cong y_{k+1} = y_k + \frac{1}{6}(k_1 + 2k_2 + 2k_3 + k_4) \tag{6.12}$$

其中:

$$k_1 = f(t_k, y_k)$$
$$k_2 = f\left(t_k + \frac{h}{2}, y_k + \frac{h}{2}k_1\right)$$
$$k_3 = f\left(t_k + \frac{h}{2}, y_k + \frac{h}{2}k_2\right)$$
$$k_4 = f(t_k + h, y_k + hk_3)$$

由于这组计算公式有较高的精度,所以在数字仿真中应用较为普遍。龙格库塔数值积分法的"误差估计"和"步长控制"的基本想法如图 6.9 所示,每积分一步都设法估计出本步的计算误差 ε_k，然后判断是否满足允许误差 ε，据此，选择相应的步长控制策略，调整步长，再作下一步积分运算。

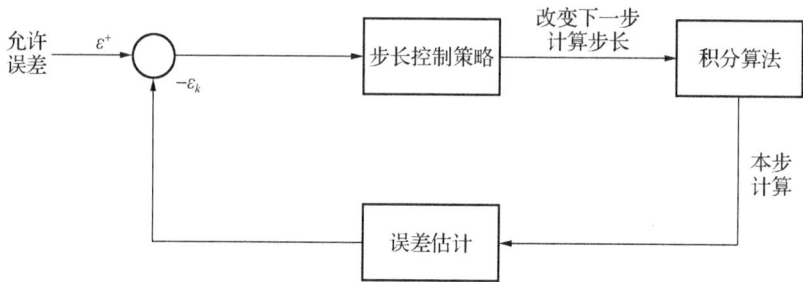

图 6.9　龙格库塔法步长控制示意

6.3.3　多步法(亚当姆斯法)

龙格库塔法是一类重要算法，但这类算法在每一步都需要先预报几个点上的斜率值，计算量比较大。考虑到计算之前已得出一系列节点上 x_i，x_{i-1}，$\cdots$，x_1 的斜率值，能否利用这些已知值来减少计算量呢？这就是亚当姆斯法的设计思想。

设用 x_i，x_{i+1} 两点的斜率值加权平均作为区间 $[x_i，x_{i+1}]$ 上的平均斜率，有计算格式：

$$\begin{cases} y_{i+1}=y_i+h\big[(1-\lambda)y_i'+\lambda y_{i-1}'\big] \\ y_i'=f(x_i，y_i) \\ y_{i-1}'=f(x_{i-1}，y_{i-1}) \end{cases} \tag{6.13}$$

选取参数 λ，使上式具有二阶精度。

将 y_{i-1}' 在下 x_i 处 Taylor 展开

$$y_{i-1}'=y_i'+y_i''(-h)+\frac{1}{2!}y'''(-h)^2+O(h^3)$$

代入算式(6.13)化简，并假设

$$y_i=y(x_i)，y_{i-1}=y(x_{i-1})$$

因此有：

$$y_{i+1}=y(x_i)+hy'(x_i)-\lambda h^2 y''(x_i)+O(h^3)$$

与 $y(x_{i+1})$ 在 x_i 处的 Taylor 展开式：

$$y(x_{i+1})=y(x_i)+hy'(x_i)+\frac{1}{2}h^2 y''(x_i)+O(h^3)$$

相比较，需取 $\lambda=-\frac{1}{2}$ 才使公式(6.13)具有二阶精度。这样导出的算式：

$$y_{i+1} = y_i + \frac{h}{2}(3y'_i - y'_{i-1})$$

称之为二阶亚当姆斯格式。类似地可以导出三阶亚当姆斯格式：

$$y_{i+1} = y_i + \frac{h}{12}(23y'_i - 16y'_{i-1} + 5y'_{i-2})$$

和四阶亚当姆斯格式：

$$y_{i+1} = y_i + \frac{h}{24}(55y'_i - 59y'_{i-1} + 37y'_{i-2} - 9y'_{i-3})$$

上述几种亚当姆斯格式都是显式的,算法比较简单,但用节点 x_i, x_{i-1}, …, x_1 的斜率值来预报区间$[x_i, x_{i+1}]$上的平均斜率是个外推过程,效果不够理想。为了进一步改善精度,变外推为内插,即增加节点 x_{i+1} 的斜率值来得出$[x_i, x_{i+1}]$上的平均斜率。譬如考察形如

$$\begin{cases} y_{i+1} = y_i + h[(1-\lambda)y'_{i+1} + \lambda y'_i] \\ y'_i = f(x_i, y_i) \\ y'_{i+1} = f(x_{i+1}, y_{i+1}) \end{cases} \quad (6.14)$$

的隐式格式,设公式(6.14)右端的 $y_i = y(x_i)$, $y_{i+1} = y(x_{i+1})$ Taylor 展开有：

$$y_{i+1} = y(x_i) + hy'(x_i) + (1-\lambda)h^2 y''(x_i) + O(h^3)$$

可见要使公式(6.14)具有二阶精度,需令 $\lambda = -\frac{1}{2}$,这样就可构造二阶隐式亚当姆斯格式：

$$y_{i+1} = y_i + \frac{h}{2}(y'_{i+1} + y'_i)$$

其实是梯形格式。类似可导出三阶隐式亚当姆斯格式：

$$y_{i+1} = y_i + \frac{h}{12}(5y'_{i+1} + 8y'_i - y'_{i-1})$$

和四阶隐式亚当姆斯格式：

$$y_{i+1} = y_i + \frac{h}{24}(9y'_{i+1} + 19y'_i - 5y'_{i-1} + y'_{i-2})$$

6.4 系统动力学模拟方法

6.4.1 系统动力学概述

对自然科学家或工程师来说,进行试验已司空见惯,他们可通过试验来探索和发现

事物发展变化规律;但是,以社会为研究对象的社会科学家却只能靠社会调查和分析。可以设想,如果社会科学工作者、战略家、管理者在进行社会、企业重大变革之前,能像自然科学家那样通过"社会科学试验室"对各种政策方案进行实际试验之后再做出决策,对社会科学的研究将会有多大重大的意义。

为了适应这种需要,20 世纪 50 年代美国麻省理工学院斯隆管理学院的福雷斯特教授融控制论、系统论、信息论、计算机模拟技术、管理科学及决策论等学科的知识为一体,开发了系统动力学(System Dynamics,SD)。

该方法是一种用计算机对社会大系统进行模拟的方法,是用计算机研究发展战略与策略的一种方法。因此,该方法被誉为"战略与策略试验室",福雷斯特也被誉为当代的伽利略。

系统动力学是建立在系统论、自动控制理论和信息论基础上的,它依靠系统理论来分析系统的结构和层次,依靠扰动控制理论中的反馈原理对系统进行调节,依靠信息论中的信息传递原理来描述系统,并采用电子计算机对系统动态行为进行模拟。它最适合分析和研究复杂的社会经济系统。而交通运输系统本身是融自然科学现象和社会科学知识于一体的,内部构成非常复杂,恰好可以用系统动力学方法进行模拟实验。

1) 系统动力学的发展

SD 的出现始于 20 世纪 50 年代后期,当时主要应用于工商企业管理,处理诸如生产与雇员情况的波动、企业的供销、生产与库存、股票与市场增长的不稳定性等问题,并创立"Industrial Dynamics"(1959)。此后,在整个 60 年代,动力学思想与方法的应用范围日益扩大,几乎遍及各类系统,深入各种领域。作为方法论基础,出现了"Principles of Systems"(1968),总结美国城市兴衰问题的理论与应用研究成果的"Urban Dynamics"(1969)和著名的"World Dynamics"(1971)等(这也是 J. W. 弗雷斯特等人的重要成就)。1972 年正式提出了"Systems Dynamics"。从 50 年代末到 70 年代初的十多年,是 SD 成长的重要时期。

70 年代以来,SD 经历两次严峻的挑战并走向世界,进入蓬勃发展时期。

第一次挑战(70 年代初到 70 年代中):SD 与罗马俱乐部一起闻名于世、走向世界,其主要标志是两个世界模型(World Ⅱ,World Ⅲ)的研制与分析(World Ⅱ—"World Dynamics,Forrester,1971";World Ⅲ—"The Limits to Growth, D. Meadows, 1972"和"Toward Global Equilibrium, D. Meadows, 1974")。

第二次挑战(70 年代初到 80 年代中):对美国全国 SD 模型的研制和对美国与整个西方国家经济长波(Long Wave)问题的研究。

近年来 SD 正在成为一种新的系统工程方法论和重要的模型方法,渗透到许多领域,尤其在国土规划、区域开发、环境治理和企业战略研究等方面正显示出它的重要作用。尤其是随着国内外管理界对学习型组织的关注,SD 思想和方法的生命力更加强劲。但目前应更加注重 SD 的方法论意义,并注意其定量分析手段的应用场合及条件。

2）研究对象

SD 的研究对象主要是社会(经济)系统,该类系统的突出特点是:

(1) 社会系统中存在着决策环节

社会系统的行为总是经过采集信息,并按照某个政策进行信息加工处理作出决策后出现的,决定是一个经过多次比较、反复选择、优化的过程。

对于大规模复杂的社会系统来说,其决策环节所需要的信息量是十分庞大的,其中既有看得见、摸得着的实体,又有看不见、摸不到的价值、伦理、道德观念及个人、团体的偏见等因素。

(2) 社会系统具有自律性

自律性就是自己做主进行决策,自己管理、控制、约束自身行为的能力和特性。工程系统是由于导入反馈机构而具有自律性的;社会系统因其内部固有的"反馈机构"而具有自律性。因此,研究社会系统的结构,首先(也是最重要的)就在于认识和发现社会系统中所存在着的由因果关系形成的反馈机构。

(3) 社会系统的非线性

非线性是指社会现象中原因和结果之间呈现出的极端非线性关系。如原因和结果在时间和空间上的分离性、出现事件的意外性、难以直观性等。

SD 方法把社会系统作为非线性多重信息反馈系统来研究,进行社会经济问题的模型化,对社会经济现象进行预测、对社会系统结构和行为进行分析,为企业、地区、国家、国际制定发展战略、进行决策提供有用的信息。

3）模型特点

(1) 多变量

这主要是由 SD 对象系统的动态特性和复杂性所决定的。SD 模型有三种基本变量、五到六种变量。

(2) 定性分析与定量分析相结合

SD 模型由结构模型(流图)和数学模型(DYNAMO 方程)所组成。

(3) 以仿真实验为基本手段和以计算机为工具

SD 作为一种计算机仿真分析方法,是实际系统的"实验室",可在 PD-plus、VEN-SIM 等软件支持下来运行。

(4) 可处理高阶次、多回路、非线性的时变复杂系统问题

控制论目前只是在线性系统中应用较成功,与其有关的方法(如状态空间方法)主要研究系统平衡点或工作点附近的特性,较适合作短期预测,而难以进行长期过程的研究;经济计量学和经济控制论都十分重视真实系统的统计观测值和模型精确度,它们所依赖的经济理论大多是静态而不是动态的,而且传统的数学工具很难分析研究非线性关系,因此,它们很难描述复杂的、非线性的动态系统。SD 与以上方法相比,似乎更注重系统的内部机制与结构,强调单元之间的关系和信息反馈。

6.4.2　系统动力学方法模拟原理

首先对实际系统进行观察,采集有关对象系统状态的信息,随后使用有关信息进行决策;决策的结果是采取行动,行动又作用于实际系统,使系统的状态发生变化;这种变化又为观察者提供新的信息,从而形成系统中的反馈回路(见图6.10(a))。这个过程可用SD流程图表示(见图6.10(b))。

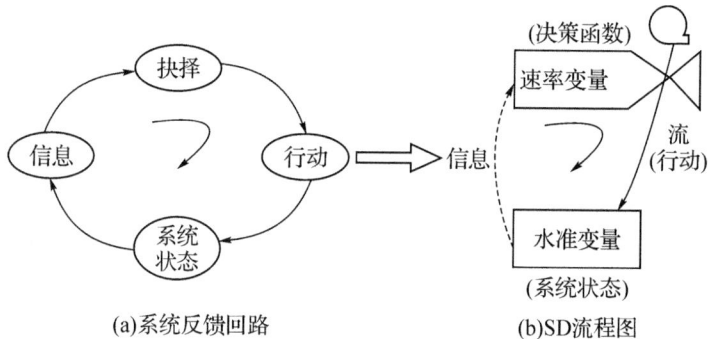

(a)系统反馈回路　　　　　　　(b)SD流程图

图 6.10　系统动力学方法基本结构

据此可归结出SD的四个基本要素、两个基本变量和一个基本(核心)思想如下:

SD的四个基本要素——状态或水准、信息、决策或速率、行动或实物流;

SD的两个基本变量——水准变量(Level)、速率变量(Rate);

SD的一个基本思想——反馈控制。

需要说明的是:① 信息流与实体流不同,前者源于对象系统内部,后者源于系统外部;② 信息是决策的基础,通过信息流形成反馈回路是构造SD模型的重要环节。

系统动力学认为,系统各组成部分之间的关系是一种因果关系,这种因果关系决定了系统内存的运行规律。任何系统都是反馈系统,即系统的输出对输入产生影响,系统现在的行为受系统过去行为的影响。只要将系统各组成部分之间的因果关系(包括反馈关系)应用信息传递的原理进行描述,即可揭示系统的动态行为,因此系统动力学方法是以确定系统因果关系为基础的。

1)因果关系图

系统动力学中因果关系是指系统各要素(子系统)之间的原因和结果关系。通常以因果关系图表示。

因果关系图是用箭线表示的系统内各子系统之间因果关系的图。图6.11表示系统内A子系统对B子系统的作用,其中箭线叫关系键,A是原因,B是结果。因果关系

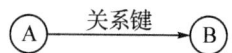

图 6.11　基本因果关系图

分成正因果关系和负因果关系,分别以"+"号和"-"号标在关系键旁。正因果关系是指A、B变化方向一致,负因果关系是指A、B变化方向相反,因此关系键根据所标符号不同又分为正键和负键。无论是正键还是负键都只是一种逻辑关系,无时间意

义,也无计算意义。图 6.12 表示环境质量和人的寿命的正因果关系;图 6.13 表示水污染和农产品产量的负因果关系。

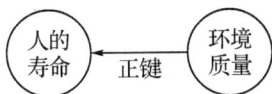

图 6.12 正因果关系图

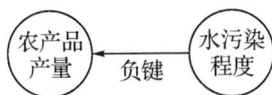

图 6.13 负因果关系图

2) 因果反馈环

因果反馈环是两个以上的因果关系首尾串联而成的封闭环形。从总体上讲,无法确定谁是起点、谁是终点,即无法确定谁是原因、谁是结果,如图 6.14 所示。

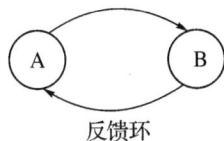

图 6.14 因果反馈环

反馈环中关系键可正、可负,它们组成的反馈环分为正反馈环和负反馈。如图 6.15(a)所示,投资增加,产量提高;产量提高,又会促使投资进一步增加,这样一个因素的增加或减少经反馈后会使该因素进一步增加或减少的反馈环叫正反馈环,它具有自我加强的功能。而如图 6.15(b)所示,车票价格的增加会影响旅客人数,使旅客人数减少;旅客人数减少会使票价降低,这种反馈环中的一个因素增加或减少,经反馈后使该因素减小(增加)的反馈环是负反馈环,它具有自我调整和稳定的作用。

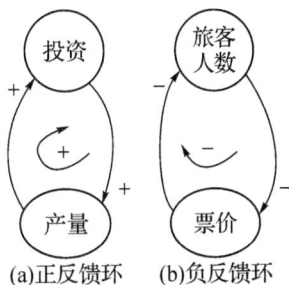

(a)正反馈环 (b)负反馈环

图 6.15 正负反馈环

当一个反馈环中因素较多、关系键较多时如何判断反馈环的性质? 为判断方便起见,我们给出因果反馈环的分析方法:

(1) 若环中各键均为正键或环中有偶数条负键时,该环为正反馈环;

(2) 若环中有奇数条负键,该环为负反馈环。

3) 正反馈环分析

正反馈环具有自我强化作用而使系统逐步背离原始状态呈发散状态。如某企业依靠增加投资扩大生产规模提高产值,而产值的提高又进一步扩大投资,则该企业的发展受产值和投资的影响,两者构成一正因果反馈环。该反馈环可按照下式模拟:

$$\begin{cases} D_i = 10\% H_i \\ H_{i+1} = H_i + 2D_i \end{cases}$$

其中:D_i——第 i 年的投资额,按照本年度的 10% 计算;H_i——第 i 年的产量,按照去年的投资本年度获利 2 倍计算。

该反馈的模拟结果如表 6.3 所示。由模拟结果可见,反馈环所反映的系统行为是一个持续增长的过程,其增长曲线如图 6.16 所示,如果不加以抑制,该过程永远不会终止。

表 6.3　正反馈模拟结果表

时　间	产值变化量	总产量	投资增加量
0	—	100	10
1	20	120	12
2	24	144	14.4
3	28.8	172.8	17.3
4	34.6	207.4	20.7
5	41.5	248.9	25.9

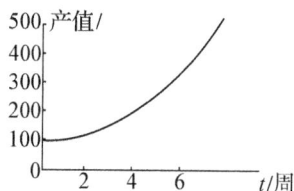

图 6.16　正反馈增长曲线图

实际上这种增长过程不会无休止地进行下去,它总要受到其他因素或条件的制约而稳定在某一状态。如某一产品投放市场后,其需求量总是趋于某一上限的增长过程。开始投放市场时,产品深受欢迎,销售量很大,得到的资金也多,从而有条件扩大生产规模,进一步增加产量,这与上例基本一致。但过一段时间后,由于某种原因(或是需求已近饱和,或是生产规模扩大受到限制,或是原材料的约束等)使系统不能按上述形式发展下去而达到某一稳定水平,这是系统中其他因素的抑制作用造成的。

4) 负反馈环分析

和正反馈环不同,负反馈环有自我调整和稳定的效果,因此若要使系统处于稳定状态可通过负反馈环来实现。

某企业目标库存量 M 为 6 000,计划人员依据目前库存决定进货量,进货速度由调整期决定。设目前实际库存量为 1 000,调整期为 5 周,现模拟该系统是如何达到目标库存量的。

根据目标库存量(M)、调整期(T)、实际库存量(K)、进货速度(D)之间的关系可得如图 6.17 所示的因果反馈图和以下方程:

$$D_i = \frac{M - K_i}{T}$$

根据该方程得模拟表 6.4。

表 6.4　库存变化等模拟表

时　间	库存变化量	库存量	库存差	进货速度
0	0	1 000	5 000	1 000
1	2 000	3 000	3 000	600
2	1 200	4 200	1 800	360
3	720	4 920	1 080	216
4	432	5 352	648	129.6
⋮	⋮	⋮	⋮	⋮
12	7.2	5 958.2	10.8	2.1

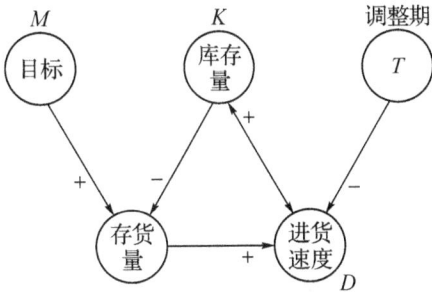

图 6.17　因果反馈图

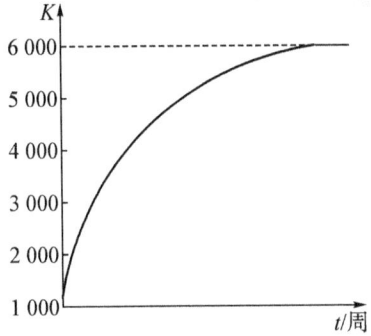

图 6.18　库存变化曲线图

由表 6.10 可见,该系统由目前状态需经 12 周的时间才能趋近于目标库存量。其库存变化可用图 6.18 的曲线表示。如果改变目标库存量或调整期,可得各种不同方案的模拟结果,从各种不同的模拟方案中选择一个较好的方案即可作为决策。

5) 正负反馈环组合的分析

在大多数实际的系统中,一般不会出现像负反馈环中表示的那样,控制目标简单地处于稳定状态;更不会像正反馈环表示的那样,某个变量一直无限制地增长下去。实际系统往往是比较复杂的,是多种因素综合作用的结果。这里我们只分析由一个正反馈环和一个负反馈环组合的相对简单的系统。在这种有正、负作用构成的系统中,最终控制量到底是趋向于正还是负,取决于正、负反馈环的强度比较。

某地区的车辆道路使用关系可构成一反馈环,如图 6.19 所示。当该地区道路公里数增加时,单车平均公里数就会增加,自然会吸引更多的人和单位买车,车辆数目增加;车辆增多了,单车平均公里数就下降,这个是负反馈环;而路修多了,服务质量更高了,自然对车辆使用道路的收费会提高,而这部分费用又可以反过来

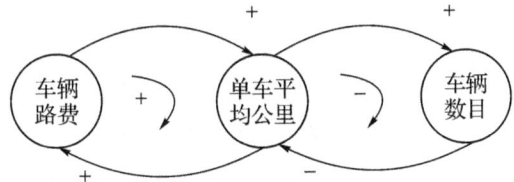

图 6.19　车辆道路使用反馈环

进一步加长加宽道路,因此是正反馈环。

该地区车辆道路系统的动态行为取决于道路的增长量和减少量,其实质是取决于正负反馈环之间的相互作用。当正反馈环的强度高于负反馈环的强度时,单车平均公里数增加;当负反馈环的强度高于正反馈环时,单车平均公里数增加;当正负反馈环强度相同时,单车平均公里数维持初始状态。

该实例的具体模拟过程读者可以根据前面例子介绍自行完成。

通过对上述三种反馈环的分析可见,系统动力学方法是采用一组差分方程来描述系统动态行为的,且描述方法是分别对每对因果关系进行的,因此系统动力学方法有"积木式"灵活性特点。也正是由于该方法的这种特点,可比应用微分方程法(状态方程法)更简便、更灵活地反映系统的动态行为,因此有广泛的适用性。但需指出的是,系统动力学方

法是对连续系统的模拟,是采用了分块离散化的描述方法,绝不是对离散系统的模拟。

6.4.3　系统动力学模型

系统动力学模型包括两部分内容,一是反映系统各组成部分关系的流图;二是由流图抽象出的反映系统动态过程的方程式。

1）系统流图

由于社会系统的复杂性,使人们无法用准确的语言和文字描述其行为和结构。人们曾以方程式的形式描述系统,但是它又很难直观地描述系统的结构。为了更好地掌握系统的构造和动态特性以及便于人们对系统特性的讨论,系统动力学采用一套独特的方法来表述系统,这就是流图。

系统动力学将系统当做信息反馈系统,并将该信息反馈系统的所有组成部分及其关系、各组成部分的状态以及对系统状态的控制用规定的符号和方法进行描述,经这种描述后所得到的图即是系统流图。它是在系统因果关系图基础上绘制成的。

系统流图又称为系统流程图,我们在后面的描述中称为流（程）图。流（程）图是 SD 结构模型的基本形式,绘制流（程）图是 SD 建模的核心内容。流（程）图通常由以下各要素构成:

（1）流（Flow）

流（Flow）是系统中的活动和行为,通常只区分出实体流和信息流,符号如图 6.20 所示。

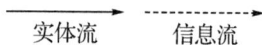

图 6.20　流符号　　　　**图 6.21　积累变量**

（2）积累（Level）变量、水准变量

积累变量是系统内部流的堆积,是系统状态的描述。在某个时间间隔内积累的变量等于这个时间 A 内输入流速与输出流速之差的积累。系统内任意流动的"物"都存在积累,都可用一基本的模式计算。在流图中用矩形表示积累变量,矩形左上角为变量的名称,中间是变量的意义,指入矩形的箭线为输入流,离开矩形的箭线为输出流。以 x 为变量名的库存量可用图 6.21 中的符号表示,其输入流为入库物资,输出流为出库物资。

（3）流速（Rate）变量

积累变量是系统活动的结果所表现出的状态,是系统状态变量;而流速是系统活动的象征,它是积累和积累之间单位时间流过的流量。每当流速发生变化,积累必然发生变化。系统的流速通常可人为调整,因此具有决策性质,体现了决策过程。目标与观测条件之差引起的行动等都影响流速。流速一般以图 6.22 中的符号描述,符号中 y 为变量名,中间是变量的意义。以出库量和入库量为流速,以库存量为积累,则库存关系可用图 6.23 表示。

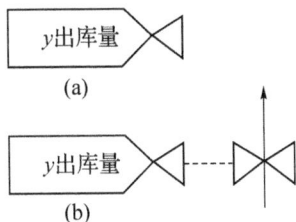

图 6.22　流速变量

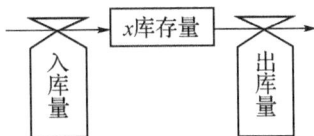

图 6.23　库存关系

（4）辅助变量

辅助变量是设置在积累和流速之间信息通道上的变量。当流速表达式很复杂时，可用辅助变量描述其中一部分，使流速表达式化。其符号为一圆圈，圈内注明变量名及意义，如图 6.24 所示。

（5）信息的取出

信息来自信息源，流图中用一小圆圈标在信息源上，并以信息流的符号表示从信息源取出信息及其流向。图 6.25 为由不同信息源取出信息的画法。

（6）常数

在系统模拟中数值不变的参数叫常数。它通常以一段实线表示，如图 6.26 所示。常数可直接输入给流速，也可通过辅助变量输入给流速。

图 6.24　辅助变量

图 6.25　信息的取出

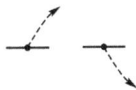

图 6.26　常数符号

（7）源与漏流

由系统之外流入或由系统流向环境，则称外部环境为源或漏。图 6.27 为源与漏的符号。

（8）滞后或延迟（Delay）

由于信息和物质运动需要一定的时间，于是就带来原因和结果、输入和输出、发送和接收等之间的时差，并有物流和信息流滞后之分。在 SD 中共有如下四种情况：

① DELAY1——对物流速率进行一阶指数延迟运算（一阶指数物质延迟），符号如图 6.28 所示。

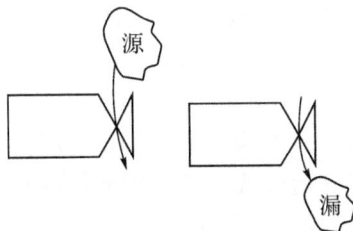

图 6.27　源与漏

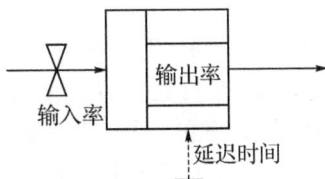

图 6.28　延迟 DELAY1

② DELAY3——三阶指数物质延迟。

③ SMOOTH——对信息流进行一阶平滑(一阶信息延迟)。

④ DL INF3——三阶信息延迟。

(9) 其他

流图中还有一般函数、宏函数等的描述。一般函数表示法如图6.29所示,其意义见DYNAMO模拟语言。

2) 流图设计

系统流图设计是在因果关系图的基础上进行的,是系统分析过程的结果。流图设计过程如下:

(1) 确定系统边界;

(2) 确定系统构成要素及反馈环分析;

(3) 确定各反馈环中积累变量和流速变量;

(4) 确定积累变量与流速的关系。

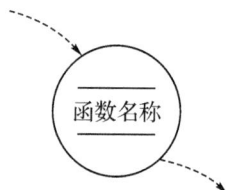

图 6.29 函数符号

6.5 运输系统仿真软件

6.5.1 AnyLogic 仿真软件介绍

AnyLogic 是一款仿真软件,用于设计包括离散、连续、主体(Agent)以及混合行为的复杂系统。AnyLogic 以最新的复杂系统设计方法论为基础,是第一个将 UML 语言引入模型仿真领域的工具,也是唯一支持混合状态机这种能有效描述离散和连续行为的语言的商业化软件。AnyLogic 可以快速地构建设计系统的仿真模型和硬件环境,如物理设备和操作人员。软件持续在各个领域(如供应链、物流、交通、医疗保健、城市规划等),得到广泛应用。

AnyLogic 可以建立离散事件(DE)模型、系统动态(SD)模型以及主体(AB)模型。

系统动态及离散事件是传统的模拟方法,基于主体的建模是最新的方法。从技术上来说,系统动态方法主要是处理连续性流程,不同于"离散事件"和基于主体建模的作业大都是离散事件。

系统动力学模型处理的系统具有较高的抽象层级。而离散模拟则属于低等到中等的抽样等级。而基于主体的建模方法则横跨了所有抽象等级,因为主体(Agent)可以建立具有多种本质及尺度的系统模型。在"物理"层级的主体可能是:一个行人,或车子,或是机器人,而中等层级的主体可能是客户,在高等的层级的主体可能是竞争公司。

AnyLogic 允许这些仿真建模方法全部结合在同一个模型。没有固定的层次结构。举一个例子:如建立一个包装运输业的运输模型,其搬运模式是基于主体的活动/反应来加以建模,而其内部运输及网络架构则是以离散仿真方式来加以建模。同样也可用基于主体的方法来建立一个消费者总体行为来作为动态模型系统的输入,而获取信息,如收益或成本,并不需要依赖于主体。这种混合建模方法可以处理各种不同的复杂系统的建模问题。

AnyLogic 包含了企业库(The Enterprise Library)、行人库(The Pedestrian Library)和轨道库(The Rail Yard Library)。企业库主要是辅助建立制造业、供应链、后勤资源、医疗等领域的离散事件模型。使用企业数据库元素可以建立现实生活中的实体模型(交易、客户、产品、零件、车辆等等),流程(典型的作业流程,包含等待、延迟、资源利用),以及资源。企业业务流程是以流程图的方式表示。行人库是专注与模拟在"物理"环境的行人。利用行人库可以建立一个人员密集的建筑物(如:火车站、安全检查等等)或街道(大量的行人)的模型。模型支持统计数据收集,如不同区域的行人密度。也可以对服务点的效能、负载估算假设,如估算行人在特定区域的时间长度,以及检查潜在的内部几何问题,如新增太多障碍物的影响,以及其他应用。以行人库建立的模型,行人可以在连续空间移动,对不同型式的障碍物(如墙壁、不同的区域)进行反应。行人库中的行人是具有复杂行为的主体,Anylogic 的行人库提供了一个高级使用接口,可以以流程图的形式很快建立行人的模型。轨道库支持任何复杂及任何大小的铁路调车建模。铁路调车模型可以结合离散事件或基于主体的建模,用以模拟装货及卸货、资源配置、维护等商业流程及其他运输活动。除了这些标准库,使用者可以根据自己的需求来自行建立自己的库及配置。

AnyLogic 的框架结构包括随机的模型输入条件,对经过统计的输出结果进行收集、分析和表示,参数变化机制,与数据库的接口,电子数据表,数据存储,工具箱的优化和丰富的 API。AnyLogic 的数据库帮助用户收集,显示和分析模型执行过程中的数据。数据库包括可带有时间标识的标量和矢量。每个数据集都有一组包括平均值、方差、最小值、最大值、confidence intervals 等的统计数据。AnyLogic 的模型浏览器支持不同的数据集表示方法,如,曲线图、柱状图和甘特图等。AnyLogic 模型可与数据库,电子数据表和其他文件协同工作。例如,用户可以从数据库中摘取模型中定义的参数并输入到电子数据表中。AnyLogic 的最优化工具箱包括简单的最小值查找和随机查找等。AnyLogic 同时提供与外部优化软件的接口。使用 AnyLogic 的 API,用户可以自行写入仿真的控制语句,改变参数的值,或执行一个定制的优化算法。

6.5.2 基于 AnyLogic 的地铁车站仿真

莫斯科环线铁路,建造于 1908 年,穿越城市近郊、住宅区和工业区。它目前只用于货运。若在这条铁路上启用客运列车,将大大地改善道路交通状况和公共交通堵塞。许多新建的车站将通过大的运输枢纽和地铁及通勤轨道相连。ITS 咨询公司为莫斯科环线铁路使用 AnyLogic 软件模拟了未来一个枢纽的客运流。

仿真项目的目标是评估 Cherkizovo 枢纽在客运高峰时的工作性能,以发现限制枢纽能力的建筑元素(走廊、楼梯、自动扶梯、检票口、售票窗口、车费箱等)。如果乘客沿着枢纽移动在早上 8 点到 9 点高峰期买票,那么枢纽的性能是可以被接受的。

枢纽模型使用了 AnyLogic 中的 Pedestrian 和 Rail Yard 库。系统的可视化使用了软件的三维动画功能。该模型集成了已有的火车站和地铁站的特点,主要元素如下:北部和南部铁路站点、北部和南部地铁站大厅、北部和南部铁路和地铁站间的人行道、地铁和铁路站台。乘客可以步行到达站点,或在铁路、地铁和地面运输之间选择,乘客的移动算法如图 6.30 所示。

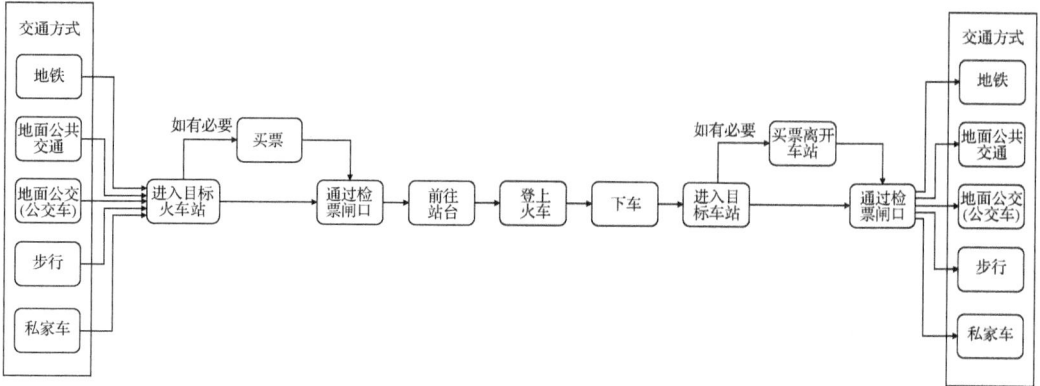

图 6.30　乘客移动算法图

为了反映系统的正确性,建模者必须考虑到站点之间的乘客分布不均匀、火车运行时刻表、列车上乘客分布不均匀(靠近出口的车厢乘客更多)、有票和没票乘客的比例、在售票处买票和在自动售票机买票的乘客比例、考虑可以买减价车票人员的资格(只在售票窗口有效)。

仿真中使用到的输入数据包括:火车、车厢、自动扶梯、站台和检票口的特征;客流在入口、出口、售票窗口、自动售票机的分布,以及乘客在火车和站台的分布;售票窗口和自动售票机的服务时间,检票口使用时间、火车停止时间;乘客移动速度和火车沿着站台移动的速度。地铁枢纽仿真效果见图 6.31。

图 6.31　地铁枢纽仿真效果图

仿真表明,Cherkizovo 交通枢纽的规划理念在客流高峰时运行良好,而且所有的建筑元素都有一个保留的使用空间。然而,如果乘客的数量增加,瓶颈将有可能出现在售票窗口,因为售票窗口位于乘客到检票口的主要通道上。为了优化售票窗口的负荷,减少旅客服务时间,客户建议鼓励乘客去自动售票机买票或使用其他方法购买车票。同时也建议减少自动售票机的数量,因为尽管一些乘客从售票窗口转向自动售票机,但它们中仍然有一些不会被使用到。

6.5.3 VISSIM 仿真软件介绍

VISSIM 是一种微观的、基于时间间隔和驾驶行为的仿真建模工具,用以城市交通和公共交通运行的交通建模。它可以分析各种交通条件下(如车道设置、交通构成、交通信号、公交站点等)城市交通和公共交通的运行状况,是评价交通工程设计和城市规划方案的有效工具。

VISSIM 是由德国 PTV 公司开发的微观交通流仿真系统。该系统是一个离散的、随机的、以十分之一秒为时间步长的微观仿真软件。交通仿真模型的精确性主要取决于车流量模型的质量,例如路网中的车辆行驶行为。与其他不太复杂的模型采用连续速度和确定的跟车模型不同,VISSIM 采用的跟车模型是 Wiedemann 于 1974 年建立的心理一生理类驾驶行为模型。该模型的基本思路是:一旦后车驾驶员认为他与前车之间的距离小于其心理(安全)距离时,后车驾驶员开始减速。由于后车驾驶员无法准确判断前车车速,后车车速会在一段时间内低于前车车速,直到前后车间的距离达到另一个心理(安全)距离时,后车驾驶员开始缓慢地加速,由此周而复始,形成一个加速、减速的迭代过程。

车速和空间阈值的随机分布能够体现出驾驶员的个体驾驶行为特性。德国 Karlsruhe 工业大学进行了多次实地测试以校准该模型的参数。定期进行的现场测试和模型参数更新能够保证驾驶行为的变化和车辆性能的改善在该模型中得到充分的反映。在多车道路段上,VISSIM 允许驾驶员不仅考虑本车道上前面的车辆(默认为 2 辆),也可以考虑两边邻近车道的车辆。此外,在距离交叉口停车线 100 米处,驾驶员警惕性会提高。

在 VISSIM 中,通过在路网中移动"驾驶员—车辆—单元"来模拟交通流。具有特定驾驶行为的驾驶员被分配到特定的车辆,驾驶员的驾驶行为与车辆的技术性能一一对应。

VISSIM 的最初版本于 1984 年由德国 PTV 公司开发。它是一个基于微观模型的交通仿真工具,用于模拟交通流量、信号控制和道路网络行为。1990 年在 VISSIM 2.0 引入了更多的功能,包括多模式仿真(车辆和行人)、更复杂的交通信号控制、交通流量分析等。

1997 年 VISSIM 3.0 进一步改进了仿真引擎,增加了更多的交通元素,使其更适用于城市交通规划和设计。2000 年 VISSIM 4.0 加强了仿真的准确性和性能,并引入了更多的模块,包括公交车辆模拟、自行车模拟等。2005 年 VISSIM 5.0 引入了更多高级的交通管理和控制功能,如动态交通管理和 GPS 导航。2010 年 VISSIM 6.0 继续改进仿真引擎,增加了更多的可视化和报告生成工具,以帮助用户分析仿真结果。2015 年 VISSIM 7.0 引入了更多的智能交通系统(ITS)功能,如车辆通信和自动驾驶仿真。2020 年 VISSIM 8.0 可能引入了更多先进的交通技术和模型,以反映现代城市交通的复杂性。

需要注意的是,VISSIM 的不同版本可能在每次更新中都有不同的功能和改进,以适应不断变化的交通需求和技术发展。VISSIM 一直是交通工程和城市规划领域中最常用的仿真工具之一,有助于评估不同的交通管理和规划策略,以提高道路交通的效率和安全性。因此,VISSIM 的发展一直受到广泛关注和持续更新。

VISSIM 软件系统内部由交通仿真器和信号状态发生器两大程序组成,它们之间通过接口来交换检测器的呼叫和信号状态。"交通仿真器"是一个微观的交通流仿真模型,它包括跟车模型和车道变换模型。"信号状态发生器"是一个信号控制软件,它以仿真步长为基础不断地从交通仿真器中获取检测信息,决定下一仿真时刻的信号状态并将这信息传送给交通仿真器。

VISSIM 可以作为许多交通问题分析的有力工具,它能够分析在诸如车道特性、交通组成、交通信号灯等约束条件下交通运行情况,不仅能对交通基础设施实时运行情况进行交通模拟,而且还可以以文件的形式输出各种交通评价参数,如行程时间、排队长度等。因此,它是分析和评价交通基础设施建设中各种方案的交通适应性情况的重要工具。

VISSIM 的主要交通分析功能有:

(1)固定式信号灯配时方法的开发、评价及优化。

(2)能对各种类型的信号控制进行模拟,例如:定时控制方法、车辆感应信号控制方法、SCATS 和 SCOOT 控制系统中的信号控制等。在 VISSIM 中,交通信号配时策略还可以通过外部信号状态发生器(VAP)来进行模拟,VAP 允许用户设计自己定义的信号控制方法。

(3)可用来分析慢速区域的交通流交织和合流情况。

(4)可对各种设计方案进行对比分析,包括信号灯控制以及停车控制交叉口、环形交叉口以及立交等。

(5)分析公共交通系统的复杂站台设施的通行能力和运行情况。

(6)可用来评价公共交通优化处理的各种方案。

(7)可运用内置的动态分配模式分析和评价有关路径选择的问题。例如:各种信息牌对交通带来的冲击。

VISSIM 仿真流程如图 6.32 所示。

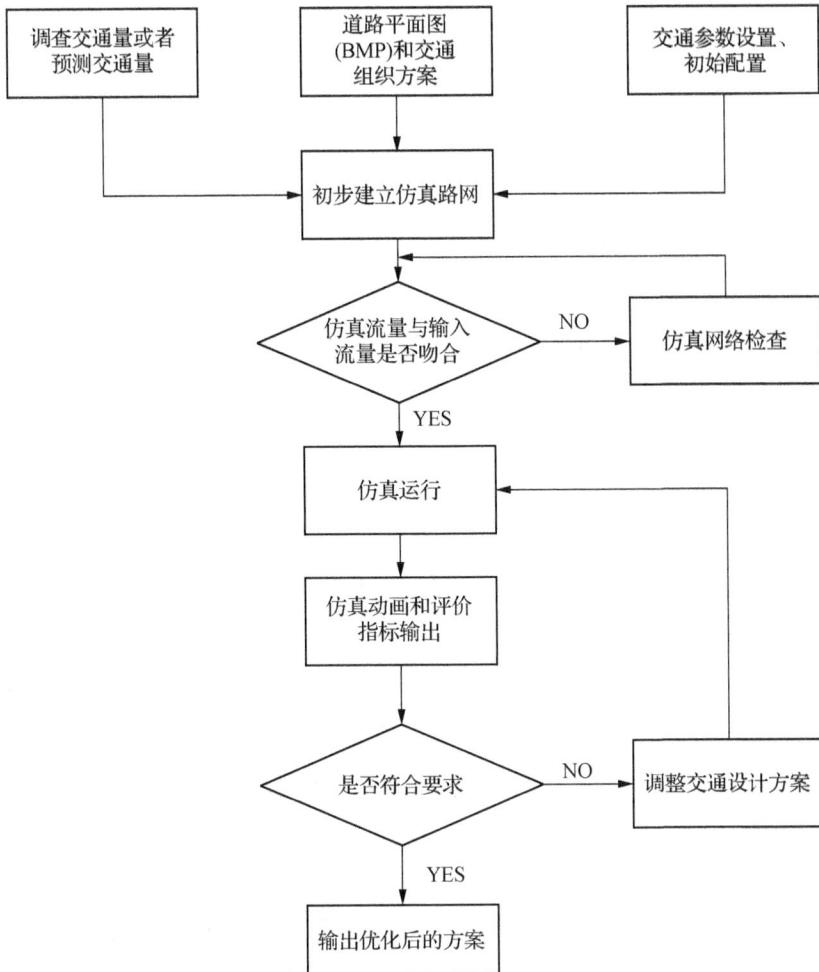

图 6.32　VISSIM 软件仿真流程

6.5.4　基于 VISSIM 的交通流宏观基本图验证仿真

交通流宏观基本图采用关系图形式来描述流量、速度和密度三大参数之间的关系，其可以表示路网输出流量与路网内车辆数之间的关系，路网交通流总量与路网内车辆密度之间的关系，或车辆已经运行的里程与已运行时间的关系。宏观基本图作为识别路网交通运行状态的有效工具，具有十分重要的应用价值和应用前景。以徐州市铜山区交通为例，通过 VISSIM 软件建立了徐州市铜山区路网模型，验证宏观基本图的存在。绘制 VISSIM 路网需要导入路网的实际样貌。具体仿真路网如图 6.33 所示。

路网构建完毕后，输入 2021 年 12 月 13 日 15 时至 20 时的实际路网流量（数据来源于铜山区交警支队）。设置冲突区和信号控制方案。通过仿真得到 134 个数据采集点在 180 个采样周期内的时间占有率，将时间占有率转换成路段的车辆数。VISSIM 仿

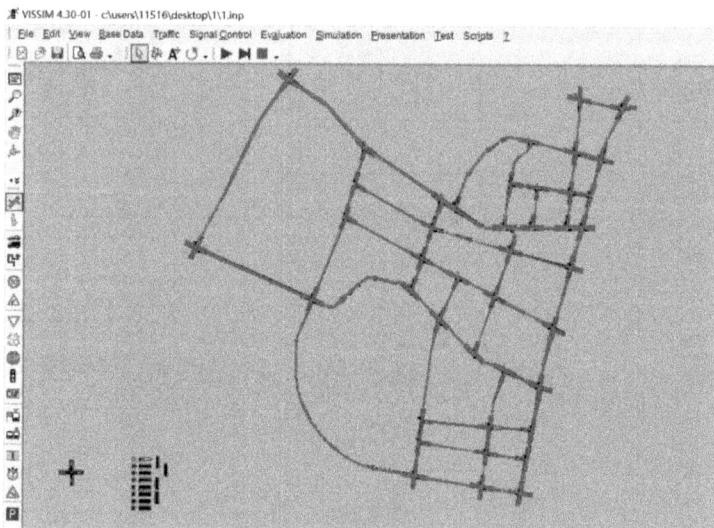

图 6.33 仿真路网示意图

真软件会输出 100 s 内通过检测点的车辆数,再乘以 36 可以得到路段每小时的完成流量,最后通过各路段完成流量加和得到路网整体的完成流量。绘制路网车辆数(辆)与旅行完成流量(veh/h)的散点图,进而拟合出两者的关系曲线,得到路网的宏观基本图,如图 6.34 所示。

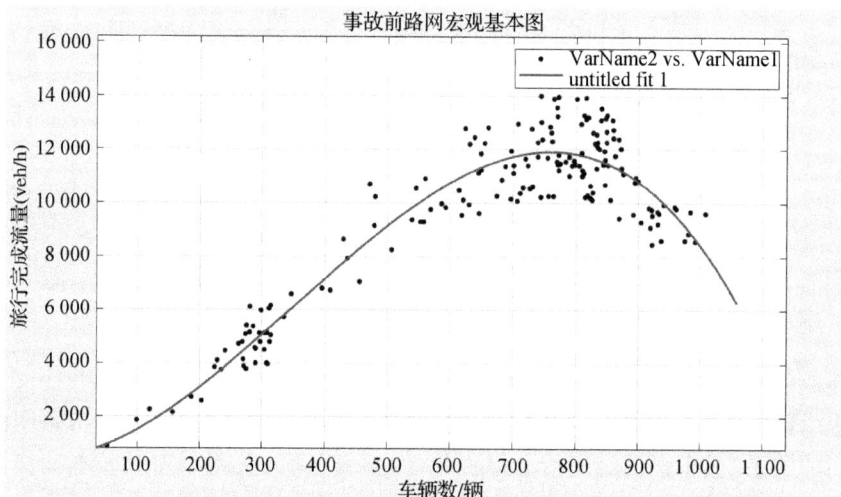

图 6.34 路网宏观基本图曲线

如图 6.34 所示,最高旅行完成流量在 14 076 veh/h,当路网车辆数在 550 至 900 辆范围内时,整个路网的旅行流量处于最佳状态。

7 运输系统评价

7.1 概述

系统评价是对系统的各种可行方案,从社会、政治、经济、技术等方面给予综合考察,确定系统的综合评价值,在众多的备选方案中找出最优方案,作为进一步决策的参考。

7.1.1 系统评价的原则

1)要保证评价的客观性

评价的目的是决策,显然评价的客观性影响着决策的科学性,要保证评价的客观性,需要做到:

(1)评价资料的全面性和可靠性;

(2)评价人员的代表性和客观公正性。

2)要保证评价方案的可比性

所提出的各种方案在保证实现系统的基本功能上,应具有可比性和一致性。

3)评价指标的系统性和合理性

评价指标要包括系统目标所涉及的诸多方面,对于一些定性问题要有恰当的指标体系,以保证评价指标的全面性和系统性;评价指标要与国家的大政方针的要求相一致,与相关行业的产业政策相一致,以保证评价指标的合理性。

7.1.2 评价指标体系

指标是衡量系统总体目标的具体标准。对于所评价的系统,必须建立起能对照和衡量各个方案的统一尺度,即评价指标体系。评价指标体系是由若干个单项评价指标体系(按性质又可划分大类)组成的整体,它反映出所要解决问题的各项目标要求。指标体系要实际、合理、科学,并能为有关人员和部门所接受。

评价指标体系通常可考虑如下方面:

（1）政策性指标。包括政府的方针、政策、法令以及法律约束和发展规划方面的要求，这对国防和国计民生的重大项目尤为重要。

（2）技术性指标。包括产品的性能、寿命、可靠性、安全性等，工程项目的地质条件、设备、建筑物、运输等技术指标。

（3）经济性指标。包括方案成本（有条件时应考虑生命周期成本，包括制造成本、使用成本和维修成本等）、利润和税金、投资额、流动资金占用量、回收期、建设周期以及地方性的间接收益等。

（4）社会性指标。包括社会福利、社会节约、综合发展、就业机会、生态环境等。

（5）资源性指标。包括工程项目中的物资、人力、能源、水源、土地条件等。

（6）时间性指标。包括工程进度、试制周期等。

以上六个方面是一般可能考虑的指标大类，在具体条件下可以有所增减。至于大类以下单项指标的设立，则要根据系统性质、目标要求和系统的特殊性全面地予以考虑。由这些主指标和子指标构成多层次结构的、多元的指标体系。在制定指标体系时，还有几个问题需要注意：

① 指标体系中的大类和数量问题。一般地说，指标范围越宽、指标数量越多，则方案之间的差异越明显，越有利于判断和评价；但同时存在着指标重要程度不同的问题，过细则容易偏离方案的本质目的，所以对指标体系的分类问题要特别注意。

② 各个评价指标的相互关系问题。在制定单项指标时，一定要使指标之间尽量相互独立、互不重复，从而提高指标的利用效率。

7.1.3 系统评价的步骤

（1）对各评价方案做出简要说明，使方案的特点和优缺点清晰明了，便于评价人员掌握。

（2）确定大类和子类评价指标组成的指标体系。

（3）确定大类和子类评价指标的权重，并从整体上调整。

（4）进行单项评价，查明各项指标的实现程度。

（5）进行单项评价指标的综合，得出大类指标的价值。

（6）进行综合评价，综合各大类指标的价值和总价值。

根据系统评价指标的复杂程度，上述步骤可酌情减少，如有时可以将（5）、（6）两项合并。

7.1.4 系统评价的方法

可用来进行系统评价的方法是多种多样的。其中比较有代表性的方法是：以定性评价为主的专家咨询法（德尔菲法）；以经济分析为基础的费—效分析法；以多指标的评价和定量与定性分析相结合为特点的关联矩阵法、层次分析法和模糊综合评判法。其中层次分析法和模糊综合评判法是系统评价的主体方法，也是本章讨论的重点。

7.2 层次分析法

7.2.1 产生与发展

许多复杂的评价问题,难以完全采用定量方法或简单归结为费用、效益等指标进行优化分析与评价,也难以做到使评价项目具有单一层次结构。在这样的背景下,美国运筹学家、匹兹堡大学教授 T. L. 萨迪(T. L. Saaty)于 20 世纪 70 年代初提出了著名的 AHP(Analytic Hierarchy Process)方法。由于该方法具有系统、灵活、简洁的优点,因此在方案排序、计划制定、资源分配、政策分析、冲突求解及决策预报等领域得到了广泛应用。

7.2.2 基本思想和实施步骤

AHP 的基本思想是把复杂问题分解成目标层、准则层和方案层,明确每一层的组成要素,建立起一个描述系统功能和特征的递阶层次结构。在给定的评价标准下,相对上一层某一要素而言,下一层各要素之间进行重要性的两两比较,建立判断矩阵。通过判断矩阵的计算,得到下一层要素对上一层要素的权重,最后确定备选方案相对重要性的总排序。整个过程体现了人们分解—判断—综合的思维特征。

在运用 AHP 方法进行评价或决策时,大体可分为以下五个步骤进行:

(1)分析评价系统中各基本要素之间的关系,建立系统的递阶层次结构。一般是三层结构,即目标层、准则层和方案层,如图 7.1 所示。对于很复杂的系统也可以采取多于三层的结构。

① 目标层:这一层次中只有一个要素。一般它是分析问题的预定目标或期望实现的理想结果,是系统评价的最高准则,因此也称目的或总目标层。

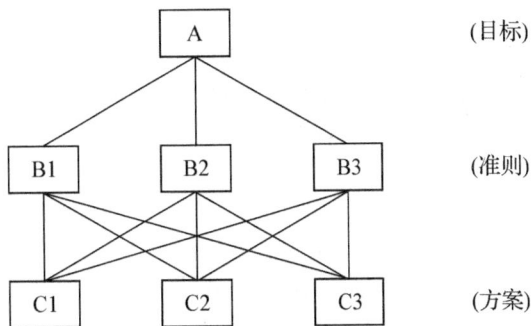

图 7.1 层次结构模型

② 准则层:这一层次包括了为实现目标所涉及的准则。一般是一层,复杂的系统可以包含多层,即准则层、子准则层。

③ 方案层:表示为实现目标可供选择的各种方案、措施等,是评价对象的具体化。

(2)对同一层次的各元素关于上一层次中某一要素的重要性进行两两比较,构造两两比较判断矩阵 **A** 如下:

$$A = \begin{bmatrix} a_{11} & a_{12} & \cdots & a_{1n} \\ a_{21} & a_{22} & \cdots & a_{2n} \\ \vdots & & & \\ a_{n1} & a_{n2} & \cdots & a_{nn} \end{bmatrix}$$

其中:a_{ij} 表示要素 i 与要素 j 相比的重要性标度。标度定义见表 7.1。

表 7.1　判断矩阵标度定义

标　度	含　义
1	两个要素相比,具有同样重要性
2	两个要素相比,前者比后者稍重要
5	两个要素相比,前者比后者明显重要
7	两个要素相比,前者比后者强烈重要
9	两个要素相比,前者比后者极端重要
2、4、6、8	上述相邻判断的中间值
倒数	两个要素相比,后者比前者的重要性标度

选择 1~9 之间的整数及其倒数作为 a_{ij} 取值的重要原因是,它符合人们进行比较判断时的心理习惯。实验心理学表明,普通人在对一组事物的某种属性同时作比较并使判断基本保持一致时,所能够正确辨别的事物最大个数在 5~9 之间。

（3）由判断矩阵计算被比较要素对于上层某要素的相对权重。方根法是通过判断矩阵计算要素相对重要度的常用方法,其计算步骤如下:

① A 的元素按行相乘得一新向量:

$$A_i = \prod_{j=1}^{n} a_{ij} \qquad i = 1, 2, \cdots, n$$

② 将新向量的每个分量开 n 次方:

$$M_i = \sqrt[n]{A_i} \qquad i = 1, 2, \cdots, n$$

③ 将所得向量归一化即为权重向量:

$$W_i = \frac{M_i}{\sum\limits_{i=1}^{n} M_i} \qquad i = 1, 2, \cdots, n$$

则 $W = (W_1, W_2, \cdots, W_n)^{\mathrm{T}}$ 即为所求的优先级向量。

（4）进行一致性检验,倘若通过一致性检验,说明该矩阵的精确度合乎要求,转入下一步;否则,转入上一步。

一个矩阵若满足：① $a_{ii}=1$；② $a_{ji}=\dfrac{1}{a_{ij}}$，即 $\boldsymbol{A}$ 为正互反矩阵；③ $a_{ij}=\dfrac{a_{ik}}{a_{jk}}$，则该矩阵为完全一致性的矩阵。由于客观世界的复杂性和人主观认识的局限性，对高阶矩阵，无法满足完全一致性的要求；并且矩阵的阶数越大，两两重要性的比对越困难，矩阵的精确性也越差。为了确保矩阵的精确性在一个较合理的水平，提出一致性指标这个概念。一致性检验方法如下：

① 计算一致性指标 $C.I.$

$$C.I.=(\lambda_{\text{Max}}-n)/(n-1)$$

$$\lambda_{\text{Max}}=\frac{1}{n}\sum_{i=1}^{n}\frac{(AW)_i}{W_i}$$

式中：$C.I.$——一致性指标；

$\boldsymbol{A}$——判断矩阵；

$\boldsymbol{W}$——判断矩阵优先级向量；

W_i——向量 $\boldsymbol{W}$ 的第 i 个分量；

$(AW)_i$——向量 $\boldsymbol{AW}$ 的第 i 个分量。

显然，当 $\lambda_{\text{Max}}=n$ 时，$C.I.=0$，为完全一致性。$C.I.$ 的值越大，判断矩阵的完全一致性越差。且矩阵的复杂程度和矩阵的阶数有关，矩阵的阶数越大，判断的一致性越差，故应放宽对高阶矩阵一致性的要求。于是引进平均随机一致性指标。

② 查找相应的平均随机一致性指标 $R.I.$（Random Index）

平均随机一致性指标 $R.I.$ 是同阶随机判断矩阵的一致性指标的平均值（见表7.2），其引入可在一定程度上克服一致性判断指标随 n 增大而明显增大的弊端。

表 7.2 平均随机一致性指标表

n	1	2	3	4	5	6	7	8	9	10	11	12	13	14
$R.I.$	0	0	0.52	0.89	1.12	1.26	1.36	1.41	1.46	1.49	1.52	1.54	1.56	1.58

③ 计算一致性比例 $C.R.$（Consistency Ratio）

$C.R.=C.I./R.I.<0.1$，即要求一致性比例应在 0.1 以内。如果不满足这个条件，判断矩阵需要重新给定。

（5）计算各层要素对系统目的（总目标）的合成（总）权重，并对各备选方案排序。

有了各准则对目标的权重以及各方案对某一准则的权重，就可以计算各方案对目标的总权重，其中权重最大的方案是最优方案，排序表如表7.3所示。

表 7.3　总排序表

| 项　目 | B_1 | B_2 | $\cdots$ | B_j | $\cdots$ | B_n | V_1 |
	W_1	W_2	$\cdots$	W_j	$\cdots$	W_n	
C_1	V_{11}	V_{12}	$\cdots$	V_{1j}	$\cdots$	V_{1n}	$V_1 = \sum\limits_{j=1}^{n} W_j V_{1j}$
C_2	V_{21}	V_{22}	$\cdots$	V_{2j}	$\cdots$	V_{2n}	$V_2 = \sum\limits_{j=1}^{n} W_j V_{mj}$
$\vdots$	$\vdots$	$\vdots$	$\vdots$	$\vdots$	$\vdots$	$\vdots$	$\vdots$
C_m	V_{m1}	V_{m2}	$\cdots$	V_{mj}	$\cdots$	V_{mn}	$V_m = \sum\limits_{j=1}^{n} W_j V_{mj}$

表中:B_j——第 j 个准则,$j=1,2,\cdots,n$;

　　　W_j——第 j 个准则对目标的权重;

　　　C_i——第 i 个方案,$i=1,2,\cdots,m$;

　　　V_{ij}——第 i 个方案对第 j 个准则的权重;

　　　V_i——第 i 个方案的总权重。

7.2.3　案例

　　某单位需要购进一批汽车,有 C_1、C_2、C_3 三种备选的车型,三者在性能、价格、维修方面均不同,试分析哪种车型是综合指标较高的车型。

　　(1)列出层次结构图。

　　(2)邀请专家评判,建立判断矩阵,这是整个评判过程的关键。各准则对目标的判断矩阵如表 7.4~表 7.7 所示。

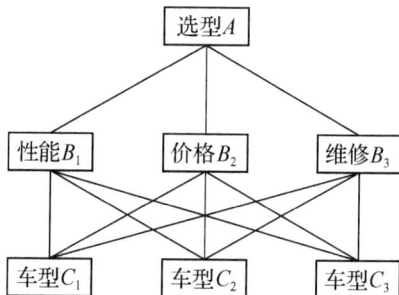

图 7.2　汽车选型层次结构模型

表 7.4　各准则对目标的判断矩阵

A	B_1	B_2	B_3
B_1	1	$\dfrac{1}{3}$	2
B_2	3	1	5
B_3	$\dfrac{1}{2}$	$\dfrac{1}{5}$	1

表 7.5　各方案对性能准则的判断矩阵

B_1	C_1	C_2	C_3
C_1	1	$\dfrac{1}{3}$	1/5
C_2	3	1	1/3
C_3	5	3	1

表 7.6　各方案对价格准则的判断矩阵

B_2	C_1	C_2	C_3
C_1	1	2	7
C_2	1/2	1	5
C_3	1/7	$\frac{1}{5}$	1

表 7.7　各方案对维修准则的判断矩阵

B_3	C_1	C_2	C_3
C_1	1	3	1/7
C_2	3	1	1/9
C_3	7	9	1

（3）由判断矩阵计算被比较要素对于上层要素的相对权重，并进行一致性的检验（见表 7.8～表 7.11）。

表 7.8　各准则对目标的相对权重及一致性检验

A	B_1	B_2	B_3	M_i	W_i	
B_1	1	$\frac{1}{3}$	2	0.874	0.230	$\lambda_{Max} = 3.004$
B_2	3	1	5	2.466	0.648	$C.I = .0.002$
B_3	$\frac{1}{2}$	$\frac{1}{5}$	1	0.464	0.122	$C.R. = 0.034 < 0.1$

表 7.9　各方案对性能准则的相对权重及一致性检验

B_1	C_1	C_2	C_3	M_i	W_i	
C_1	1	$\frac{1}{3}$	1/5	0.406	0.105	$\lambda_{Max} = 3.039$
C_2	3	1	1/3	1.000	0.258	$C.I. = 0.02$
C_3	5	3	1	2.446	0.637	$C.R. = 0.034 < 0.1$

表 7.10　各方案对价格准则的相对权重及一致性检验

B_2	C_1	C_2	C_3	M_i	W_i	
C_1	1	2	7	2.410	0.592	$\lambda_{Max} = 3.014$
C_2	1/2	1	5	1.357	0.333	$C.I. = 0.007$
C_3	1/7	$\frac{1}{5}$	1	0.306	0.075	$C.R. = 0.012 < 0.1$

表 7.11　各方案对维修准则的相对权重及一致性检验

B_3	C_1	C_2	C_3	M_i	W_i	
C_1	1	3	1/7	0.754	0.149	$\lambda_{Max} = 3.08$
C_2	3	1	1/9	0.333	0.066	$C.I. = 0.04$
C_3	7	9	1	3.979	0.785	$C.R. = 0.068 < 0.1$

显然,各矩阵均满足一致性的要求,可以进行总权重的计算。

（4）计算各层要素对系统目的（总目标）的合成（总）权重,并对各备选方案排序（见表 7.12）。

表 7.12　方案总权重计算表

项　　目	B_1	B_2	B_3	$C_i = \sum\limits_{j=1}^{3} b_j c_{ij}$
	0.230	0.648	0.122	
C_1	0.105	0.592	0.149	0.426
C_2	0.258	0.333	0.066	0.283
C_3	0.637	0.075	0.785	0.291

结果表明,三个方案的优劣顺序为 C_1、C_3、C_2,且方案 C_1 明显优于方案 C_2 和 C_3。

7.3　模糊综合评判法

7.3.1　基本原理

模糊综合评判法就是对模糊的事物进行评价分析。模糊事物是指到目前为止还未找到精确的分类标准,难以明确判断事物的隶属,概念外延模糊不清的事物。事物的模糊性是客观世界广泛存在的一种特性。

模糊综合评判法是以模糊数学为基础,应用模糊关系合成的原理,将一些边界不清、不易定量的因素定量化,对问题进行综合评价的一种方法。L. A. Zadeh 于 1965 年首先提出了模糊几何理论和隶属度函数,开辟了解决模糊问题的科学途径。

模糊综合评判是运用模糊变换的原理,对某一对象进行全面评判。它能比较顺利地解决传统方法难以解决的"模糊性"评判与决策问题,是一种行之有效的辅助决策方法。该方法应用模糊变换的原理和最大隶属度原则,考虑与被评价事物相关的各个因素对其所作的综合评价。

7.3.2　模糊综合评判的步骤

模糊综合评判的过程是将评价目标看成是由多种因素组成的模糊集合（称为因素

集 u);再设定这些因素所能选取的评审等级,组成评语的模糊集合(称为评判集 v),分别求出某一方案各单一因素对各个评审等级的归属程度(称为模糊矩阵);然后根据各个因素在评价目标中的权重分配,通过计算(称为模糊矩阵合成),求出该方案评价的定量解值;通过对不同方案值的比较,得出方案的优劣。具体地说,模糊综合评价的步骤如下:

(1) 确立评价要素集合,建立由评价对象的各主要影响因素为元素组成的集合,记为 $U = \{u_1, u_2, \cdots, u_n\}$。

(2) 确立各评价要素的权系数。根据各影响因素的重要程度,对各因素赋予相应的数值 a_i,组成评价要素数量集合: $A = \{a_1, a_2, \cdots, a_n\}$, $\sum\limits_{i=1}^{n} a_i = 1$, $a_i > 0$(a_i 为权重值)。权系数值的确定可采用层次单排序的方法。

(3) 确定评价基准及相应的价值量: $V = \{V_1, V_2, \cdots, V_m\}$。

(4) 要求专家对某一方案进行模糊综合评判,建立模糊评判矩阵 $\boldsymbol{D} = (d_{ij})$,即隶属度矩阵:

$$
\boldsymbol{D} = \begin{bmatrix} d_{11} & d_{12} & \cdots & d_{1m} \\ d_{21} & d_{22} & \cdots & d_{2m} \\ & & \vdots & \\ d_{n1} & d_{n2} & \cdots & d_{nm} \end{bmatrix}
$$

d_{ij} 为认为该方案第 i 个要素隶属于第 j 评价等级的专家人数, $\sum\limits_{j=1}^{m} d_{ij}$ 为专家总人数。

隶属度是模糊综合评判中最基本和最重要的概念。所谓隶属度 r_{ij} 是指多个评价主体对某个评价对象的 i 因素对应 j 等级的可能性大小(可能性程度)。隶属度值组成隶属度矩阵 $\boldsymbol{R}$。

$$
\boldsymbol{R} = \begin{bmatrix} r_{11} & r_{12} & \cdots & r_{1m} \\ r_{21} & r_{22} & \cdots & r_{2m} \\ & & \vdots & \\ r_{n1} & r_{n2} & \cdots & r_{nm} \end{bmatrix}
$$

其中: $r_{ij} = d_{ij} / \sum\limits_{j=1}^{m} d_{ij}$,即模糊综合评判矩阵中的因素 r_{ij} 要归一化处理。

(5) 进行模糊综合评判决策。考虑多因素下的权数分配,模糊综合评判决策模型为 $\boldsymbol{B} = \boldsymbol{A} \times \boldsymbol{R}$ 。 即

$$B = (a_1, a_2, \cdots, a_n) \begin{bmatrix} r_{11} & r_{12} & \cdots & r_{1m} \\ r_{21} & r_{22} & \cdots & r_{2m} \\ & & \vdots & \\ r_{n1} & r_{n2} & \cdots & r_{nm} \end{bmatrix} = \{b_1, b_2, \cdots, b_m\}$$

b_j 的意义是综合考虑所有因素影响时,评价方案对评价等级集中第 j 个元素的隶属度。对评价方案的抉择是依据隶属度的大小进行的。

(6)计算该评价方案的综合评定值 $N = BV^T$,并根据各个方案的 N 值的大小进行排序。

7.3.3 案例

安全是铁路运输企业的头等大事,而人是保证安全的决定因素。显然进行职工安全评价,对提高职工的安全意识和促进安全管理有很重大的意义。通过对全体职工的安全生产诸因素进行模糊评价,可以基本得出某一职工的安全生产水平,找出影响安全生产的薄弱环节。

(1)根据分析,评价因素集为:

劳动纪律——能否遵守劳动纪律,当班不迟到早退、不中途溜号等;

作业纪律——能否坚守岗位,当班不离岗串岗;

实作水平——对本岗位工作的熟悉程度;

理论水平——本工种岗位的业务知识及相关工种业务知识的掌握程度;

劳动态度——是否认真负责、谨慎细心、对工作抱乐观积极的态度;

政治素质——能否关心整个站段、车间、班组的荣誉,有上进心,有集体荣誉感;

精神状态——精神是否饱满,能否胜任本岗位工作;

与同事关系——是否与同事相处融洽,不闹矛盾,不影响工作。

$U = \{$劳动纪律、作业纪律、实作水平、理论水平、劳动态度、政治素质、精神状态、与同事关系$\}$

(2)采用层次单排序方法确立各评价要素的权系数:$A = \{0.10, 0.10, 0.2, 0.15, 0.15, 0.10, 0.10, 0.10\}$

(3)评价等级与基准:$V = \{$优、良、中、及格、不及格$\} = \{0.9, 0.7, 0.5, 0.3, 0.1\}$

(4)进行模糊综合评判

首先由领导、安监处人员、职工代表共 10 人组成考评小组对每个考评对象进行评定。每个考评小组成员对每一个被考评职工填写一张表(见表 7.13)。

表 7.13　安全水平因素调查表

v_j \ u_i	劳动纪律	作业纪律	实作水平	理论水平	劳动态度	政治素质	精神状态	与同事关系
优	√		√				√	√
良		√		√	√	√		
中								
及格								
不及格								

每个考评小组成员对每名被评价人员按上表的内容进行分析对照,认为被评价职工某个评价因素处于何种评价等级,就在相应的格内打"√"。

根据收集回来的调查表进行汇总整理(专家有 10 人,因此每个职工都有 10 张考评表),得到某一职工安全水平因素调查汇总表(见表 7.14)。

表 7.14　安全水平因素调查汇总表

v_j \ u_i	劳动纪律	作业纪律	实作水平	理论水平	劳动态度	政治素质	精神状态	与同事关系
优	2	3	4	4	2	4	5	4
良	5	4	4	3	4	3	3	2
中	3	2	2	2	3	1	2	2
及格	0	1	0	1	1	2	0	1
不及格	0	0	0	0	0	0	0	1
合计	10	10	10	10	10	10	10	10

按每项人数所占总人数比例整理,得到该人员安全水平单因素模糊评判表,如表 7.15 所示。

表 7.15　安全水平单因素模糊评判表

v_j \ u_i	作业纪律	劳动纪律	实作水平	理论水平	劳动态度	政治素质	精神状态	与同事关系
优	0.2	0.3	0.4	0.4	0.2	0.4	0.5	0.4
良	0.5	0.4	0.4	0.3	0.4	0.3	0.3	0.2
中	0.3	0.2	0.2	0.2	0.3	0.1	0.2	0.2
及格	0	0.1	0	0.1	0.1	0.2	0	0.1
不及格	0	0	0	0	0	0	0	0.1

（5）综合隶属度向量 $\boldsymbol{B} = \boldsymbol{A} \times \boldsymbol{R}$

$$= (0.1, 0.1, 0.2, 0.15, 0.15, 0.1, 0.1, 0.1) \begin{pmatrix} 0.2 & 0.5 & 0.3 & 0 & 0 \\ 0.3 & 0.4 & 0.2 & 0.1 & 0 \\ 0.4 & 0.4 & 0.2 & 0 & 0 \\ 0.4 & 0.3 & 0.2 & 0.1 & 0 \\ 0.2 & 0.4 & 0.3 & 0.1 & 0 \\ 0.4 & 0.3 & 0.1 & 0.2 & 0 \\ 0.5 & 0.3 & 0.2 & 0 & 0 \\ 0.4 & 0.2 & 0.2 & 0.1 & 0.1 \end{pmatrix}$$

$$= (0.35, 0.355, 0.215, 0.07, 0.01)$$

（6）计算被评价职工的安全水平

$$\boldsymbol{N} = \boldsymbol{B}\boldsymbol{V}^{\mathrm{T}} = (0.35, 0.355, 0.215, 0.07, 0.01) \begin{pmatrix} 0.9 \\ 0.7 \\ 0.5 \\ 0.3 \\ 0.1 \end{pmatrix} = 0.693$$

最后评价结果，该职工的安全值为 0.693。

（7）分析

同理，可以得出参加测评的其他每个职工的安全值，这样就可以根据值的大小进行排序，得到对职工安全状况的一个较为客观的评价。

7.4 TOPSIS 法

7.4.1 基本原理

TOPSIS 法(Technique for Order Preference by Similarity to Ideal Solution)是一种常用的综合评价方法，其能充分利用原始数据的信息，其结果能精确地反映各评价方案之间的差距，它通过比较候选方案与理想解之间的相似度来确定最佳方案。其基本原理包括确定决策指标、归一化处理、构建决策矩阵、确定理想解、计算相似度和确定排序等步骤。TOPSIS 法适用于各种决策问题，如项目选择和供应商评估等。

TOPSIS 法的基本原理是：根据研究的各个目标距理想目标的远近程度进行大小排序，从而实现对研究目标的优劣评价。此方法计算的首要步骤是对构建加权规范矩阵，并采用欧几里得算法确定不同指标的最优解和最劣解，然后依据被评价对象距离最优解和最劣解的大小进行排序。如果被评价对象到最优解的距离最小，到最劣解的距离最大，则该评价对象为最佳值，反之为最劣值。其他被评价对象需要依照其距离最佳值和最劣值的大小进行排序。

在 TOPSIS 法中,两个最基本的概念就是"理想解"以及"负理想解"。理想解是提前设定好的最优方案,其各个特性都具备当选方案中的最优值;而负理想解则是提前设定好的最劣方案,其各个特性具备当选方案中的最坏的值。在进行排序的过程中,通过对比并分析各个方案与理想解和负理想解之间的距离,合理地将各方案进行排列顺序。从中找出与理想解最为接近,同时与负理想解距离最远的一个方案,即为最优的选择。

TOPSIS 中某一个方案距离正理想解和负理想解的综合距离是用 $\dfrac{x_i - x_{\min}}{x_{\max} - x_{\min}}$ 进行衡量:若方案取到了正理想解,其表达式取值为 1;若方案取到了负理想解,其表达式取值为 0。从上面的描述可知,因涉及数据之间的比较,还需要对方案数据进行预处理,以消除量纲以及范围过大带来的问题。

7.4.2 TOPSIS 法优缺点分析

1) TOPSIS 法的优点

(1) 相对简单和直观:TOPSIS 方法的步骤相对简单,易于理解和使用。它基于评价指标的数值计算出最佳和最差的综合评价值,从而直观地比较不同的选择方案。

(2) 考虑了多个评价指标之间的权重:TOPSIS 方法可以根据实际情况给予不同评价指标不同的权重,以反映它们在决策中的重要性。该方法可以更准确地评估和比较不同方案的综合表现。

(3) 能够处理模糊和不确定性的数据:TOPSIS 方法可以处理包含模糊和不确定性数据的决策问题。通过将模糊和不确定性数据转化为数值,可以进行综合评估和比较,帮助决策者做出更可靠的决策。

2) TOPSIS 法的缺点

(1) 对于大规模问题的计算复杂度较高:当评价指标和选择方案数量较大时,TOPSIS 方法的计算复杂度会增加,需要更多的计算资源和时间。

(2) 对数据的标准化要求较高:TOPSIS 方法要求将评价指标的数据进行标准化,以确保它们具有可比性。

(3) 对评价指标权重的确定有一定的主观性:TOPSIS 方法中评价指标的权重需要由决策者主观确定。这可能受到决策者个人偏好和主观判断的影响,导致评价结果的偏差。

7.4.3 TOPSIS 法的实施步骤

首先建立评价矩阵。

设有 n 个评价对象,m 个评价指标,建立原始评价矩阵 $\boldsymbol{X}_X$。X_{ij} 表示第 i 个评价指标下第 j 个评价对象对应的值。

$$X = \begin{bmatrix} x_{11} & x_{12} & \cdots & x_{1j} \\ \vdots & & \ddots & \vdots \\ x_{i1} & x_{i2} & \cdots & x_{ij} \end{bmatrix}$$

第一步:指标属性同向化(正向化):

$$x'_{ij} \begin{cases} x_{ij}, & \text{高优指标} \\ \dfrac{1}{x_{ij}}, & \text{低优指标} \\ \dfrac{M}{[M+|x_{ij}-M|]}, & \text{中性指标} \end{cases}$$

其中:M 是中性指标中的期望指标值。

最常见的四种指标对比如下表。

表 7.16　TOPSIS 四种指标对比表

指标名称	指标特点	例子
极大型(效益型)	越大越好	成绩、GDP
极小型(成本型)	越小越好	费用、污染程度
中间型	越接近某个值越好	水质量评估时的 pH
区间型	落在某个区间最好	体温、人体的血压

第二步:构造归一化初始矩阵将正向化数据进行归一化,以消除量纲的影响。每一列元素都除以当前列向量的范数:由此得到归一化处理后的矩阵 Z:

$$Z = \begin{bmatrix} z_{11} & z_{12} & \cdots & z_{1j} \\ \vdots & & \ddots & \vdots \\ z_{i1} & z_{i2} & \cdots & z_{ij} \end{bmatrix}$$

第三步:确定正理想解和负理想解。基于归一化后的 Z,采用余弦法找出正理想解和负理想解。正理想解 Z^+ 是由每列元素的最大值构成,负理想解 Z^- 是由每列元素中的最小值构成。

$$Z^+ = (\max\{Z_{11}, Z_{21}, \cdots, Z_{i1}\}, \max\{Z_{12}, Z_{22}, \cdots, Z_{i2}\}, \cdots, \max\{Z_{1j}, Z_{2j}, \cdots, Z_{ij}\})$$
$$= (Z_1^+, Z_2^+, Z_j^+)$$

$$Z^- = (\min\{Z_{11}, Z_{21}, \cdots, Z_{i1}\}, \min\{Z_{12}, Z_{22}, \cdots, Z_{i2}\}, \cdots, \min\{Z_{1j}, Z_{2j}, \cdots, Z_{ij}\})$$
$$= (Z_1^-, Z_2^-, Z_j^-)$$

第四步:计算每一个评价对象与正理想解和负理想解的距离。

$$D_i^+ = \sqrt{\sum_j (Z_{ij} - Z_j^+)^2}, \quad D_i^- = \sqrt{\sum_j (Z_{ij} - Z_j^-)^2}$$

第五步:计算各评价对象与正理想解的接近程度。

$$C_i = \frac{D_i^-}{D_i^+ + D_i^-}$$

其中:$0 \leqslant C_i \leqslant 1$,$C_i \rightarrow 1$ 表明评价对象越优。

第六步:按照接近程度的大小排序,给出评价结果。

7.4.4 TOPSIS 法的应用案例

某防疫站拟对当地 2018—2022 年公共场所卫生监督工作质量进行评价,选择的评价指标包含监督率(x_1)、体检率(x_2)、培训率(x_3),原始数据如下:

表 7.17　2018—2022 年公共场所卫生监督工作质量

年份	监督率%(x_1)	体检率%(x_2)	培训率%(x_3)
2018	95.0	95.3	95.0
2019	100.0	90.0	90.2
2020	97.4	97.5	94.6
2021	98.4	98.2	90.3
2022	100.0	97.4	92.5

对 5 年的公共场所卫生监督质量进行综合评价。因为监督率、体检率和培训率都是高优指标,所以不需要进行第一步的同向化,直接进行第二步。

（1）归一化处理。

根据公式 $Z_{ij} = \dfrac{x_{ij}}{\sqrt{\sum\limits_{i=1}^{n} x_{ij}^2}}$ 得以下结果:

$$Z_{11} = \frac{95.0}{\sqrt{95.0^2 + 100.0^2 + 97.4^2 + 98.4^2 + 100.0^2}} = 0.4327$$

$$Z_{12} = \frac{95.3}{\sqrt{95.3^2 + 90.0^2 + 97.5^2 + 98.2^2 + 97.4^2}} = 0.4452$$

$$Z_{13} = \frac{95.0}{\sqrt{90.2^2 + 95.0^2 + 94.6^2 + 90.3^2 + 92.5^2}} = 0.4591$$

转换指标值的 $\boldsymbol{Z}$ 矩阵如下表。

表 7.18　转换指标值的 Z 矩阵表

年份	监督率%(x_1)	体检率%(x_2)	培训率%(x_3)
2018	0.432 7	0.445 2	0.459 1
2019	0.455 5	0.420 5	0.435 9
2020	0.443 7	0.455 5	0.457 2
2021	0.448 2	0.458 8	0.436 4
2022	0.455 5	0.455 0	0.447 0

（2）计算正理想解和负理想解。

$$Z^+ = (0.455\ 5,\ 0.458\ 8,\ 0.459\ 1)$$
$$Z^- = (0.432\ 7,\ 0.420\ 5,\ 0.435\ 9)$$

（3）计算每一个评价对象与正理想解和负理想解的距离，例如 2021 年度：

$$D_4^+ = \sqrt{(0.455\ 5 - 0.448\ 2)^2 + (0.458\ 8 - 0.458\ 8)^2 + (0.459\ 1 - 0.436\ 4)^2} = 0.023\ 9$$

$$D_4^- = \sqrt{(0.432\ 7 - 0.448\ 2)^2 + (0.420\ 5 - 0.458\ 8)^2 + (0.435\ 9 - 0.436\ 4)^2} = 0.041\ 3$$

（4）D 表和排序，例如 2000 年度：

$$C_i = \frac{D_4^-}{D_4^+ + D_4^-} = \frac{0.041\ 3}{0.023\ 9 + 0.041\ 3} = 0.634\ 0$$

最终 D 表及排序如下表。

表 7.19　最终排序表

年份	D^+	D^-	C_i	排序结果
2018	0.026 5	0.033 9	0.561 5	4
2019	0.044 8	0.022 8	0.337 1	5
2020	0.012 4	0.042 4	0.773 3	1
2021	0.023 9	0.041 3	0.634 0	3
2022	0.012 7	0.042 9	0.772 2	2

最终，由此表可以对这 5 年的公共场所卫生监督质量进行综合评价。其中 2020 年公共场所卫生监督工作质量最优，其次依次为 2022 年、2021 年、2018 年和 2019 年。

7.5 基于熵-云模型的系统综合评价方法

7.5.1 云模型的概念与性质

1）云模型的概念

云模型这一概念是李德毅提出的，他提出了隶属云的新思想，该模型为社会中用定性与定量相结合的许多问题奠定了基础。在计算过程中，可以更好地将随机性和模糊性进行融合，为后续问题解决和改进奠定了基础。

假设 U 是用数值表示的定量区域，C 是定性指标，C 与 U 相对应，假设 $x \in U$ 是一次随机实现，即

$$\mu: U \rightarrow [0,1], \ \forall x \in U, \ X \rightarrow \mu(x)$$

则 x 为定量区域 U 上分布的云，每一个 x 是一次任意实现的云滴。

2）云模型的相关性质

（1）云模型产生的云滴是凌乱的，它的实现具有随机性，它显示的是定性概念，一个云滴没有代表性，只能通过正向云发生器反复模拟形成上千个云滴形成云图片，才能反映整体的特征。

（2）x 的每一次随机实现都是云滴产生的过程，x 的数值不是固定的，具有随机性和模糊性。

（3）出现的云滴程度越高，概率越大，代表着确定性越高，并且人们对于相关事物的认知是统一的。

7.5.2 云模型的数字特征

利用期望值 E_x、熵 E_n 和超熵 H_e 来表示云模型生成的云滴，产生不同的云模型，云模型的数字特征如图 7.3 所示。

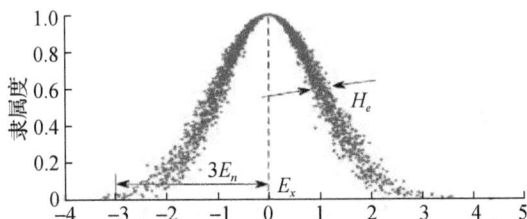

图 7.3 云模型的数字特征

（1）期望值 E_x：它代表云滴在 U 这一定量区域分布形成的期望值，人们对于相关事物的认知体现在云滴的离散程度上，云滴越靠近期望值 E_x 表示人们对事物的认知越是统一，云滴越远离期望值 E_x 表示人们对事物的认知越不统一。

（2）熵 E_n：它体现了相关事物的随机性与模糊性，通过熵 E_n 值在云图中可以看出云滴凌乱程度和可以被利用的相关范围。

（3）超熵 H_e：它体现的是不确定性，代表熵的随机性和模糊性，它表现了云滴的"厚度"上，云滴越厚，代表超熵越大。

（4）关于云模型参数的计算，采用一种双边约束的计算公式：

$$E_x = (B_{min} + B_{max})/2$$
$$E_n = (B_{max} - B_{min})/6$$
$$H_e = kE_n$$

式中：B_{min}、B_{max}——定量与变量的最大值和最小值，k 为常数。

7.5.3　云发生器

云模型的两大算法是正向云发生器和逆向云发生器，正向云发生器是实现定性概念定量化，逆向云发生器是实现定量数据定性化，这两种算法可以完成对评价对象的评价。

1）正向云发生器

主要是通过期望值 E_x、熵 E_n 和超熵 H_e 来产生定量数值，用图 7.4 所示的 FCG 来表示。

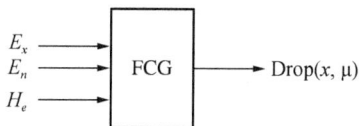

图 7.4　正向云发生器

算法步骤如下：

（1）生成以 E_n 为期望值，H_e^2 为方差的一个正态随机数 $y_i = R_N(E_n, H_e)$；

（2）生成以 E_x 为期望值，y_i^2 为方差的一个正态随机数 $x_i = R_N(E_x, y_i)$；

（3）计算 $\mu(x_i) = \exp\left(-\dfrac{(x_i - E_x)^2}{2y_i^2}\right)$；

（4）具有确定度 $\mu(x_i)$ 的 x_i 成为论域中的一个云滴；

（5）重复上述步骤，直到出现符合要求的云滴为止。

2）逆向云发生器

逆向云发生器与正向云发生器相反，它可将定量数值转换成期望值 E_x、熵 E_n 和超熵 H_e，用图 7.5 所示的 BCG 所示。

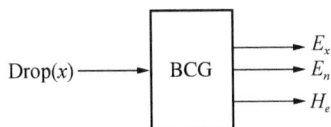

图 7.5　逆向云发生器

算法步骤如下：

（1）根据 X_i 计算一组数据的样本均值 $\overline{X} = \dfrac{1}{n}\sum_{i=1}^{n} X_i$，一阶样本绝对中心矩阵 $\overline{X} = \dfrac{1}{n}\sum_{i=1}^{n}[x_i - \overline{X}]$，样本方差 $S^2 = \dfrac{1}{n-1}\sum_{i=1}^{n}(x_i - \overline{X})^2$；

（2）计算期望值 $E_x = \overline{X}$；

（3）计算熵 $E_n = \sqrt{\dfrac{\pi}{2}} \times \dfrac{1}{n}\sum_{i=1}^{n}(x_i - E_x)$；

（4）计算超熵 $H_e = \sqrt{S^2 - E_n^2}$。

7.5.4　案例分析

1）案例背景

近年来，由于全球气温变暖引起的特殊气候、极端天气现象日益增多，导致我国多个省市遭到暴雨洪灾袭击，比如郑州 2021 年的特大暴雨，共造成河南省 150 个县（市、区）1478.6 万人受灾，因灾死亡失踪 398 人，给国家造成了巨大的经济损失。为此，引入熵和正态云模型理论，构建了基于熵—云模型的城市洪灾风险评价模型，并通过实例应用验证了该模型的可行性和有效性。以郑州市为例，结合该市的自然环境、社会经济环境等特点，筛选出 7 个指标来评价洪灾风险，将城市洪灾划分为五个等级，依次为 I 级（安全）、II 级（较安全）、III 级（较危险）、IV 级（危险）、V 级（非常危险），详见表 7.20。

表 7.20　城市洪灾风险评价等级

指标	洪灾风险等级				
	I 级	II 级	III 级	IV 级	V 级
河网密度 B_1（km·km^{-2}）	[0～0.3]	[0.3～0.7]	[0.7～2.0]	[2.0～5.0]	[5.0～8.0]
最大 3d 降雨量 B_2(mm)	[0～200]	[200～300]	[300～400]	[400～500]	[500～750]
防灾工程覆盖率 B_3(%)	[100～90]	[90～75]	[75～60]	[60～40]	[40～0]
防灾建设投入比重 B_4(%)	[5.0～3.5]	[3.5～2.5]	[2.5～2.0]	[2.0～1.0]	[1.0～0]

（续表）

指标	洪灾风险等级				
	Ⅰ级	Ⅱ级	Ⅲ级	Ⅳ级	Ⅴ级
人口密度 B_5 （人·km^{-2}）	[0~50]	[50~150]	[150~250]	[250~500]	[500~1000]
耕地百分比 B_6(%)	[0.1~0.25]	[0.25~0.35]	[0.35~0.45]	[0.45~0.55]	[0.55~0.70]
人均GDP B_7 （万元·人$^{-1}$）	[0~0.8]	[0.8~1.5]	[1.5~2.5]	[2.5~3.5]	[3.5~4.5]

2）风险指标云模型参数计算

借助双边约束公式 $E_x=(B_{min}+B_{max})/2$ 和 $E_n=(B_{max}-B_{min})/6$ 以及 $H_e=kE_n$（k 取 0.1）来计算出各个指标的期望值、熵和超熵,详见表 7.21。

表 7.21 风险指标云模型参数

洪灾风险等级	参数	指标						
		B_1	B_2	B_3	B_4	B_5	B_6	B_7
Ⅰ级	E_x	0.15	100.00	95.00	4.25	25.00	0.18	0.40
	E_n	0.05	33.33	1.67	0.25	8.33	0.03	0.13
	H_e	0.01	3.33	0.17	0.03	0.83	0.01	0.01
Ⅱ级	E_x	0.50	250.00	83.00	3.00	100.00	0.30	1.20
	E_n	0.07	16.67	2.50	0.17	16.67	0.02	0.12
	H_e	0.01	1.67	0.25	0.02	1.67	0.01	0.01
Ⅲ级	E_x	1.35	350.00	67.50	2.25	200.00	0.40	2.00
	E_n	0.22	16.70	2.50	0.08	16.70	0.02	0.17
	H_e	0.02	1.67	0.25	0.01	1.67	0.01	0.02
Ⅳ级	E_x	3.50	450.00	50.00	1.50	375.00	0.50	3.00
	E_n	0.50	17.00	3.30	0.20	42.00	0.01	0.20
	H_e	0.05	1.67	0.33	0.02	4.17	0.01	0.02
Ⅴ级	E_x	6.50	625.00	20.00	0.50	25.00	0.60	4.00
	E_n	0.50	42.00	6.70	0.20	83.00	0.10	0.20
	H_e	0.05	4/17	0.67	0.02	8.33	0.01	0.02

3）指标等级隶属度计算

有了各个指标的期望值、熵以及超熵,借助正向云发生器的原理以及计算公式,算出 n 个云滴,然后分别绘制出河网密度、最大 3 d 降雨量等 7 个指标的正态云隶属度图。通过各个指标的实测值,带入所得到的正态云隶属度图中,得到各个指标的隶属度,详见表 7.22。

表 7.22　指标等级隶属度值

指标	洪灾风险等级				
	Ⅰ级	Ⅱ级	Ⅲ级	Ⅳ级	Ⅴ级
B_1	0	0.015	0.256	0.435	0.136
B_2	0	0.021	0.317	0.865	0.015
B_3	0.225	0.934	0.872	0.411	0
B_4	0	0.541	0.552	0.654	0.027
B_5	0	0	0.017	0.218	0.682
B_6	0	0.153	0.542	0.922	0.863
B_7	0	0.237	0.275	0.833	0.776

4）城市洪灾风险评价权重计算

由于熵权法能够客观确定各个指标的权度,对此,通过熵权法来对各个指标的权重进行修正。由于每个指标之间原始数据的单位不一样,表达形式不一样,为了消除这些数据之间的差异对综合评价结果造成的影响,就需要对原始数据进行标准化。如果是正向指标, $x_{ij}=\dfrac{x_j-x_{\min}}{x_{\max}-x_{\min}}$,如果是负向指标,则 $x_{ij}=\dfrac{x_{\max}-x_j}{x_{\max}-x_{\min}}$ 。为了保证数据的可信度和完整度,对于标准化处理后等于 0 的数据,可以重新赋值一个正的微小量,选取 0.001 作为平移量,将其纳入计算过程;其次,计算出第 j 指标下第 i 个指标值比重, $w_{ij}=\dfrac{X_{ij}}{\sum\limits_{i=1}^{m}Xij}$;然后计算出第 j 个指标的熵值, $H_j=-\ln_m\sum\limits_{i=1}^{m}w_{ij}\ln w_{ij}$ 。接着根据每个指标的熵值来算出每个指标的熵权, $c_j=\dfrac{1-H_j}{\sum\limits_{j=1}^{n}H_j}$ （n 为指标个数）;最后算出基于熵 -AHP 的混合熵权 $W_j=\dfrac{r_jc_j}{\sum\limits_{j=1}^{n}r_jc_j}$,其中 r_j 为权重,结果见表 7.23。

表 7.23　城市洪灾风险评价权重

指标	熵权 c_j	AHP 权 r_j	混合熵权 W_j
B_1	0.159	0.159	0.173
B_2	0.183	0.281	0.352
B_3	0.107	0.130	0.096
B_4	0.161	0.075	0.083
B_5	0.067	0.136	0.062
B_6	0.142	0.144	0.141
B_7	0.181	0.075	0.093

5）结论

最后算出各个风险等级的隶属度，即 $C_p = \sum_{j=1}^{7} W_j d_{jp}$，$d_{jp}$ 表示第 j 个指标在第 p 等级的隶属度。例如：Ⅰ 级的隶属度为 $0.225 \times 0.096 = 0.022$。同理分别算出各个风险等级的隶属度为 $0.188, 0.386, 0.694$ 和 0.267。所以郑州市的抗洪风险评价等级最大可能是 Ⅳ 级。

通过得出该市的抗洪风险等级，可以帮助政府及相关部门及早准确对抗洪风险进行判断，并采取相应的措施进行改善。

8 运输系统决策

8.1 概述

8.1.1 决策的概念

系统决策是指在一定的条件下,根据系统的状态,在可采取的各种策略中,依据系统目标选取一个最优策略并付诸实施的过程。科学决策不同于经验决策,它是在对系统进行科学分析的基础上,运用科学的思维方法,采用科学的决策技术做出决策的过程。

在现代管理中,决策显得尤为重要,诺贝尔奖获得者西蒙曾经说过"管理就是决策",他认为决策是对稀有资源备选方案进行选择排序的过程;学者 Gregory 在《决策分析》中提及,决策是决策者对将采取的行动方案的选择过程。

朴素的决策思想自古有之,但在落后的生产方式下,决策主要凭借个人的知识、智慧和经验。生产和科学技术的发展越来越要求决策者在瞬息万变的条件下对复杂的问题迅速做出决断,这就要求对不同类型的决策问题,有一套科学的决策原则、程序和相应的机构、方法。随着计算机技术的发展,决策分析的研究得到极大的促进,随之产生的计算机辅助决策支持系统(Decision Support System),使许多问题可以在计算机的帮助下得以解决,在一定程度上代替了人们对一些常见问题的决策分析过程。

8.1.2 决策的基本要素

决策分析的基本要素包括以下几个方面:

1) 决策者

决策者是指决策过程的主体,即决策人。一般来说,他是某一方面或某一部分人的利益代表者。决策者在决策过程中起着决定作用。由多方利益代表者构成的决策集体称多人决策,或称这个集体为决策组、决策集团。

2) 方案

方案指的是决策过程中可供选择的行动方案或策略。方案可以是有限的,也可以是无限的,表示为:

$$A = \{a_1, a_2, \cdots, a_m\} = \{a_i\} \ (i = 1, 2, \cdots, m)$$

式中:A——所有可能的方案;

a_i——第 i 个方案。

3) 结局

结局是方案选择以后所造成的结果。如果没有不确定性,则只有一个结局,称为确定型决策;如选择方案后,结果存在不确定性,则存在多种结局。结局也叫状态可以表示为:

$$S = \{s_1, s_2, \cdots, s_n\} = \{s_j\} \ (j = 1, 2, \cdots, n)$$

式中:S——所有可能的自然状态;

s_j——第 j 个状态。

4) 价值及效用

价值是指对结局所作出的评价。在决策分析中,一般无风险下对结局的评价称为价值,可以用具体的益损值表征;在有风险的情况下,价值将随风险的大小有所改变,称为效用,效用取值 $[0, 1]$。下面所讨论的决策问题均以益损值来描述对结局所作的评价。益损值可表示为如下矩阵形式:

$$C = \begin{bmatrix} c_{11} & c_{12} & \cdots & c_{1n} \\ c_{21} & c_{22} & \cdots & c_{2n} \\ \vdots & \vdots & \vdots & \vdots \\ c_{m1} & c_{m2} & \cdots & c_{mn} \end{bmatrix}$$

式中:C——益损值矩阵;

c_{ij}——第 i 个方案在第 j 个状态下的益损值。

显然,c_{ij} 是方案 a_i 和状态 s_j 的函数,即

$$c_{ij} = f(a_i, s_j)$$

如果决策问题的目标是唯一的,益损值矩阵 C 也是唯一的;目标为多个时,益损值矩阵 C 也是多个。根据目标的多少,决策问题可以分为单目标决策和多目标决策。本章重点讨论单目标决策;对于多目标决策问题,可以按介绍的方法把多目标化为单目标来处理。

5) 偏好

偏好是指人们对各种方案、目标、风险的爱好倾向。可以定量表示偏好,也可以用

排序的方式表示。

决策就是要在给定状态 s 的条件下,从方案中选取一个最优方案,使其可能的收益最大或损失最小。它们的关系可用如下形式表示:

$$optd = f(a, s, c)$$

式中:d——在一定决策准则下的决策值。

8.1.3 决策的程序

决策程序是人们长期进行决策实践时的步骤,是人们长期进行决策实践的科学总结。如前所述,正确的决策不仅取决于决策者个人的素质、知识、才能、经验以及审时度势的能力,并且与认识和遵循决策的科学程序有着密切的关系。

科学的决策程序一般包括以下四个基本步骤。

1) 提出问题,确定目标

提出问题是指提出必须解决的、将要发生的问题。决策者应能够根据经济与科学技术的发展,或依据先进经验,或从搜集和整理的情报中发现差距。一个决策者如能站得高、看得远、统观全局,就能找出问题的关键所在。目标是决策的出发点和归宿,也是通过决策所要预期达到的技术经济成果。

决策目标有技术上的目标,也有经济上的目标。例如,为提高运输企业经济效益而确定的目标就属于经济上的目标;研发先进的运输装备以提高运输能力就属于技术上的目标。目标的确定要考虑以下几点:

(1) 目标的针对性

针对所要解决的问题,如是为了增加运量还是为了降低成本;针对决策人的职责范围,如降低成本问题,上级有上级的目标,下级有下级的目标,下级的目标要服从上级的目标。

(2) 目标的准确性

要概念明确,时间、数量、条件等都要具体加以规定。这一方面是作为方案可行性的依据,另一方面是为了有可能对执行的结果进行检查。

(3) 目标的先进性和可靠性

要建立一个必须经过人们艰苦努力才能够达到的目标,而不是建立一个轻易可达到的目标,否则,就不能调动群众的积极性,就不能充分挖掘潜力。同时,要注意使目标有较大实现的可能性,注重实际,量力而行,不能是空想的、不可实现的。

(4) 目标的相关性

一项决策可能涉及多项目标,这时要分清哪些是长期目标,哪些是近期目标;哪些是战略目标,哪些是战术目标;哪些是主要目标,哪些是次要目标;并且还要明确它们的衔接关系。对于主次目标,还必须确定一个优先顺序,使次要目标服从于主要目标,以保证主要目标的实现。

2）调查研究，拟定可行方案

根据目标，拟定可行方案，这是决策的基础。

研究提出的可行方案，要根据系统的内外部条件，采取专家和群众相结合的方法，群策群力，集思广益，不能仅靠少数几个人的苦思冥想；要善于启发，使人们解放思想；要重视"奇谈怪论"式的只言片语或"头脑风暴"式的敢想敢言。

各个方案提出后，还要对每个方案进行充分的研究和可行性论证，要尽可能分析每一个方案的措施、组织、资源、人力、经费、时间等。通过论证，只有在技术上可行的方案才能够作为决策分析中待比较、选择的方案。而且，至少要有两个以上的可行方案可供选择。

3）对方案进行评价和选择

评价方案，首先要根据决策目标，制定一套评价标准；其次要通过各种模型，对备选方案进行系统分析、综合评价，以便比较、选优。在全面评价的基础上，最后选定行动方案。

4）贯彻实施方案

目标是否明确、方案是否满意都有待于在方案的贯彻执行中加以验证。决策方案确定后，要落实到有关责任部门和人员，制定实施决策的规划和期限，解决与实施决策有关的问题。

为了将实际效果与预计效果相比较，要建立健全信息反馈渠道，及时收集决策方案实施过程中的有关资料，若发现与预计效果有差异，要有针对性地查明原因，并加以修正调整，以保证决策目标全部实现。

整个决策过程的一般程序见图8.1。

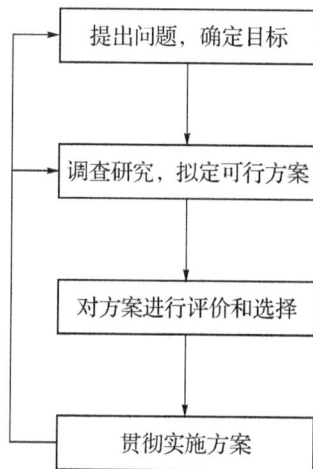

图8.1　决策程序

8.1.4　决策的准则

科学的决策，就是在科学理论的指导下，通过科学的方法，做出有科学依据的决策。它必须遵循以下准则：

1）信息准则

决策应以可靠的、高质量的信息为基础。

2）预测准则

通过预测为决策提供有关未来的信息，使决策具有远见卓识。

3）科学准则

用科学理论作为决策的指导，掌握决策对象发展变化的规律。

4）系统准则

要考虑决策涉及的整个系统和相关系统，还应使系统同环境能彼此协调；决策的结果应让系统处于最佳状态,不能顾此失彼。

5) 可行准则

决策涉及系统的人力、物力、财力资源及技术水平等,要建立在可以办得到的基础上。

6) 选优准则

决策也是选优的结果,因此必须具有两个以上的方案,并根据一定价值观念和标准从中选定满意的或最佳方案。

7) 行动准则

决策都是要付诸实施的,有了决策,必然导致某种行动,并且要有行动的结果。

8) 反馈准则

决策不可能十全十美,应把实践中检验出的不足和变化了的信息及时反馈给决策者,以便据此做出相应调整。

8.1.5 决策的分类

由于决策的内容广泛、层次复杂、方法多样,所以可以从不同角度对决策进行分类。

1) 按决策的重要性分类

可将决策分为战略决策、策略决策和执行决策。

战略决策是涉及某组织发展和生存的、有关全局和长远的决策,如厂址的选择、新产品的开发方向、原料供应地的选择等。

策略决策是为完成战略决策所规定的目的而进行的决策,如对一个企业来讲,产品规格的选择、工艺方案和设备的选择、厂区和车间内工艺路线的布置等。

执行决策是根据策略决策的要求对执行行为方案的选择,如生产中产品合格标准的选择、日常生产调度的决策等。

2) 按决策的结构分类

可分为程序决策和非程序决策。

程序决策是一种有章可循的决策,一般是可重复的。

非程序决策一般是无章可循的、只能凭经验直觉做出应变的决策,一般是一次性的。

由于决策的结构不同,解决问题的方式也不同(见表 8.1)。

表 8.1　决策问题的解决方式

解决问题的方式	程序决策	非程序决策
传统方式	习惯、标准规程	直观判断、创造性决策
现代方式	运筹学、管理信息系统	培训决策者、人工智能、专家系统

3) 按定量和定性分类

可分为定量决策和定性决策。当描述决策对象的指标都可以量化时称为定量决策;否则便称为定性决策。

4）按决策环境分类

可将决策问题分为确定型、风险型和不确定型三种。

确定型决策是指决策环境是完全确定的，做出选择的结果也是确定的。

风险型决策是指决策的环境不是完全确定的，而其发生的概率是已知的。

不确定型决策是指决策者对将发生结果的概率一无所知，只能凭决策者的主观意向进行决策。

5）按决策过程的连续性分类

可分为单项决策和序贯决策。

单项决策是指整个决策过程只做一次决策就得到结果。

序贯决策是指整个决策过程由一系列决策组成。

一般管理活动是由一系列决策组成的，但在一系列决策中往往是几个关键环节要做决策，可以把这些关键的决策分别看作单项决策。

8.1.6　运输系统决策

所谓运输系统决策问题，就是在运输系统中与运输活动有关的决策问题，如运输经济决策、运输科技决策、运输发展决策等等。

从运输企业的长远发展方向来看，要不要增加新的投资，扩大运输规模；要不要引进新技术、新工艺、新设备；从运输企业的日常管理工作来看，运输价格应如何确定、运输设备何时更新、如何更新等所有这些，都要求决策者能够做出合理、适时、科学、正确的决策。

8.2　确定型运输决策问题

8.2.1　确定型决策的主要特征

确定型决策就是指能够确定计算出各方案的益损值，从中选出最优决策。确定型决策的主要特征是：

（1）存在决策者希望达到的一个明确目标（收益最大或损失最小）；

（2）存在一个确定的自然状态；

（3）存在可供决策者选择的两个或两个以上的行动方案；

（4）不同的行动方案在确定状态下的效益值（或损失值）可以计算出来。

8.2.2　确定型决策的方法

确定型决策问题看起来似乎很简单，但是实际工作中往往是很复杂的，因为可供选择的方案是很多的，仅仅通过直观比较难以确定出最优方案。例如有 m 个产地 n 个销地的运输问题，当 m、n 较大时，运输方案就很多，这时要确定一个运输费用最低的合理运输方案,就必须用线性规划的方法才能解决。对于确定型的决策问题,要用运筹学的其他分支和另外的一些数学方法,同时还要借助于电子计算机才能更好地解决。常用的决策方法有:线性规划、非线性规划、动态规划、目标规划、整数规划、投入产出数学模型、确定型库存模型等。

另外,决策者面对要决策的问题要达到多目标的情况也很多,这时可用多目标规划来解决,也可用下面的方法进行决策。

假设在企业的经营管理中,要求实现的目标有 K 个,行动方案有 L 个,对于第 i 个可行方案第 j 个目标所能得到的效益值为 C_{ij},令第 j 个目标的权数为 W_j,则:

$$W_1 + W_2 + \cdots + W_K = \sum_{j=1}^{K} W_j = 1$$

第 i 个可行方案达到 K 个目标时,其总的效益值是:

$$A_i = W_1 C_{i1} + W_2 C_{i2} + \cdots + W_K C_{iK} = \sum_{j=1}^{K} W_j C_{ij}$$

最优方案为 $\text{Max}\{A_1, A_2, \cdots, A_i, \cdots, A_L\}$

至于各个目标的权数是根据在整个总的任务中各目标占据的重要程度来决定的,可以采取专家打分法或平均数法。

8.3 不确定型运输决策问题

所谓不确定型决策是指决策者对环境情况一无所知,但是可以通过分析使决策事件变化的各种因素,估计几种可能发生的自然状态以及各个方案在各种状态下的益损值。

不确定型决策的主要特征是:

(1) 存在决策者希望达到的一个明确目标(收益最大或损失最小);

(2) 存在两个或两个以上的自然状态;

(3) 存在可供决策者选择的两个或两个以上的行动方案;

(4) 不同的行动方案在不同自然状态下的效益值(或损失值)可以计算出来。

这时决策者只根据自己的主观倾向进行决策,决策者的主观态度基本可分为四种准则:乐观准则、悲观准则、折中准则和遗憾值准则。在进行不确定型决策的过程中,决策者的主观意志和经验判断居主导地位,同一数据可能选择完全不同的方案。

8.3.1 乐观准则

乐观准则又称极大极大决策标准,主要特征是实现方案选择的乐观原则。进行决策时,决策者不放弃任何一个获得好结果的机会,争取大中取大,充满乐观冒险精神。

1) 决策步骤

（1）编制决策效益值表；

（2）从每一个方案中选择一个最大的收益值；

（3）在这些最大的收益值对应的决策方案中选择一个收益值最大的方案为备选方案。

2) 决策原则

大中取大。

3) 算例

例 8.1　某货运中心需贷款修建一个仓库，初步考虑了三个建库方案：(1) 建大型仓库 a_1；(2) 建中型仓库 a_2；(3) 建小型仓库 a_3。由于缺乏相关资料背景，对货物量的多少不能确定，只能估计大 s_1、中 s_2、小 s_3 三种自然状态，而且每种状态出现的概率也无法预测。经初步估算得到每个方案在不同自然状态下的益损值见表 8.2。

表 8.2　效益值表

货物量 S 方案 A	益损值 c_{ij}（万元）		
	货物量大 s_1	货物量中 s_2	货物量小 s_3
建大型仓库 a_1	120	60	40
建中型仓库 a_2	80	90	70
建小型仓库 a_3	50	70	80

在乐观准则下，$d^* = \underset{a_i \in A}{\text{Max}} \{ \underset{s_j \in S}{\text{Max}} \{ C_{ij} \} \} = \underset{i}{\text{Max}} \underset{j}{\text{Max}} \{ C_{ij} \}$

在本例中，对于每个方案 $a_i (i = 1, 2, 3)$，有：

$$d_1 = \text{Max} \{120, 60, 40\} = 120$$

$$d_2 = \text{Max} \{80, 90, 70\} = 90$$

$$d_3 = \text{Max} \{50, 70, 80\} = 80$$

则 $d^* = \text{Max} \{120, 90, 80\} = 120$

故最优方案为 a_1，建大型仓库。

8.3.2　悲观准则

悲观准则又称极大极小决策标准。当决策者对决策问题不明确时，唯恐由于决策失误带来损失，因而，在做决策时小心谨慎，总是抱着悲观的态度，从最坏的情况中争取最好的结果。

1) 决策步骤

（1）编制决策效益表；

（2）从每一个方案中选择一个最小的效益值；

（3）在这些最小的收益值对应的决策方案中选择一个效益值最大的方案为备选方案。

2）决策原则

小中取大。

3）算例

例 8.2 用悲观准则求例 8.1 的最优决策方案。

在悲观准则下，$d^* = \underset{a_i \in A}{\text{Max}} \{ \underset{s_j \in S}{\min} \{ C_{ij} \} \} = \underset{i}{\text{Max}} \underset{j}{\min} \{ C_{ij} \}$

在本例中，对于每个方案 $a_i (i = 1, 2, 3)$，有：

$$d_1 = \min\{120, 60, 40\} = 40$$
$$d_2 = \min\{80, 90, 70\} = 70$$
$$d_3 = \min\{50, 70, 80\} = 50$$

则 $d^* = \text{Max}\{40, 70, 50\} = 70$

故最优方案为 a_2，建中型仓库。

8.3.3 折中准则

乐观准则和悲观准则都过于极端，折中准则是介于二者之间的一个决策标准。在进行决策的时候，要求决策者确定一个系数：折中系数 $\alpha (\alpha \in [0, 1])$，$\alpha \rightarrow 0$ 说明决策者接近悲观；$\alpha \rightarrow 1$ 说明决策者接近乐观。

1）决策步骤

（1）编制决策益损表；

（2）计算每个方案折中决策标准收益值，即：

$$d_i = \alpha \underset{j}{\text{Max}} c_{ij} + (1 - \alpha) \underset{j}{\min} c_{ij}$$

（3）选择最大的折中收益值对应的方案为备选方案，即：

$$d^* = \underset{i}{\text{Max}}\{d_i\} (i = 1, 2, \cdots, m)$$

当 $\alpha = 1$ 时，为乐观（极大极大）准则；当 $\alpha = 0$ 时，为悲观（极大极小）准则。

2）算例

例 8.3 用折中标准求例 8.1 的最优决策方案，取折中系数 $\alpha = 0.6$。

在本例中，对于每个方案 $a_i (i = 1, 2, 3)$，有：

$$d_1 = 120 \times 0.6 + 40 \times 0.4 = 88$$
$$d_2 = 90 \times 0.6 + 70 \times 0.4 = 82$$
$$d_3 = 70 \times 0.6 + 40 \times 0.4 = 58$$

则 $d^* = \text{Max}\{88, 82, 58\} = 88$

故最优方案为 a_1，建大型仓库。

8.3.4 遗憾准则

遗憾准则是一种使遗憾值最小的准则。所谓遗憾值是指决策者在某种自然状态下本应选择收益最大的方案时却选择了其他方案而造成的机会损失值。该准则要求决策者首先计算各方案在不同状态下的遗憾值,再分别找出各方案的最大遗憾值,最后在这些最大遗憾值中找出最小者对应的方案,即将最大遗憾值为最小时所对应的方案作为最优决策方案。

1) 决策步骤

(1) 编制决策益损表;

(2) 用每个状态下的最大收益值减去其他方案的收益值,得出每个方案的遗憾值,$Q_{ij} = \underset{i}{\text{Max}}\{c_{ij}\} - c_{ij}$;

(3) 找出每个方案的最大遗憾值,$d_i = \underset{j}{\text{Max}}\{Q_{ij}\}$;

(4) 从每个方案的最大遗憾值中找出最小的遗憾值所对应的方案为备选方案,$d^* = \underset{i}{\min}\{d_i\}$($i = 1, 2, \cdots, m$)。

2) 算例

例 8.4 用遗憾值准则求例 8.1 的最优决策方案。

首先计算得到遗憾值见表 8.3。

表 8.3 遗憾值表

货物量 S / 方案 A	遗憾值 Q_{ij}(万元)		
	货物量大 s_1	货物量中 s_2	货物量小 s_3
建大型仓库 a_1	0	30	40
建中型仓库 a_2	40	0	10
建小型仓库 a_3	70	20	0

在本例中,对于每个方案 a_i($i = 1, 2, 3$),有:

$$d_1 = \text{Max}\{0, 30, 40\} = 40$$
$$d_2 = \text{Max}\{40, 0, 10\} = 40$$
$$d_3 = \text{Max}\{70, 20, 0\} = 70$$

则 $d^* = \min\{40, 40, 70\} = 40$

故最优方案为 a_1 或 a_2,建大型仓库或中型仓库。

上面讨论了不确定情况下的四种决策标准。具体进行决策时,可以将几个标准同时使用,将选中次数最多的方案作为备选方案。

如在前面几个例子中,四个决策标准的决策结果见表 8.4。

表 8.4　不同决策标准下的决策结果

决策方案 决策标准	建大型仓库	建中型仓库	建小型仓库
乐观准则	*		
悲观准则		*	
折中准则	*		
遗憾准则	*	*	

由于建立大型仓库的方案选中的次数最多,故最终应选择建大型仓库。

8.4　风险型运输决策问题

风险型决策也称随机性决策或概率型决策,是指在决策问题中决策者除了知道未来可能出现哪些状态外,还知道出现这些状态的概率分布。风险型决策主要应用于远期目标的战略决策或随机因素较多的非程序化决策。

风险型决策的主要特征是:

(1) 存在决策者希望达到的一个明确目标(收益最大或损失最小);

(2) 存在两个或两个以上的自然状态;

(3) 出现各种自然状态的概率可以预先估计或计算出来;

(4) 存在可供决策者选择的两个或两个以上的行动方案;

(5) 不同的行动方案在不同自然状态下的效益值(或损失值)可以计算出来。

8.4.1　期望收益值法

期望收益值法是应用概率论中计算离散随机变量数学期望的方法分别计算各种方案在各种自然状态下的期望收益值,再根据期望值的大小选出最优方案。

1) 决策步骤

(1) 编制决策收益值表;

(2) 计算每个方案的期望收益值,即:

$$E(a_i) = \sum_{j=1}^{n} c_{ij} p(s_j) \qquad i = 1, 2, \cdots, m; j = 1, 2, \cdots, n$$

其中:$p(s_j)$——s_j 状态发生的概率,以下同。

(3) 选择期望收益值最大的方案为备选方案,即:

$$d^* = \underset{i}{\text{Max}}\{E(a_i)\} \qquad i = 1, 2, \cdots, m$$

2) 算例

例 8.5　仍以例 8.1 为例。据估计,货物量大的可能性是 30%,货物量中的可能性是 50%，货物量小的可能性是 20%，求出最优决策方案。

计算得到期望收益值见表 8.5。

表 8.5 期望收益值表

货物量 S / 方案A	收益值 c_{ij}（万元）			期望收益值 $E(a_i)$
	货物量大 s_1	货物量中 s_2	货物量小 s_3	
	(0.3)	(0.5)	(0.2)	
建大型仓库 a_1	120	60	40	74
建中型仓库 a_2	80	90	70	83
建小型仓库 a_3	50	70	80	66

在本例中，对于每个方案 $a_i(i=1, 2, 3)$，有：

$$d^* = \mathrm{Max}\{74, 83, 66\} = 83$$

故最优方案为 a_2，建中型仓库。

8.4.2 期望损失值法

期望损失值法要求决策者首先计算出各个方案的损失值（遗憾值），然后计算每种方案的期望损失值，从中选择最小期望损失值对应的方案为最优方案。

1）决策步骤

（1）编制不同方案在不同自然状态下的损失值表；

（2）计算不同方案的期望损失值，即：

$$E(a_i) = \sum_{j=1}^{n} Q_{ij} p(s_j) \qquad i=1, 2, \cdots, m; j=1, 2, \cdots, n$$

（3）选择期望损失值最小的方案为最优方案，即：

$$d^* = \min_{i}\{E(a_i)\} \qquad i=1, 2, \cdots, m$$

2）算例

例 8.6 以例 8.1 为例，用最小期望损失值法进行决策。

计算得到期望损失值见表 8.6。

表 8.6 期望损失值表

货物量 S / 方案A	损失值 Q_{ij}（万元）			期望收益值 $E(a_i)$
	货物量大 s_1	货物量中 s_2	货物量小 s_3	
	(0.3)	(0.5)	(0.2)	
建大型仓库 a_1	0	30	40	23
建中型仓库 a_2	40	0	10	14
建小型仓库 a_3	70	20	0	31

在本例中，对于每个方案 $a_i(i=1, 2, 3)$，有：

$$d^* = \min\{23,\ 14,\ 31\} = 14$$

故最优方案为 a_2，建中型仓库。

8.4.3 最大可能法

最大可能法要求决策者首先找出概率明显最大的自然状态，然后在这一状态下选取收益最大的方案为最优决策方案。

1）决策步骤

（1）编制决策效益值表；

（2）确定明显最大的概率所对应的自然状态，即：

$$p(s_t) = \underset{j}{\text{Max}}\{p(s_j)\} \qquad j = 1,\ 2,\ \cdots,\ n$$

（3）在选定的自然状态下，选取收益值最大的方案为最优方案，即：

$$d^* = \underset{i}{\text{Max}}\{C_{it}\} \qquad i = 1,\ 2,\ \cdots,\ m$$

2）算例

例 8.7 以例 8.1 为例，用最大可能法进行决策。

收益值见表 8.5，概率最大的自然状态为货物量中（$s_2 = 0.5$），在这一状态下：

$$d_1 = C_{12} = 60$$
$$d_2 = C_{22} = 90$$
$$d_3 = C_{32} = 70$$

则 $d^* = \underset{i}{\text{Max}}\{60,\ 90,\ 70\} = 90$

故最优方案为 a_2，建中型仓库。

8.4.4 决策树法

决策树法是以图解的方式分别计算各方案在不同自然状态下的益损值，通过对每种方案益损期望值的比较做出决策。

1）决策树的结构

决策树法是利用树形结构图辅助进行决策的一种方法。这种方法是把各种备选方案、可能出现的状态以及决策产生的后果，按照逻辑关系画成一个树形图，在树形图上完成对各种方案的计算、分析和选择。决策树由四个部分组成：

（1）决策节点

在决策树中用□代表，表示决策者要在此处进行决策。从它引出的每一个分枝，都代表决策者可能选取的一个策略（又称方案枝）。

（2）事件节点

在决策树中用○代表，从它引出的分枝代表其后继状态，分枝上括号内的数字表明该状态发生的概率（又称概率枝）。

（3）结果节点

在决策树中用△表示，它表示决策问题在某种可能情况下的结果，它旁边的数字是这种情况下的益损值（又称末梢）。

（4）分枝

在决策树中用连接两个节点的线段，根据分枝所处的位置不同，又可以分成方案枝和状态枝。连接决策节点和事件节点的分枝称为方案枝；连接事件节点和结果节点的分枝称为状态枝。

决策树的结构如图 8.2 所示。

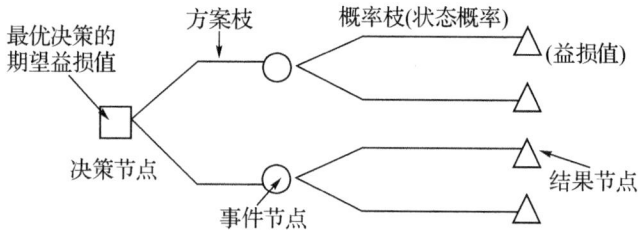

图 8.2　决策树结构

2）决策树法的决策步骤

（1）画决策树

画决策树的过程就是拟定各种方案的过程，也是进行状态分析和预估方案结果的过程。因此，首先要对决策问题的发展趋向步步深入地进行分析，然后按决策树的结构规范由左向右逐步画出决策树。

（2）计算各方案的期望值

按期望值的计算方法，从图的右边向左逐步进行，并将结果表示在方案节点的上方。

（3）剪枝选择方案

比较各方案的期望值，选取期望收益最大或期望损失最小的方案为最佳方案。将最佳方案的期望值写在决策点的上方，并在其余方案枝上画"//"进行剪枝，表示舍弃该方案。

3）算例

（1）单级决策问题

单级决策问题是指在一个决策问题中只有一个层次的决策。反映在决策树模型中，就是只有一个决策节点。

例 8.8　为生产某种新型的港口装卸机械提出了两个建厂方案：一是投资 300 万元建大厂，一是投资 160 万元建小厂，均考虑 10 年经营期。据预测，在这 10 年经营期内，前三年该产品销路好的概率为 0.7；而若前三年销路好，则后七年销路好的概率为 0.9；若前三年销路差，则后七年销路肯定差。另外，估计每年两个建厂方案的益损值如表 8.7 所示。要求用决策树法确定应采用哪种建厂方案。

表 8.7　益损值表

建厂方案	年益损值(万元)	
	销路好	销路差
建大厂	100	−20
建小厂	40	10

解　画出决策树如图 8.3 所示。

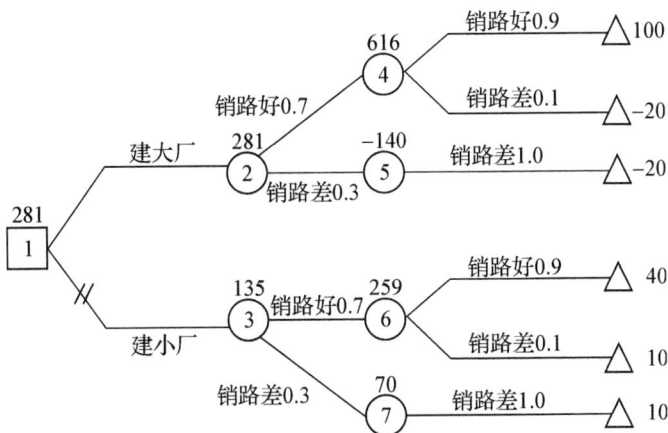

图 8.3　单级决策树

计算事件节点的期望益损值：

节点④：$[0.9 \times 100 + 0.1 \times (-20)] \times 7 = 616$

节点⑤：$[1.0 \times (-20)] \times 7 = -140$

节点⑥：$[40 \times 0.9 + 10 \times 0.1] \times 7 = 259$

节点⑦：$[10 \times 1.0] \times 7 = 70$

节点②：$[0.7 \times 100 \times 3 + 0.3 \times (-20) \times 3] + [0.7 \times 616 + 0.3 \times (-140)] - 300 = 281$

节点③：$[0.7 \times 40 \times 3 + 0.3 \times 10 \times 3] + (0.7 \times 259 + 0.3 \times 70) - 160 = 135$

故最优方案为建大厂。将节点①上方标上期望收益值 281 万元,并剪去建小厂方案枝。

（2）多级决策问题

多级决策问题是指在一个决策问题中有两个或两个以上层次的决策,反映在决策树模型中,就是有两个或两个以上的决策节点。

绘制多级决策问题的决策树图时,一般常从第一级决策问题画起,然后发展到第二级决策问题,直至最后一级决策问题。其结构与单级决策问题无本质的区别,只是相比较更复杂,计算量更大一些。

例 8.9　仍考虑例 8.8。先假定两个方案中,除了建大厂的方案以外,另一个方案是先投资 160 万元建小厂,若产品销路好,则三年后考虑是否扩建成大厂,扩建投资为 140 万元。扩建后产品的经营期为 7 年,每年的收益情况与大厂相同。此时,应选择哪个建厂方案?

解 这个问题属于多级决策问题。因为,既要确定当前是建大厂,还是建小厂;三年后又要确定小厂是否需要扩建。

画决策树如图 8.4 所示。

第一方案和例 8.8 相同,故在本题中,略去第一方案的部分节点和树枝,只保留第二个节点及其计算结果。

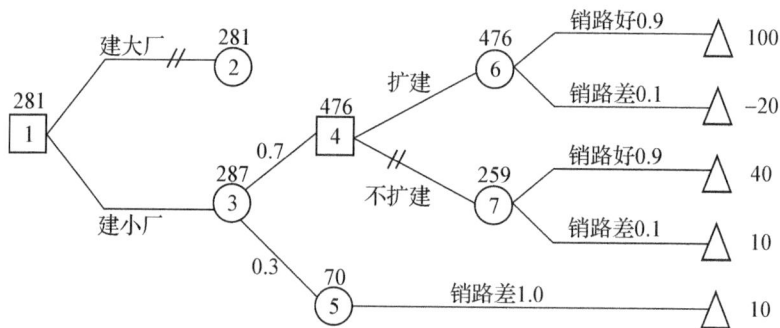

图 8.4 多级决策树

计算各节点的益损值:

节点②:建大厂方案,其值与例 8.8 相同,为 281 万元。

节点⑥:$[0.9 \times 100 + 0.1 \times (-20)] \times 7 - 140 = 476$

节点⑦:$(0.9 \times 40 + 0.1 \times 10) \times 7 = 259$

节点④:决策节点,比较节点⑥与节点⑦的值,故选择扩建方案,剪去不扩建方案。

节点⑤:$(1.0 \times 10) \times 7 = 70$

节点③:$[(0.7 \times 40 + 0.3 \times 10) \times 3] + (0.7 \times 476 + 0.3 \times 70) - 160 = 287$

节点①:决策节点,比较节点②与节点③的值,故剪去建大厂的方案。

最优方案为先投资 160 万元建小厂,三年后,若销路好,再追加投资 140 万元,扩建成大厂,10 年的总收益为 287 万元。

风险型决策问题与不确定型决策问题的本质区别在于:前者利用自然状态出现的概率分布,以期望收益值最大为决策目标,所得到的结果比较能够符合客观情况;而后者则是对未来的自然状态一无所知,其决策受主观意识的影响很大,带有一定的盲目性。

在风险型决策问题中,确定未来状态出现的概率是非常重要的。各种自然状态出现的概率可以用统计资料、实验结果得出,但大多数情况下要凭经验、知识甚至是预感对未来的情况进行估计,这样得出的概率值称为主观概率。对同一事件,不同的人做出的主观概率的估计是不同的,因此,所得出的决策结果也是不同的。

对于不确定型决策,只要决策者对未来状态出现的可能性不是全然不知,就总可以做出一些估计,因而即可化成风险型决策问题。

8.4.5 贝叶斯决策

1）概述

贝叶斯决策（Bayesian Decision Theory）就是在不完全情报下，对部分未知的状态用主观概率估计，然后用贝叶斯公式对发生概率进行修正，最后再利用期望值和修正概率做出最优决策。贝叶斯决策属于风险型决策，决策者根据客观因素变化的可能状况及各状况的分布概率，利用期望值即未来可能出现的平均状况作为决策准则。

贝叶斯决策是在贝叶斯模型的基础上进行的，贝叶斯模型是基于贝叶斯定理的概率模型，贝叶斯定理的数学表达式如下：

$$P(A|B) = P(A)\frac{P(B|A)}{P(B)}$$

其中：$P(A|B)$表示在已知事件 B 发生的情况下，事件 A 发生的概率；

$P(B|A)$表示在事件 A 发生的情况下，事件 B 发生的概率。

$P(A)$ 和 $P(B)$ 分别表示事件 A 和事件 B 的先验概率；$P(A|B)$ 与 $P(B|A)$ 均为后验概率。

贝叶斯模型的基本思想是通过不断更新先验概率，结合观测数据的信息，得出更准确的后验概率，这使得贝叶斯模型在具有不确定性的情况下进行概率推断和预测非常有效。通过迭代的方式，贝叶斯模型可以不断更新先验概率，在观测到新数据时提供更可靠的预测。

为了充分发挥贝叶斯模型的优势，我们需要选择合适的先验分布和后验分布，并进行参数的估计和模型的优化。同时，还需要进行特征选择和数据预处理，以提高模型的预测精度和泛化能力。

2）贝叶斯模型的实施步骤

（1）确定问题：明确所需解决的问题是什么以及需要进行推断的未知参数是什么。

（2）收集数据：收集与问题相关的数据，并确保数据的准确性和完整性。

（3）建立先验分布：在进行推断之前，需要对未知参数进行先验分布的假设。先验分布是参数的概率分布，表示在观察到任何数据之前对参数的相对信念。

（4）应用贝叶斯定理：通过应用贝叶斯定理，将先验分布与数据的似然函数结合起来，得到未知参数的后验分布。

（5）估计后验分布：使用概率推断方法对后验分布进行估计。

（6）解释结果：分析后验分布，获取关于未知参数的统计信息，如均值、方差、置信区间等，这些统计信息提供了对未知参数的推断和预测。

（7）模型评估：评估贝叶斯模型的性能和适用性，可以使用交叉验证、后验预测检验等方法来评估模型的准确性和鲁棒性。

（8）模型更新：如果有新的数据可用，可以使用贝叶斯模型进行更新。通过将新数据与旧数据结合,可以更新先验分布,获得更准确的后验分布。

3) 贝叶斯模型的应用案例

假设有一种疾病与两种症状 A、B 有一定关联,根据已经收集的数据,已经计算得到先验概率 $P(疾病)=0.1$,$P(不患疾病)=0.9$,以及条件概率 $P(A|疾病)=0.8$,$P(B|疾病)=0.6$,$P(A|不患疾病)=0.3$,$P(B|不患疾病)=0.2$。现在有一个人出现症状 A 和 B,请对该人是否患有该种疾病进行分析。

(1) 计算 $P(A 和 B|疾病)$ 和 $P(A 和 B|不患疾病)$

$$P(A 和 B|疾病)=P(A|疾病)\times P(B|疾病)=0.8\times 0.6=0.48$$

$$P(A 和 B|不患疾病)=P(A|不患疾病)\times P(B|不患疾病)=0.3\times 0.2=0.06$$

(2) 计算 $P(A 和 B)$

$$P(A 和 B)=P(A 和 B|疾病)\times P(疾病)+P(A 和 B|不患疾病)\times P(不患疾病)$$
$$=0.48\times 0.1+0.06\times 0.9=0.048+0.054=0.102$$

(3) 计算 $P(疾病|A 和 B)$ 及 $P(不患疾病|A 和 B)$

$$P(疾病|A 和 B)=P(A 和 B|疾病)\times P|(疾病)/P(A 和 B)$$
$$=0.48\times 0.1/0.102\approx 0.470\ 6$$

$$P(不患疾病|A 和 B)=P(A 和 B|不患疾病)\times P(不患疾病)/P(A 和 B)$$
$$=0.054/0.102\approx 0.529\ 4$$

(4) 结论

根据计算结果,我们可以得出当患者出现症状 A 和 B 时,患有该疾病的后验概率为 0.470 6,当患者出现症状 A 和 B 时,未患有该疾病的后验概率为 0.529 4。$P(疾病|A 和 B)<P(不患疾病|A 和 B)$,可以初步推断患者可能未患有该疾病概率要大于患有该疾病概率,但患有该疾病的后验概率值比较高,因此要引起足够重视。

9 运输决策支持系统

9.1 决策支持系统基础理论

9.1.1 决策支持系统基本概念

决策支持系统(Decision Support System,DSS)是辅助决策者通过数据、模型和知识,以人机交互方式进行半结构化或非结构化决策的计算机应用系统。决策支持系统是在管理信息系统(MIS)和运筹学的基础上发展起来的新型计算机学科,以数据仓库和OLAP相结合建立的辅助决策系统是决策支持系统的新形式。数据仓库、OLAP和数据挖掘技术的结合产生了商业智能系统,它为决策者提供分析问题、建立模型、模拟决策过程和方案的环境,调用各种信息资源和分析工具,帮助决策者提高决策水平和质量。

决策支持系统协助组织的管理者规划与解决各种行动方案,常用试验的方式进行。通常以交谈式的方法来解决半结构性或非结构性的问题,帮助管理者做出独特、改变快速且事先不易确定的决策,强调的是支持而非替代人类来进行决策。

决策支持系统在设计上比其他信息系统更具有分析能力,其分析之数据来源为交易处理系统或管理信息系统所提供的组织内部信息,但有时也需要外部数据来源,如股价或竞争者的产品价格,并透过其内建的许多模型来分析数据或把大量数据汇总成可供决策者分析的形式。它多以友善的界面与使用者交谈,让使用者可方便地更改假设、提出新问题或接收新资料。

9.1.2 决策支持系统的功能

决策支持系统是信息系统的高级发展阶段,即将数据处理的基本功能与各种模拟决策工具结合起来,帮助管理者进行分析、策划的系统。具体功能如下:

(1)收集、管理并随时提供与决策问题有关的组织内部信息,如订单要求、库存状况、生产能力与财务报表等。

(2)收集、管理并提供与决策问题有关的组织外部信息,如政策法规、经济统计、技术发展趋势、市场动态、竞争对手行动等。

（3）收集、管理并提供各项决策方案、执行情况及反馈信息，如订单履行进度、生产计划完成情况等。

（4）以一定的方式存储和管理与决策问题有关的各种数据模型，如定价模型、库存控制与生产调度模型等。

（5）存储并提供常用的数学方法及算法，如最短路径算法、回归分析方法、线性规划、特卡洛方法等。

（6）自动对数据进行加工、汇总、分析、预测，并得出综合信息报告。

（7）对上述数据、模型与方法的维护，如数据模式的变更、方法的修改等。

（8）能灵活地运用模型与方法对数据进行加工、汇总、分析、预测，得出所需的综合信息与预测信息。

（9）提供友好的人机界面和数据通信功能，方便使用者修改、处理和传输上述数据、模型与决策结果。

（10）及时将加工结果传送给使用者。

9.1.3　决策支持系统的特征

DSS 的基本特征可以分为以下几个方面：

（1）面向结构化程度不高的问题，如上层管理人员经常面临的决策机制表达不够充分的问题。

（2）以模型或分析技术为核心，传统的 MIS 以数据存取技术及检索技术为基础。

（3）供非计算机专业人员使用，以交互会话的方式操作 DSS。

（4）能适应环境及用户决策方法经常改变的要求。

（5）支持但不是代替高层决策者制定决策。

（6）把建模技术或分析技术与传统的数据存取技术及检索技术有机地结合起来。

（7）跟踪和适应人的决策过程，而不是要求人去适应系统。

9.1.4　决策支持系统的分类

长期以来，信息系统的研究者以及技术人员不断研究和构建决策支持系统，使得决策支持系统得到突飞猛进的发展，在许多行业和领域得到应用。随着在理论和实际两个方面的发展进化，决策支持系统已经有许多成熟的类型。

DSS 按照其系统结构可大致分为两类：一类是以数据库、模型库、方法库、知识库及对话管理等子系统为基本部件的多库系统结构；另一类是以自然语言、问题处理、知识库等子系统为基本部件构成的系统结构。

按照内部结构的驱动方式，决策支持系统可分为以下几类：

1）通信驱动的 DSS

通信驱动 DSS 强调通信、协作以及共享决策支持，能够使两个或者更多的人互相通信,共享信息,并协调他们的行为。

2）数据驱动的 DSS

数据驱动的 DSS 通过查询和检索数据库提供了辅助决策的功能。结合了联机分析处理的数据驱动 DSS 提供最高级的功能和决策支持,并且此类决策支持是基于大规模历史数据分析的。主管信息系统(EIS)以及地理信息系统属于专用的数据驱动 DSS。

3）模型驱动的 DSS

模型驱动的 DSS 强调对于模型的访问和操纵,比如统计模型、金融模型、优化模型及仿真模型等,利用决策者提供的数据和参数来辅助决策者对于某种状况进行分析。

4）知识驱动的 DSS

知识驱动的 DSS 可以就采取何种行动向管理者提出建议或推荐。这类 DSS 是具有解决问题的专门知识的人机系统。“专门知识”包括理解特定领域问题的“知识”以及解决这些问题的“技能”。构建知识驱动的 DSS 的工具有时也称为智能决策支持方法。

9.1.5 决策支持系统的组成

决策支持系统的基本结构如图 9.1 所示。完整的 DSS 系统模式可以表示为 DSS 本身以及它与“真实系统”、人和外部环境的关系。决策者处于核心位置,他运用自己的知识把他和 DSS 的响应输出结合起来进行决策。由于 DSS 使用者面临的决策的规则与步骤不完全确定,决策过程难以明晰表达,且决策者的素质、解决问题的风格、所采用的方法都有较大差异,使得 DSS 的模式应具有较高柔性,更多地强调决策者的主观能动性。

从图中我们看到,决策支持系统是由三个子系统,即对话子系统、数据库子系统、模

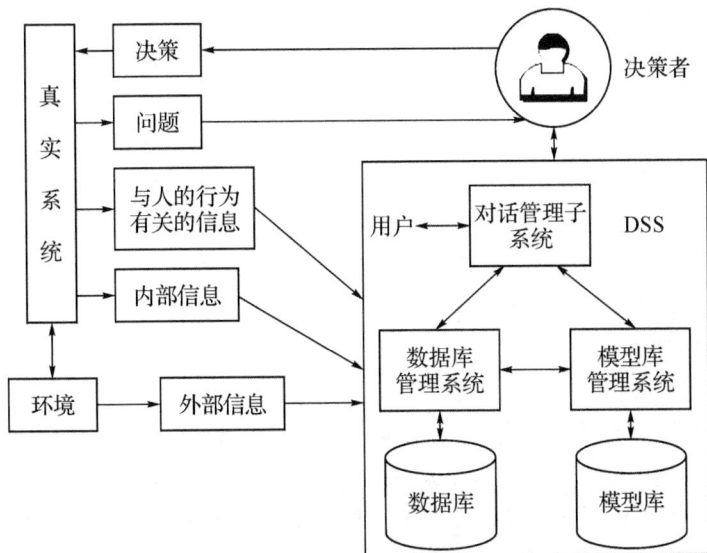

图 9.1 决策支持系统的基本结构

型库子系统组成。

1）对话子系统

对话子系统是决策支持系统与用户之间的交互界面。它提供形式多样的显示和对话形式、输入输出转换，控制决策支持运行。

2）数据库子系统

数据库子系统包括数据库管理系统和数据库。数据库用来存储大量数据，它由数据库管理系统来管理和维护。

3）模型库子系统

模型库子系统包括模型库管理系统和模型库。模型库用来存放模型，模型以计算机程序形式显示。模型库是 DSS 的核心部分，它是 DSS 中最复杂、最难实现的部分，DSS 用户是依靠模型库中的模型进行决策的。

由以上可以看出，DSS 的关键技术有：

（1）模型库系统的设计和实现。它包括模型库的组织结构、模型库管理系统的功能、模型库语言等方面的设计和实现。

（2）部件接口。各部件之间的联系是通过接口完成的，部件接口包括：对数据部件的数据存取；对模型部件的模型调用和运行；对知识部件的知识推理。

（3）系统综合集成。根据实际决策问题的要求，通过集成语言完成对各部件的有机综合，形成一个完整的系统。

9.1.6　决策支持系统的发展

一般地说，决策支持系统是以计算机为基础的以完成信息收集、信息整理、信息处理、信息提供的人机交互系统。它利用计算机运算速度快、存储容量大等特点，应用决策理论方法、心理学、人工智能、计算机网络、数据库等技术，根据决策者的决策思维方式，从系统分析角度为决策者或决策分析人员创建一种良好的决策分析环境。在此环境下，决策者和决策分析人员可以充分利用自己的经验知识，同时在系统的引导下获取有效的信息，详细了解和分析决策过程中的各主要因素及其影响，激发思维创造力，从而在决策支持系统的帮助下逐步深入地透视问题，最终有效地做出决策，即通过决策者与计算机的相互对话完成最终决策。简言之，决策支持系统不仅在内容上能对决策者提供帮助，而且也能在整体决策过程中对决策者的问题识别、分析提供支持，帮助决策者提高决策的科学化程度。

1）决策支持系统的兴起与发展

自 20 世纪 70 年代提出决策支持系统（DSS）以来，DSS 已经得到了很大发展。它是在管理信息系统（MIS）基础上发展起来的。MIS 利用数据库技术实现各级管理者的管理业务，在计算机上进行各种事务处理工作；DSS 则是为各级管理者提供辅助决策。

1980 年提出了决策支持系统三部件结构，即对话部件、数据部件、模型部件。该结构明确了 DSS 的组成，也间接地反映了 DSS 的关键技术，即模型库管理系统、部件接口、系统综合集成。它对 DSS 的发展起到了很大的推动作用。

决策支持系统的辅助决策能力从运筹学、管理学的单模型辅助决策发展到多模型综合决策，使辅助决策能力上了一个新台阶。20 世纪 80 年代末 90 年代初，决策支持系统与专家系统结合起来，形成了智能决策支持系统（IDSS）。专家系统是定性分析辅助决策，它和以定量分析辅助决策的决策支持系统相结合，进一步提高了辅助决策能力。智能决策支持系统是决策支持系统发展的一个新阶段。

2）我国决策支持系统的进展

我国决策支持系统的研究始于 20 世纪 80 年代中期，应用最广泛的领域是区域发展规划。大连理工大学、山西省自动化所和国际应用系统分析研究所合作完成了山西省整体发展规划决策支持系统。这是一个大型的决策支持系统，在我国起步较早、影响较大。随后，大连理工大学、国防科技大学等单位又开发了多个区域发展规划的决策支持系统。天津大学信息与控制研究所创办的《决策与决策支持系统》刊物，对我国决策支持系统的发展起到了很大的推动作用。

近几年来，国内的决策支持系统的开发与应用研究得到了迅速的发展，不少大中型企业为推进企业的管理现代化水平，逐步建立了自己的管理信息系统及决策支持系统。部分省、市、县的政府部门为了迎接信息时代的挑战，加快信息的收集、加工及综合利用的步伐，建立了包括数据库、模型库、方法库、知识库等在内的决策支持系统，有力地促进了我国决策支持系统研究的深入进行。随着人们对第五代计算机——人工智能计算机研究的不断进展以及决策科学研究的日趋深入，决策支持系统必将进一步发展与完善。

9.2 决策支持系统典型技术

9.2.1 专家系统

专家系统（Expert System，ES）是一个具有大量专门知识与经验的计算机信息系统，应用人工智能技术，根据一个或多个人类专家提供的特殊领域知识、经验进行推理和判断，模拟人类专家做出决定，解决需要专家才能解决的复杂问题。

专家系统以清晰可读的类自然语言方式表达无法用数学模型精确表达的专家知识，能在特定领域内模仿专家工作，处理非常复杂的情况，包括异常情况。在已知其基本规则的情况下，无需输入大量细节数据即可运行。

专家系统在结构上增设了知识库、推理机与问题处理系统，人机对话部分还加入了自然语言处理功能，结构如图 9.2 所示。

但专家系统知识获取困难，有时很难找到合适的、能够清楚表达领域知识的专家，对于动态和复杂的系统，其推理规则是固定的，难以适应变化的情况。

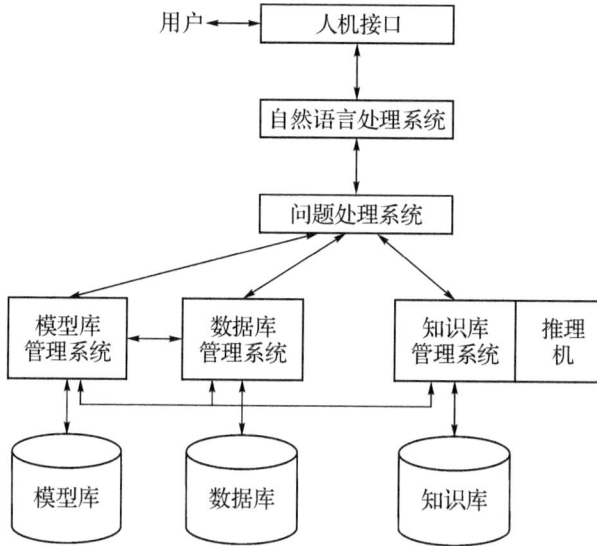

图 9.2　专家系统结构

9.2.2　人工神经网络

人工神经网络(Artificial Neural Networks，ANNs)是对人脑或自然神经网络若干基本特性的抽象和模拟。人工神经网络以对大脑的生理研究成果为基础,其目的在于模拟大脑的某些机理与机制,实现某个方面的功能。

人工神经网络的特点:

(1) 可以充分逼近任意复杂的非线性关系;

(2) 所有定量或定性的信息都等势分布贮存于网络内的各神经元,故有很强的强壮性和容错性;

(3) 采用并行分布处理方法,使得快速进行大量运算成为可能;

(4) 可学习和自适应不知道或不确定的系统;

(5) 能够同时处理定量、定性知识。

人工神经网络的特点和优越性,主要表现在三个方面:

(1) 具有自学习功能。例如实现图像识别时,只要先把许多不同的图像样板和对应的识别结果输入人工神经网络,网络就会通过自学习功能,慢慢学会识别类似的图像。自学习功能对于预测有着特别重要的意义。

(2) 具有联想存储功能。用人工神经网络的反馈网络就可以实现这种联想。

(3) 具有高速寻找优化解的能力。寻找一个复杂问题的优化解,往往需要很大的计算量,利用一个针对某问题设计的反馈型人工神经网络,发挥计算机的高速运算能力,能够很快找到优化解。

240

9.2.3　数据仓库和联机分析处理

数据仓库和联机分析处理(On-Line Analysis Processing,OLAP)是 20 世纪 90 年代初提出的概念,到 90 年代中期已经形成潮流。数据仓库将大量用于事务处理的传统数据库数据进行清理、抽取和转换,并按决策主题的需要进行重新组织。数据仓库的逻辑结构可分为近期基本数据层、历史数据层和综合数据层(其中综合数据是为决策服务的)。数据仓库的物理结构一般采用星形结构的关系数据库。星形结构由事实表和维表组成,多个维表之间形成多维数据结构。星形结构的数据体现了空间的多维立方体,这种高度集中的数据为各种不同决策需求提供了有用的分析基础。

随着数据仓库的发展,OLAP 也得到了迅猛的发展。数据仓库侧重于存储和管理面向决策主题的数据;而 OLAP 则侧重于数据仓库中数据的分析,并将其转换成辅助决策信息。OLAP 的一个重要特点是多维数据分析,这与数据仓库的多维数据组织正好形成相互结合、相互补充的关系。

以数据仓库和 OLAP 相结合建立的辅助决策系统是决策支持系统的新形式,更好地促进了决策支持系统的发展。

9.2.4　遗传算法

遗传算法作为一种数值求解的方法,其思想源于生物遗传学适者生存的自然规律。遗传算法抽象于生物体的进化过程,其基本过程是:首先采用某种编码方式将解空间映射到编码空间,每个编码对应问题的一个解,称为染色体或个体。一般通过随机方法确定起始的一群个体,称为种群,在种群中根据适应值或某种竞争机制选择个体,使用各种遗传操作算子(包括交叉、变异、倒位等等)产生下一代,如此进化下去,直到满足期望的终止条件为止。

遗传算法以群体中的所有个体为操作对象,每个个体对应研究问题的一个解。选择、交叉和变异是遗传算法的三个主要操作算子,包括以下 6 个基本要素:

① 编码。由于遗传算法不能直接处理解空间的数据,因此,必须通过编码将它们表示成遗传空间的基因型串结构数据。

② 初始群体生成。由于遗传算法是一种群体型搜索方法,所以必须为遗传算法操作准备一个由若干个体组成的初始群体,每个个体都应通过随机方法产生,并分别对应研究问题的一个解。

③ 适应度评估。遗传算法在搜索过程中一般不需要其他外部信息,仅用适应度来评估个体的优劣,并将其作为遗传操作的依据。

④ 选择。选择操作是为了从当前群体中选出优良的个体,使它们有机会作为父代为下一代繁殖子孙,个体的适应度越高,其被选择的机会就越大。

⑤ 交叉。它是遗传算法中最主要的操作,一般分两步进行:一是对群体中的个体

进行随机配对;二是在配对个体中,随机设定交叉处,使配对个体彼此交换部分信息。

⑥ 变异。即按一定的概率改变个体基因链。变异操作同样是随机进行的,其目的是挖掘群体中个体的多样性,克服遗传操作可能局限于局部解的弊端。

9.2.5　群决策支持系统

群决策支持系统(Group DecisionSupport Systems,GDSS)是一种基于计算机的交互式系统,它通过辅助一群决策者的群决策过程,来解决特定领域的半结构化或非结构化问题。

典型的 GDSS 由硬件资源、软件资源和决策者三部分组成。其中,硬件资源是指各决策者独立使用的工作站(或终端)、共享使用的外部数据库、模型库及 I/O 设备等硬件资源,还包括整个 GDSS 基于的通信网络;软件资源包括在各决策者的工作站(或终端)上运行的决策支持软件、支撑 GDSS 的底层软件(如 DBMS、MBMS)及网络软件;决策者不仅包括参与决策的人员,还包括决策过程的协调人员。

9.2.6　综合决策支持系统

以模型库为主体的决策支持系统已经发展了十几年,它对计算机辅助决策起到了很大的推动作用。数据仓库和 OLAP 新技术为决策支持系统开辟了新途径。数据仓库与 OLAP 都是数据驱动的。这些新技术和传统的模型库对决策的支持是两种不同的形式,它们可以相互补充。在 OLAP 中加入模型库,将会极大提高 OLAP 的分析能力。

20 世纪 90 年代中期从人工智能、机器学习中发展起来的数据开采,是从数据库、数据仓库中挖掘有用的知识,其知识的形式有产生式规则、决策树、数据集、公式等。对知识进行推理即形成智能模型,它是以定性分析方式辅助决策的。数据开采的方法和技术包括决策树方法、神经网络方法、覆盖正例排斥反例方法、粗集方法、概念树方法、遗传算法、公式发现、统计分析方法、模糊论方法、可视化技术等。

把数据仓库、OLAP、数据开采、模型库结合起来形成的综合决策支持系统,是更高级形式的决策支持系统。它们彼此相互补充、相互依赖,发挥各自的辅助决策优势,以实现更有效的辅助决策。

综合体系结构包括三个主体。第一个主体是模型库系统和数据库系统的结合,它是决策支持的基础,为决策问题提供定量分析(模型计算)的辅助决策信息;第二个主体是数据仓库与 OLAP 的结合,它从数据仓库中提取综合数据和信息,这些数据和信息反映了大量数据的内在本质;第三个主体是专家系统和数据开采的结合,数据开采从数据库和数据仓库中挖掘知识,并将其放入专家系统的知识库中,由进行知识推理的专家系统定性分析辅助决策。

综合体系结构的三个主体既相互补充又相互结合。可以根据实际问题的规模和复杂程度决定是采用单个主体辅助决策,还是采用两个或是三个主体相互结合的辅助决策。利用第一个主体的辅助决策系统就是传统意义上的决策支持系统。利用第一个主体和第三个主体相结合的辅助决策系统就是智能决策支持系统。利用第二个主体的辅助决策系统就是新的决策支持系统。在 OLAP 中利用模型库的有关模型，可以提高 OLAP 的数据分析能力。将三个主体结合起来，即利用"问题综合和交互系统"部件集成形成的综合决策支持系统是一种更高形式的辅助决策系统，其辅助决策能力将上一个新台阶。由于这种形式的决策支持系统包含了众多的关键技术，研制过程中将要克服很多困难，这也是今后努力的方向。

9.3 运输决策支持系统

决策支持系统概念提出的 20 多年来，随着决策理论、信息技术、数据库技术、办公自动化、专家系统等相关技术的发展，取得了长足的进展，在许多领域得到应用，已成为许多行业经营管理中一个不可缺少的现代化支持工具。下面介绍几种运输决策支持系统的示例。

9.3.1 用 Excel 工具进行决策支持分析

1）Excel 的数学模型

Excel 内置许多数学模型，对于日常的管理工作非常有用处。Excel 部分数学模型有：

（1）方差分析：包括单因素方差分析、重复的双因素方差分析和无重复的双因素方差分析。

（2）相关系数和协方差：是描述两个测量值变量之间离散程度的指标。

（3）描述统计：用于生成数据源区域中数据的单变量统计分析报表，提供有关数据趋中性和易变性的信息。

（4）指数平滑：基于前期预测值导出相应的新预测值，并修正前期预测值的误差。

（5）F-检验双样本方差：对两个样本总体的方差进行比较。

（6）直方图：可计算数据单元格区域和数据接收区间的单个和累积频率。此工具可用于统计数据集中某个数值出现的次数。

（7）移动平均：可以基于特定的过去某段时期中变量的平均值，对未来值进行预测。提供了由所有历史数据的简单的平均值所代表的趋势信息，可以预测销售量、库存或其他趋势。

（8）随机数发生器：可用几个分布中的一个产生的独立随机数来填充某个区域。可以通过概率分布来表示总体中的主体特征。

（9）排位与百分比排位：可以产生一个数据表，在其中包含数据集中各个数值的顺序排位和百分比排位，用来分析数据集中各数值间的相对位置关系。

（10）其他还有如回归分析、抽样分析、傅立叶分析、z-检验等等。

2）应用案例

我们以 Excel 的规划求解模型为例说明简单决策支持系统的使用。规划求解模型可以对有多个变量的线性和非线性规划问题进行求解，省去了人工编制程序和手工计算的麻烦。

（1）提出问题

设某大型设备运输公司可运输两种大型机器设备：大型设备 A 和巨型设备 B。运输大型设备 A 时需要一般小货车 8 辆，需要大型运输车 5 辆，需要 4 辆塔吊车，运输大型设备 A 一套可获利 90 000 元；运输巨型设备 B 时需要一般小货车 6 辆，需要大型运输车 5 辆，需要 9 辆塔吊车，运输巨型设备 B 一套可获利 120 000 元。该大型设备运输公司共有小货车 380 辆，大型运输车 260 辆，塔吊车 340 辆，那么该公司应该运输 A、B 两种设备各多少套就可使得获利最大？最大利润多少？

①决策变量

$X1$：A 设备套数；

$X2$：B 设备套数。

②目标函数

$$\mathrm{MAX}\ E(X)=9X1+12X2$$

③约束条件

$$8X1+6X2\leqslant 380$$

$$5X1+5X2\leqslant 260$$

$$4X1+9X2\leqslant 340$$

$$X1\geqslant 0;\ X2\geqslant 0$$

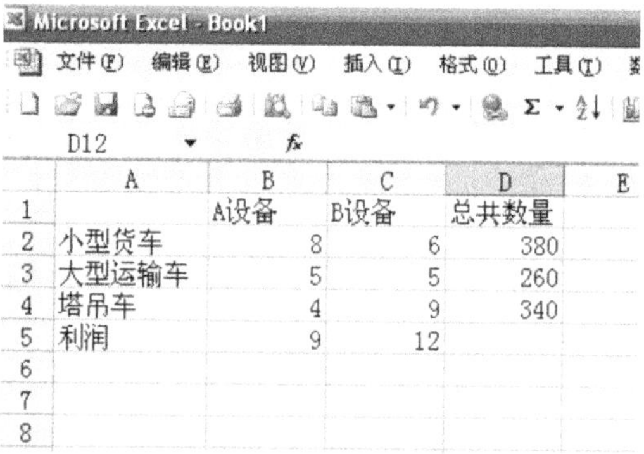

	A	B	C	D	E
1		A设备	B设备	总共数量	
2	小型货车	8	6	380	
3	大型运输车	5	5	260	
4	塔吊车	4	9	340	
5	利润	9	12		
6					
7					
8					

图 9.3　规划求解数据

（2）安装“规划求解”

“规划求解”是 Office 2003 提供的一个加载宏。如果在安装 Office 2003 时没有选择加载宏，就必须重新启动 Office 2003 安装程序并且选择 Excel 选项，在加载宏区段中选择“规划求解”，然后进行安装。

（3）设置工作表

如图 9.3 所示的工作表中的数据是进行“规划求解”时提供的固定值。单元格 B7、B8 为可变单元格，用来存放“规划求解”推测出的 A、B 两套设备数量，即决策变量。D5 为目标单元格，用来保存“规划求解”的返回值，它必须是一个计算公式。本例为计算总利润的公式“=B7 * B5+B8 * C5”。

（4）规划求解

① 选择“工具”→“规划求解”，在“规划求解参数”对话框中选择目标单元格为“$D$5”，在“等于”项目中选择“最大值”，可变单元格为“$B$7:$B$8”（见图 9.4）。

② 添加三个约束条件：“$D$2>=$B$7 * $B$2+$B$8 * $C$2”“$D

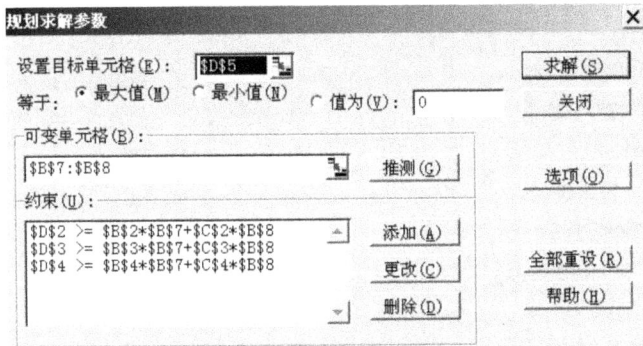

图 9.4　规划求解参数

$3>=\$B\$7*\$B\$3+\$B\$8*\$C\$3$"和"$\$D\$4>=\$B\$7*\$B\$4+\$B\$8*\$C\$5$"。若输入后发现有错,可单击"更改"按钮修改。

③ 单击"求解"按钮,则 Excel 自动进行运算并将结果显示在可变单元格和目的单元格内。如图 9.5 所示,在 B7 单元格内显示 25.6,在 B8 单元格内显示 26.4,在 D5 单元格内显示最大利润为 547.2。于是我们可以得出结论,根据现有的运输工具,可运输大型设备 A 为 25.6 套,巨型设备 B 为 26.4 套,最大利润为 547.2 万元。

图 9.5　求解结果

(5)"规划求解"参数说明

单击"规划求解参数"对话框中的"选项"按钮,打开"规划求解选项"对话框(见图 9.6),其中包含的各个项目的含义如附表所示。

可以在开发决策支持系统中嵌入 Excel 模型求解特定问题,从而快速实现辅助决策系统的开发工作。

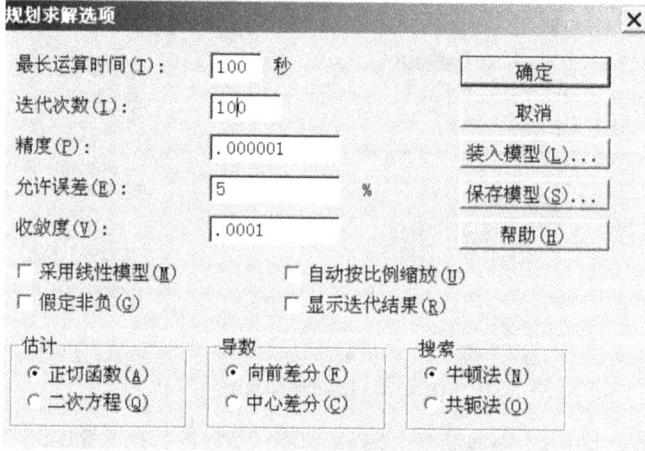

图 9.6　规划求解选项

9.3.2　车辆路径决策支持系统

车辆路径配送问题，又称为运输线路规划问题，也即运输车辆的优化调度问题，一直是运输系统领域的典型问题。总体上看，车辆的优化调度问题一般可根据时间特性和空间特性分为车辆路径规划问题和车辆调度问题。

1）车辆路径问题的基础背景

在现有物流管理系统的研究中，车辆路径配送问题（Vehicle Routing Problem，VRP）是较受关注的一个方面。它是指在客户需求位置已知的情况下，确定车辆在各个客户间的行程路线，使得运输路线最短或运输成本最低。该问题是物流配送系统中的常见问题，如邮件的投递，飞机、火车及公交的调度等。选择适当的行车路径，可以加快客户需求的响应速度，提高服务质量，降低服务成本。VRP 是一个 NP 完全问题，对于此类问题，只有当其规模较小时，才能求得其精确解。因此，如何针对车辆路径问题的特点，构造运算简单、性能优异的启发式算法，不仅对物流系统，而且对许多可以转化为车辆路径的组合优化问题都具有十分重要的意义。

通过配送中心进行配送是物流系统中的主要配送形式之一，车辆调度及路线安排是配送中心配送决策的重要内容，它直接影响到配送成本和服务质量。目前，配送中心大多使用经验式的车辆调度/分配方法：

① 对重要客户指定某几辆车专门负责，以保证服务质量；

② 划分配送区域，针对较远的客户群，使用较大配送量的车辆负责配送，而较近的客户群则使用一般性的车辆负责配送；

③ 指定某几辆车专门负责临时需求，即随要随送。

在路线安排上，一般方法是将客户按地理位置分成几个区域，再按照客户要求的送达时间从小到大进行排序，优先满足要求送达时间早的客户，如遇到问题再进行调整。

面对配送区域的扩大、零售商数目的增加,这种人工作业方式已难以实现配送车辆的调度优化,因此迫切需要计算机来优化车辆调度。

2) VRP 问题的描述

VRP 最早是由 G. Dantzig 提出的,它是一类最常见、研究最多的 NP 问题,图 $G=(V,E)$ 经常用来描述该问题。在图 $G=(V,E)$ 中,$V=\{0,1,2,\cdots,n\}$,$E=\{(i,j),i\neq j,i,j\in V\}$,节点 0 表示物流中心,其他节点为客户。每个客户的需求为 q_i,边 (i,j) 对应的距离、运输时间或成本为 C_{ij}。所有车辆的运输能力为 Q,最大的行驶距离为 L。车辆从物流中心(depot)出发,完成运输任务后回到物流中心,每个顾客唯一接受一辆车的服务一次。问题的目标函数通常有车辆数和配送成本,首先要最小化车辆数,然后最小化总配送成本。具体问题如下:

VRP 问题的前提是物流中心的位置、客户点位置和道路情况已知,由此设计一套车辆调度的方案。图 9.7 是一个简单 VRP 的图示。

配送中心的车辆调度及路线安排问题可描述为:在配送中心位置、客户点位置和道路等已知的情况下,对 m 辆车、n 个客户点,确定车辆分配情况(每辆车负责的客户点)及每辆车的行车路线,使成本最小,同时要满足以下约束条件:

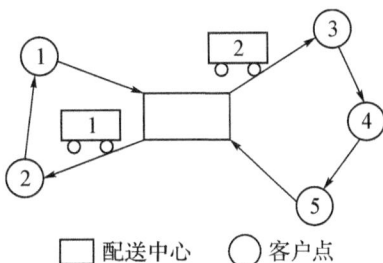

图 9.7 简单的 VRP 的图示

① 所有车辆路线均起始并终止于配送中心,每一客户点只由一辆车服务(但一辆车可以服务多个客户点);

② 每个客户点都有一个非负的货物需求量,但每辆车负责的客户点货物需求量总和不超过该车辆的最大装载量。

3) VRP 的数学模型

Minimize

$$\sum_{i\in 1\cup J}\sum_{j\in 1\cup J}\sum_{k\in K}C_{ij}X_{ijk} \tag{9.1}$$

Subject to

$$\sum_{k\in K}\sum_{i\in 1\cup J}X_{ijk}=1 \qquad \forall j\in J \tag{9.2}$$

$$X_{ijk}=0 \qquad \forall i,j(=i)\in 1\cup J,\forall k\in K \tag{9.3}$$

$$\sum_{j\in J}d_j\sum_{i\in 1\cup J}X_{ijk}\leqslant Q_k \qquad \forall k\in K \tag{9.4}$$

$$\sum_{j\in 1\cup J}X_{ijk}=\sum_{j\in 1\cup J}X_{jik} \qquad \forall k\in K,\forall i\in 1\cup J \tag{9.5}$$

$$U_{ik}-U_{jk}+NX_{ijk}\leqslant N-1 \qquad \forall i,j\in S,\forall k\in K \tag{9.6}$$

$$X_{ijk}=\{0,1\} \qquad \forall i\in 1\cup J,\forall j\in 1\cup J,\forall k\in K \tag{9.7}$$

J:顾客的集合;K:车辆的集合;S:J 的部分集合;Q_k:车辆的最大容量;C_{ij}:从 i

到 j 的配送费用; d_j: 顾客 j 的需求量; U_{jk}: 顾客被访问的顺序号; N: 顾客的数量; X_{ijk}: 车辆 k 从顾客 i 行驶到 j 为 1、否则为 0。

式(9.1)为目标函数,以总的配送费用最小为目的,式(9.2)为每个顾客只能被服务一次的约束条件,式(9.3)为防止同一个地点之间巡回的约束条件,式(9.4)是车辆容量限制约束条件,式(9.5)是保证巡回路为封闭回路的约束条件,即车辆从物流中心出发,最后一定要再回到物流中心,式(9.6)是防止产生不包括物流中心的子巡回路的约束条件。

4) 运输线路决策支持系统解决方案

运输线路规划问题目前可以使用的智能算法有许多种,如神经网络算法、遗传算法、群决策支持系统、专家系统等,但是没有哪一种方法是十全十美的。在这种情况下我们可以将多种算法集中到一起,采用多种方法综合比较鉴定,从而选取最优。如图9.8 所示为运输线路规划决策软件的主要设置界面。

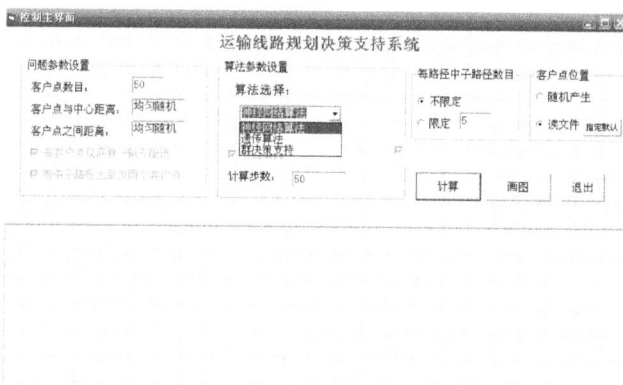

图 9.8　运输线路规划决策软件的主要设置界面

通过客户点位置设置可以设置规划对象为随机产生的点,或者从指定文件读取客户点位置数据,客户点数目也可以设定,然后设定每条路径中子路径的数目,可以不受任何限制或者给定一个最大上限;设定界面上最重要的一项是设定算法,可以在多种算法中选取,并指定计算时间长度,因为各种算法的计算时间是不同的,计算精度也是不同的,这些都是考察算法优劣的重要依据。

在设定了诸多参数后,就可根据设定进行计算,计算过程可以显示出来,如图 9.9 所示;然后将计算结果在图上表示出来,如图 9.10 所示。还可以将多种算法的计算结果相互比较,决策者可以根据比较辅助决策,做出更好的策略优化。

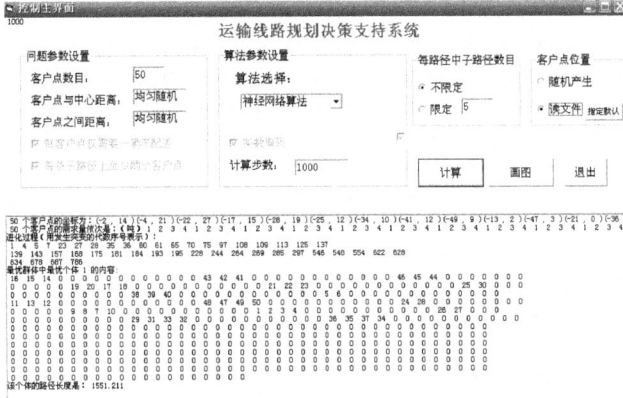

图 9.9　计算过程图例

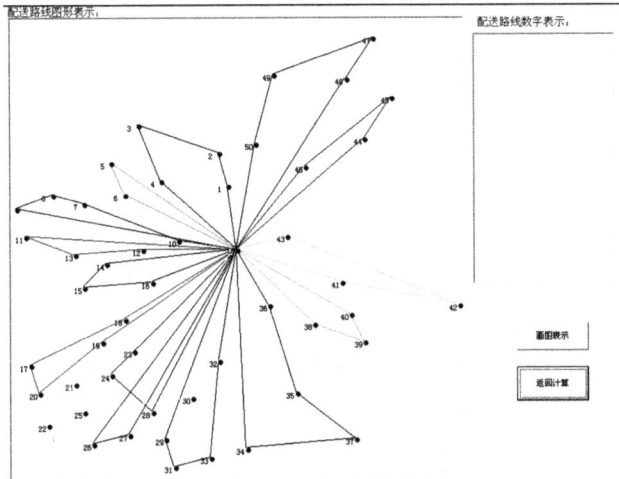

图 9.10　计算结果图例

10 智能运输系统

10.1 概述

10.1.1 智能运输系统(ITS)概念

　　交通运输的发展促进了社会经济快速发展,经济的快速增长又促使汽车数量的急剧增加,这一循环发展到 20 世纪六七十年代,导致了许多大中城市已有的道路远不能满足交通发展需要的局面,交通供求关系日益恶化、交通事故急剧增长、交通阻塞普遍存在、环境污染日益严重。为了改善交通系统供求矛盾,人们进行了多种尝试:首先是增加道路供给,通过新建道路来缓解交通系统供需矛盾,经过长期的实践与广泛的研究发现,单单依靠修建更多的道路,扩大路网规模这种外延发展的途径来解决日益增长的交通需求问题并不是很有效,增加道路供给最终要受制于城市有限的土地资源。除了新建道路,人们在交通管理和交通工程中也不断地尝试了许多新方法,来提高道路的通行能力,例如,改进道路信号控制、采用道路可变信号、在交通高峰期改变车道的方向等措施和方法。事实证明,这在一定程度上缓解了交通拥挤状况,但是,这些方法实施的规则是针对预先建立的日常重复的交通模式,并不能对交通阻塞做出实时的动态反应,也不能根据具体情况迅速改变交通处理方案。随着计算机技术、信息技术、通信技术、电子控制技术、传感器技术等的飞速发展,人们意识到利用这些新技术把车辆、道路、使用者紧密结合起来,不仅能够有效地解决交通阻塞问题,而且对交通事故的应急处理、环境的保护、能源的节约等都有显著的效果。于是,人们充分利用系统的观点,对运输系统进行重新审视,采用高新技术来改造现有道路运输系统及其管理体系,走内涵发展的道路,通过提高现有交通系统利用效率来改善交通系统供求矛盾。20 世纪 60 年代末期,美国开始了智能运输系统(Intelligent Transportation Systems,ITS)方面的研究,之后,欧洲、日本等也相继加入这一行列。经过几十年的发展,美国、欧洲、日本成为世界 ITS 研究的三大基地,以"保障安全、提高效益、改善环境、节约能源"为目标的 ITS 理念逐步在全球形成。

我国学者从 20 世纪 90 年代初开始关注国际上 ITS 的发展,并且参加了 ITS 世界会议的指导委员会和国际标准化组织的部分工作,并从 1995 年开始组织代表团参加 ITS 世界会议,ITS 的研究、试验、国际交流活动日益频繁。1999 年 11 月国家批准在交通部公路科学研究所组建国家智能交通系统工程技术研究中心(National Intelligent Transport Systems Center of Engineering and Technology,ITSC),使 ITS 研究得以全面开展。

尽管 ITS 的研究已经广泛深入地进行,ITS 的应用也在普遍推广,但智能运输系统目前尚无公认的定义。

黄卫教授在 2001 年出版的《智能运输系统概论》中对 ITS 给出了以下定义:智能运输系统是将信息技术、电子技术、数据通信技术、计算机技术和自动控制技术、传感技术、人工智能等有效地运用于交通运输、服务控制和车辆制造,加强了车辆、道路、使用者三者之间的相互联系,形成的一种实时、准确、高效的运输系统。

中国 ITS 体系框架研究报告中对 ITS 给出了如下定义:在较完善的基础设施(包括道路、港口、机场和通信等)之上,将先进的信息技术、通信技术、控制技术、传感技术和系统综合技术有效地集成,并应用于地面运输系统,从而建立起大范围内发挥作用的、实时、准确、高效的运输系统。

智能运输系统是一种全方位、实时准确、高效的综合运输系统,它是在较完善的道路设施基础上,将先进的科学理论和科学技术集成运用于道路交通运输的全过程,加强了车、路、人三者之间的联系,并且通过智能化收集、分析交通数据,将经过处理的信息反馈给系统的操作者或驾驶员,使系统的操作者或驾驶员借助于这样的交通信息,迅速做出反应,从而使交通状况得到改善。智能运输系统强调的是系统性、实时性、信息交流的交互性以及服务的广泛性,与原来意义上的交通管理和交通工程有着本质的区别。

智能运输系统是利用高新技术对传统的运输系统进行改造而形成的一种信息化、智能化、社会化的新型运输系统。它使交通基础设施能发挥出最大的效能,提高服务质量;使社会能够高效地使用交通设施和能源,从而获得巨大的社会经济效益。主要表现在:提高交通的安全水平;减少阻塞,增加交通的机动性;降低汽车运输对环境的影响;提高道路网的通行能力和提高汽车运输生产率和经济效益。

10.1.2　ITS 的应用范围

随着 ITS 研究的不断深入,ITS 应用也逐步展开,到目前为止,ITS 的应用范围主要可分为:

(1) 先进的交通信息服务系统(ATIS)。先进的交通信息服务系统是建立在完善的信息网络基础上的。利用交通信息采集设备以及人工方式获得各种交通信息,并通过传输设备传送到交通信息中心;交通信息中心得到这些信息后经过处理,实时向交通参与者提供道路交通信息、公共交通信息、换乘信息、停车信息、气象信息等;出行者可以根据这些信息确定自己的出行方式、路径选择。

（2）先进的交通管理系统（ATMS）。先进的交通管理系统面向交通管理者，通过对交通运输系统中的交通状况、交通事故、天气状况、交通环境等进行实时的数据采集和分析，对交通进行管理和控制。

（3）先进的公共交通系统（APTS）。先进的公共交通系统主要用来收集公共交通实时运行情况，实施公共交通优先通行措施。此外，通过向公共交通经营者提供基础数据，强化经营管理效率；通过向公共交通的使用者提供公共交通信息，从而提高公共交通利用率。

（4）先进的车辆控制系统（AVCS）。先进的车辆控制系统利用先进的传感、通讯和自动控制技术，给驾驶员提供各种形式的驾驶安全保障措施。系统具有对障碍物的自动识别和报警，自动转向、报警，保持行驶安全距离、自动避撞等功能，目前正在不断努力研究开发车辆全自动驾驶功能。

（5）商用车管理系统（CVMS）。商用车管理系统通过接收各种交通信息，对商用车辆进行合理调度，包括为驾驶员提供路况信息、道路构造物（桥梁、隧道）信息、限度、危险路段信息等辅助驾驶员驾驶车辆；特别是对危险品运输车辆，提供全程跟踪监控、危险情况自动报警、自动求救等服务。

（6）电子收费系统（ETC）。电子收费系统通过与安装于车辆上的电子卡或电子标签进行通信，实现计算机自动收取道路通行费、运输费和停车费等，以减少使用现金带来的延误，提高道路通行能力和效率，同时电子收费系统可自动统计车辆数，可以作为交通信息的一种来源加以利用。

（7）紧急事件管理与救援系统（EMS）。紧急事件管理与救援系统主要利用多种技术手段对突发交通事故进行管理和救援，包括处理预案的生成、救援车辆的调度、现场处理与交通调度、事后恢复等。

10.2　智能运输系统体系框架

ITS 体系框架是按照结构化分析方法，以各类用户对 ITS 的实际需求为出发点，分别从用户服务角度、逻辑功能组织角度、系统物理实现角度对 ITS 这一复杂大系统进行全方位的描述，定义 ITS 的系统结构，明确 ITS 与外界及 ITS 各组成部分间的信息交互和系统集成方式，为系统充分整合提供依据，并为 ITS 的系统规划、设计和建设奠定基础。

10.2.1　ITS 用户主体、服务主体与终端

ITS 服务主体与用户主体是服务与被服务的关系，确定了用户主体和服务主体，也就明确了 ITS 供需关系的双方，是 ITS 用户服务、用户子服务描述的前提与基础。ITS 终端是发送信息给系统内子系统或从子系统接收信息的外部实体，是系统与外部世界

的连接,是 ITS 通信、控制等功能实现的必要前提,是 ITS 必不可少的重要组成部分。

1) ITS 用户主体

ITS 用户主体是指接受 ITS 服务的一方,是 ITS 服务的对象。每一个用户服务或子服务都对应有相应的用户主体和服务主体。

在确定 ITS 用户主体时,一方面要考虑与国际接轨,需要参考 ISO 已经公布的相关标准;另一方面又要关注本国的实际情况,结合本国具体的交通现状、管理体制等因素。综合考虑以上两个方面,我国 ITS 体系框架中将用户主体分为六大类:道路使用者、道路建设者、交通管理者、运营管理者、公共安全负责部门、相关团体。

ITS 用户主体设计一般采用列表方法展现 ITS 用户主体。由于同一类型的用户主体对 ITS 信息服务的具体需求存在较大差别,所以对每种类型的用户主体仍需要进行细分。中国 ITS 体系框架中细分后的用户主体如表 10.1 所示。

表 10.1　ITS 用户主体

用户主体编号			用户主体
U1			道路使用者
	U1.1		乘客
	U1.2		驾驶员
		U1.2.1	小型汽车驾驶员
		U1.2.2	公交车驾驶员
		U1.2.3	货车驾驶员
		U1.2.4	摩托车驾驶员
		U1.2.5	紧急车辆驾驶员
		U1.2.6	军用运输车驾驶员
		U1.2.7	特种运输车驾驶员
		U1.2.8	出租车驾驶员
	U1.3		非机动车驾驶员
	U1.4		行人
	U1.5		老弱病残等特殊人员
U2			道路建设者
	U2.1		道路基础设施建设
	U2.2		道路养护

（续表）

用户主体编号			用户主体
U3			交通管理者
	U3.1		交通管理部门
		U3.1.1	城市交通管理部门
		U3.1.2	公路交通管理部门
	U3.2		军事交通管理部门
U4			运营管理者
	U4.1		道路运营管理部门
		U4.1.1	城市公共交通部门（含轨道交通）
		U4.1.2	公路客运部门
		U4.1.3	货运部门
	U4.2		铁路运营管理部门
		U4.2.1	铁路客运管理部门
		U4.2.2	铁路货运管理部门
	U4.3		航空运营管理部门
		U4.3.1	航空客运管理部门
		U4.3.2	航空货运管理部门
	U4.4		水运运营管理部门
		U4.4.1	水运客运管理部门
		U4.4.2	水运货运管理部门
U5			公共安全负责部门
	U5.1		公安部门
	U5.2		消防部门
	U5.3		急救中心
	U5.4		紧急事件管理部门
U6			相关团体
	U6.1		政府部门
	U6.2		学术机构
	U6.3		规划部门
	U6.4		环保机构

从细分的用户主体来看,ITS 用户主体可分为两种类型:法人用户主体和自然人用户主体,法人用户主体包含管理部门、研究机构和相关经营单位;自然人用户主体主要是各类出行者。法人用户主体随不同区域交通管理体制的差异以及区域综合交通体系的特点而有所不同,但不会导致区域 ITS 服务体系的功能变化;各区域自然人用户主体在类别上不存在差异,但数量上随区域人口、地理位置、经济发展水平等因素的不同而变化。

2) ITS 服务主体

ITS 服务主体是指提供 ITS 服务的一方。尽管国家 ITS 体系框架中按行业管理与经营活动来划分的 ITS 服务主体对人们理解 ITS 服务体系具有重要意义,但 ITS 服务范围广、环节多、关系复杂,ITS 服务活动需要不同主体的分工协作才能实现,在 ITS 及其子系统究竟由谁来运营管理未确定之前,ITS 服务主体身份是难以确定的,即使予以确定,也仅仅只是理论上的 ITS 服务主体。在 ITS 实施中,实际的服务主体与理论上的服务主体会出现差异,可以从广义和狭义上来理解 ITS 服务主体。

(1) 广义 ITS 服务主体

广义 ITS 服务主体是指 ITS 服务活动的参与者。从数据收集、处理、加工成 ITS 标准化服务信息,再通过选择一定的媒体向 ITS 用户提供信息服务,ITS 服务需要经历一系列环节,涉及众多的部门、单位,凡是参与 ITS 服务活动的部门、单位,都可以被视为广义的 ITS 服务主体。ITS 框架中的服务主体可以从广义 ITS 服务主体的角度来理解。

中国 ITS 体系框架根据用户需求分析的结果,按行业管理与经营活动来划分,最终将服务主体分为九个大类:交通管理、公共交通、交通信息服务、紧急救援、基础设施、货物运输、产品/设备制造、产品服务、政府执法部门。通过对各个大类进行细分,采用列表的方法生成 ITS 服务主体表如表 10.2 所示。

表 10.2 ITS 服务主体表

服务主体编号		服务主体
SP1		交通管理中心
	SP1.1	城市交通管理中心
	SP1.2	公路交通管理中心
	SP1.3	城间交通管理中心
SP2		客货运输部门
	SP2.1	城市公共交通(包括轨道交通)运营商
	SP2.2	长途客运运营商
	SP2.2.1	道路货物运输
	SP2.3	换乘枢纽
	SP2.4	铁路客运运营商
	SP2.5	航空客运运营商
	SP2.6	水运客运运营商
	SP2.7	出租车运营商

（续表）

服务主体编号			服务主体
SP3			交通信息服务提供商
	SP3.1		静态交通信息提供商
	SP3.2		动态交通信息提供商
SP4			紧急事件管理部门
	SP4.1		城市紧急救援中心
	SP4.2		公路紧急救援中心
	SP4.3		消防中心
	SP4.4		急救中心
	SP4.5		危险品处理部门
SP5			基础设施建设管理部门
	SP5.1		基础设施维护者
	SP5.2		基础设施管理者
	SP5.3		收费设施提供商
		SP5.3.1	收费路桥隧提供商
		SP5.3.2	收费停车场提供商
SP6			货物运输服务提供者
	SP6.1		道路货物运输提供商
		SP6.1.1	城市配送
		SP6.1.2	公路货运
	SP6.2		铁路货物运输提供商
	SP6.3		航空运输提供商
	SP6.4		水路运输提供商
	SP6.5		货物联运提供商
	SP6.6		仓储服务提供商
SP7			产品/设备提供商
	SP7.1		汽车制造商
	SP7.2		通信和信息产品制造商
	SP7.3		系统集成商

服务主体编号			服务主体
SP8			产品服务
	SP8.1		汽车维修商
	SP8.2		保险商
	SP8.3		地图制作/更新提供商
	SP8.4		基础地理信息生产、更新机构
	SP8.5		信息提供商
	SP8.6		金融中心
SP9			政府执法部门
	SP9.1		公安部门
	SP9.2		工商管理和税务部门

（2）狭义 ITS 服务主体

狭义 ITS 服务主体是指依法设立，取得 ITS 服务资质，直接向用户提供 ITS 服务者。

尽管 ITS 服务主体列表中的服务主体明确具体，但不难看出，部分服务主体在 ITS 实施中是较难承担起 ITS 用户服务职责的。一方面，从经济性来看，由某一管理部门或经营单位独立提供完整的 ITS 服务并不经济。这使得现行的交通管理部门、经营单位可能参与 ITS 服务部分环节的工作，但没有必要提供完整的 ITS 标准化信息服务。因而其中的部分管理部门、经营单位可能不对 ITS 用户提供直接的信息服务；另一方面，由于 ITS 信息服务所需要的数据不仅仅局限于某一个行业领域或经营单位，从而需要有专门的机构来进行协调、整合才能保证 ITS 信息服务功能的实现，因而也会使部分管理部门、经营单位不对 ITS 用户提供直接的信息服务；最后，部分 ITS 信息服务需要采用有偿方式提供，从而涉及 ITS 信息的知识产权问题以及在服务过程中因一方遭受损失而导致的经济纠纷问题，在法律上要求对 ITS 服务主体进行认定，需要明确遭受损失的直接原因所在，因而明确狭义的 ITS 服务主体十分必要。中国 ITS 体系框架中服务主体列表中的服务主体是 ITS 实施时可能的服务主体，真正直接为 ITS 用户提供服务的不一定必须是该列表中的全部服务主体。

狭义 ITS 服务主体设计可以通过功能设计方法，结合区域 ITS 发展战略，根据 ITS 信息处理与发布方式来确定。

ITS 的发展可以采用全面推进或分阶段逐步实施的发展战略，不同的发展战略必然导致区域 ITS 运营模式上的差异。ITS 服务体系中各服务子系统在 ITS 信息处理和发布方式方面也可以有不同的选择，从而形成 ITS 不同的运营模式。不同的 ITS 运营模式将使狭义的 ITS 服务主体发生变化。根据 ITS 信息处理和发布方式，可以将

ITS用户服务体系分为分布式、混合式和集中式三种运营模式。

在分布式ITS服务体系运营模式下,区域ITS服务系统中各服务子系统直接为用户提供信息服务,因而各服务子系统便是区域ITS的服务主体。

在集中式ITS服务体系运营模式下,区域ITS服务系统中各服务子系统仅仅完成基础数据的采集,不直接为用户提供信息服务,因而各服务子系统不能成为区域狭义的ITS服务主体。只有区域ITS运营机构直接为ITS用户提供信息服务,才能成为区域唯一的狭义ITS服务主体。

在混合式ITS服务体系运营模式下,区域ITS服务系统中部分服务子系统仅仅完成基础数据的采集,不直接为用户提供信息服务,因而该部分服务子系统不能成为区域狭义的ITS服务主体。只有区域ITS运营机构和另一部分服务子系统直接为ITS用户提供信息服务,才能成为区域狭义的ITS服务主体。

3) 终端

终端限定了ITS的系统边界范围。终端定义的意义在于定义了每个终端的功能并确定了系统的边界,是构建逻辑框架与物理框架的前提。终端设计可以采用列表的方法产生终端定义表。中国ITS体系框架终端定义(部分)如表10.3所示。

表10.3　终端定义表

序　号			终端名称	英文名称	英文缩写
T1			道路使用者	Road Users	RU
	T1.1		乘客	Passengers	P
	T1.2		驾驶员	Drivers	D
		T1.2.1	公共出行驾驶员	Public Travel Vehicle Drivers	PTVD
		T1.2.2	临近车辆驾驶员	Neighboring Vehicle Drivers	NVD
	T1.3		出行者	Travelers	T
	T1.4		行人	Pedestrians	PED
	T1.5		公共出行人员	Public Travel Pedestrians	PTP
T2			道路及交通	Roadway	RW
⋮	⋮	⋮	⋮	⋮	⋮
T25			收费终端	Toll Collection Terminator	TCT
T26			电子支付卡	Electronic Payment Cards	EPC

10.2.2　服务领域、用户服务和子服务

国家ITS体系框架用户服务体系分为服务领域、服务、子服务三个层次,对每一个用户服务或子服务都进行了详细的描述,并说明了其用户主体和服务主体。国家ITS体系框架中采用列表的方法来展示ITS用户服务领域、用户服务、子服务。该方

法不仅可以展示区域 ITS 用户服务领域、用户服务、子服务,而且可以对用户服务领域、用户服务、子服务进行详细定义,简便清晰,能理顺各服务、子服务的关系,避免服务功能的交叉与重复,便于服务领域、用户服务、子服务的调整与扩充。

1) ITS 用户服务领域

国家 ITS 体系框架中 ITS 用户服务领域包含服务领域编号和服务领域名称等内容。中国 ITS 体系框架中用户服务领域表如表 10.4 所示。

表 10.4　ITS 用户服务领域表

编　号	中文名称	英　文	缩　写
F1	交通管理与规划	Traffic Management and Planning	TMP
F2	电子收费	Electric Payment Service	EPS
F3	出行者信息	Traveler Information System	TIS
F4	紧急事件和安全	Emergency and Security	ES
F5	运营管理	Transportation Operation Management	TOM
F6	综合运输	Inter—modal Transportation	IMT
F7	自动公路	Automated Highway System	AHS
F8	车辆安全与辅助驾驶	Vehicle Safety and Driving Assistance	VSDA

服务领域一般只从 ITS 服务的需要出发进行划分,尽量避免服务内容可能出现的交叉。

2) 用户服务

ITS 用户服务设计需要建立与服务领域的对应关系,包含服务编号和服务名称两部分内容。中国 ITS 体系框架用户服务表(部分)如表 10.5 所示。

表 10.5　ITS 用户服务表(部分)

服务领域编号	服务领域名称	服务	
		编号	服务名称
US1	交通管理领域	US1.1	交通动态信息监测
		US1.2	交通执法
		US1.3	交通控制
		US1.4	需求管理
		US1.5	交通事件管理
		US1.6	交通环境状况监测与控制
		US1.7	勤务管理
		US1.8	停车管理
		US1.9	非机动车行人通行管理

（续表）

服务领域编号	服务领域名称	服务	
		编号	服务名称
US2	电子收费领域	US2.1	电子收费
⋮	⋮	⋮	⋮
US9	ITS数据管理领域	US9.1	数据采集与接入
		US 9.2	数据检验与存储
		US9.3	数据加工处理
		US9.4	数据共享与交换
		US9.5	数据应用支持
		US9.6	历史数据管理
		US9.7	数据维护与更新
		US9.8	数据安全

ITS用户服务体系中的用户服务是对服务领域的细化,使各服务领域需要提供的用户服务明确化,从而提高了ITS服务体系的可操作性。

3)子服务

ITS用户子服务设计需要建立子服务与服务之间的对应关系,包含子服务编号和子服务名称两部分内容。中国ITS体系框架用户子服务表(部分)如表10.6所示。

表10.6 ITS用户子服务表(部分)

服务领域编号	服务领域名称	服务		子服务	
		编号	服务名称	编号	子服务名称
US1	交通管理领域	US1.1	交通动态信息监测	US1.1.1	交通流数据检测
				US1.1.2	交通违章信息监测
				US1.1.3	其他交通信息监测
		US1.2	交通执法	US1.2.1	停车法规执行
				US1.2.2	车辆限载
				US1.2.3	车辆违规管理
				US1.2.4	环境保护法规执行
				US1.2.5	驾驶员和车辆牌照的管理
		⋮	⋮	⋮	⋮

（续表）

服务领域编号	服务领域名称	服务		子服务	
		编号	服务名称	编号	子服务名称
US2	电子收费领域	US2.1	电子收费	US2.1.1	路桥隧不停车电子收费
				US2.1.2	路桥隧停车电子收费
				US2.1.3	泊车电子收费
				US2.1.4	公共交通电子收费
				US2.1.5	城市道路拥堵电子收费
				US2.1.6	增值交通信息服务电子收费
⋮	⋮	⋮	⋮	⋮	⋮
US9	ITS 数据管理领域	US9.1	数据采集与接入	US9.1.1	数据采集
				US9.1.2	数据接入
		⋮	⋮	⋮	⋮
		US9.8	数据安全	US9.8.1	数据安全

ITS 服务体系中的子服务是 ITS 用户服务的最终体现,是 ITS 用户服务的全部内容。

10.2.3 ITS 逻辑框架设计

1) ITS 逻辑框架设计的作用

ITS 逻辑框架描述了系统实现 ITS 用户服务所必须具有的逻辑功能和功能间的数据交互关系。在逻辑框架的构建过程中不考虑具体的体制和技术因素,它只确定满足用户服务需求所必需的系统功能,而不管该功能由哪一个具体的部门实现以及如何实现。在 ITS 体系框架开发中,逻辑框架起到承前启后的作用,通过它实现了由用户服务到物理框架的合理转化。

2) 开发方法

ITS 逻辑框架的设计依据是 ITS 用户服务。ITS 逻辑框架开发可以采用比较通用的结构分析方法。逻辑框架建模采用"分解"与"抽象"的方法自顶向下逐步求精,将由用户服务和子服务转化过来的逻辑功能逐层分解,描述系统功能。从用户服务向具体的逻辑功能转化的过程中,由于每一个用户服务所包含的内容不一致,可能会将某些用户服务直接转化到逻辑功能的中间层次,这时就需要将该功能向下进行功能分解、向上进行功能整合。

在进行系统逻辑功能分解与整合的过程中,如果被分解的系统功能之间已经体现出了清晰的数据传递关系,则利用数据流图和数据字典描述功能间的数据交互和数据处理过程。

3) 主要内容

ITS逻辑框架由逻辑功能层次表、逻辑功能元素定义、数据流图和数据流描述(数据字典)等四个主要部分组成。

功能层次表以层次列表的形式列出了ITS由功能域、功能和过程组成的三层逻辑元素体系,直观表示出了逻辑元素间的层次包含关系。逻辑功能元素定义是对逻辑功能层次表中的每一个逻辑功能元素进行简明扼要的描述和说明,明确界定其能够完成的功能。数据流图(DFD)说明了逻辑功能元素间的数据交互关系,描述了信息在系统中的流动和处理情况。数据流图是分层次的,编号采用国家框架的分层编号体系:逻辑顶层数据流图(DFD 0)、各功能之间的数据流图(DFD X)。在数据流图中,数据流表示为一个从起点指向终点的有向箭头,箭头方向表示数据的流向,数据流箭线上面的文字代表数据流名称;椭圆表示逻辑功能元素,其名称写在椭圆内;矩形表示系统终端;圆柱表示数据存储,用于保存需要存储的数据元素。数据流描述表对每一条数据流所包含的内容进行描述和说明,包括数据流名称、起点、终点和数据流描述。数据流是在系统逻辑功能元素之间以及功能元素和系统终端之间传递的信息,它代表着ITS中"运动的数据"。

10.2.4 ITS物理框架设计

1) 开发方法

物理框架是对系统逻辑功能的实体化、模型化,通过逻辑功能与物理实体间的映射给出实现用户服务所需功能的物理实体及实体间的互联关系,主要包括系统、子系统、系统模块、物理框架流等基本组成元素。系统的划分重点从便于系统实施的角度出发,并考虑现存管理体制、现有技术条件限制等因素,尽量保证与现行体制相一致。子系统是系统的细化,以实现地点、实际工作流程等为划分依据。系统模块是组成子系统的基础,由于子系统一般具有多个逻辑元素,因此对子系统所对应的逻辑元素,按照功能类似的原则进行组合,可得到系统模块。物理框架流是逻辑数据流的组合,是ITS系统内部、系统与其他系统联系的纽带,也是ITS标准建立的基础,据此可得到系统内部、系统与其他系统的接口界面,保证系统的兼容通用。

ITS物理框架的设计,将逻辑功能转化为能够实现该功能的物理系统模块,将逻辑功能间交互的数据流组合成物理系统模块间传递的框架流。在物理框架设计中综合考虑交通基础设施、通信基础设施以及相应的ITS应用系统和信息化系统的建设现状、现行管理体制等因素,在此基础上提出符合地域实际的ITS物理框架体系。

2) 主要内容

ITS物理框架主要内容包括:物理框架层次表、物理元素描述表、物理框架流表、物理框架流图、应用系统列表及应用系统分析等。其中,应用系统是物理框架中一个重要的组成部分,实现了物理框架与现实系统的对应和联系。

　　ITS 物理框架的物理元素分为系统、子系统、系统模块三个层次,在物理框架中,用框架流图来直观表述各物理元素间的数据交互关系,每一个框架流图由物理元素和物理框架流组成。物理框架流描述了物理系统元素间的联系,给出了不同物理实体间的交互界面。框架流是在逻辑数据流的基础上得到的,是逻辑数据流的组合。通过框架流,把 ITS 物理系统各元素有机地整合在一起。

　　由用户服务、逻辑框架、物理框架构成的 ITS 体系框架为 ITS 服务体系、规划、实施计划等提供了依据。

10.3　智能运输系统评价

　　智能运输系统评价始于 20 世纪 90 年代初,美国和欧盟经历了 20 多年的 ITS 研究之后,开始认识到 ITS 评价的重要性,从而投入了巨大的人力、物力、财力进行了这方面的研究,制定了国家 ITS 评价框架和评价指南。

　　智能运输系统评价是对智能运输系统项目的经济合理性、技术合理性、社会效益、环境影响和风险做出评价,为实际的 ITS 项目提供一个综合、全面的评价结果,为项目的可行性研究、实施、效果以及方案比选和优化、决策提供科学依据,对已有的系统运作优化提供依据,还可以帮助投资者对将来的投资作出决定。

10.3.1　ITS 评价的意义、原则与程序

　　1) ITS 评价的意义

　　ITS 评价的意义主要体现在以下四个方面:

　　(1) 理解 ITS 产生的影响

　　评价 ITS 是为了能够更好地了解项目本身和与其相关的交通条件的改善之间的关系。对交通系统及其使用各方产生的影响以及 ITS 导致的社会、经济和环境的影响,综合起来构成了 ITS 评价的内容。对 ITS 产生的影响有一个更好的认识有助于将来其他 ITS 项目的实施。

　　(2) 对 ITS 带来的效益进行量化

　　投资者决定要投资一个项目,就必须先对该项目所能带来的回报做到心中有数,ITS 评价为投资者决策提供了重要的定量分析的依据。

　　(3) 帮助对将来的投资作出决定

　　ITS 评价所提供的信息可以帮助政府部门优化投资,同时也可以为将来项目的投资和 ITS 顺利发展创造必要的条件。

　　(4) 对已有的系统优化其运作和设计

　　ITS 评价可以帮助已有的交通设施和交通系统识别需要改进的方向,从而使管理者和设计者能够更好地管理、调整、改进和优化系统运作和系统设计。

2）ITS 评价的原则

ITS 评价应遵循下列原则：

（1）符合国家交通运输发展战略规划与投资的方针、政策以及有关法规。

（2）宏观经济分析与微观经济分析相结合，定量分析与定性分析相结合，短期影响评价与长期影响评价相结合。

（3）坚持综合效益为主的原则，从系统工程的角度来进行评价，既要考虑经济效益，又要考虑社会效益、环境影响和可持续发展，进行综合全面的评价。

（4）确保项目评价的客观性、科学性、公正性。

3）ITS 评价的程序

ITS 评价是评价 ITS 项目本身对社会、经济和环境的影响。ITS 评价通过构建评价指标体系，确定相应的评价基准，选择合理的评价方法进行。ITS 项目评价流程如图 10.1 所示。

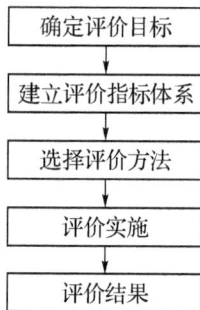

图 10.1　ITS 项目评价流程

10.3.2　ITS 评价的内容

1）经济评价

对 ITS 系统的经济评价可以从几个层次上进行。首先，国家作为投资主体应考虑的问题是 ITS 产业的发展对国民经济的发展能产生哪些影响；其次，企业作为投资主体所要考虑的问题是 ITS 项目的投资是否能回收，回收期多长，收益率有多大等；最后，ITS 的另外一个投资主体——个人，即车主（ITS 系统需要车主投资购置相应的ITS 车载设备），个人投资效果的评价与企业投资评价类似。

ITS 项目经济评价包括国民经济评价和财务评价两方面，国民经济评价是从国家整体的角度研究 ITS 项目对国民经济的净贡献，以判断 ITS 项目的合理性；财务评价是从 ITS 项目的财务角度，分析 ITS 项目的财务盈利能力和清偿能力，对 ITS 项目的财务可行性进行评价。

（1）ITS 经济评价指标体系

ITS 经济评价指标体系如表 10.7 所示。

表 10.7　ITS 经济评价指标体系

目标层	准则层	指标层
经济评价	财务损益	财务内部收益率
		投资回收期
		财务净现值
	国民经济损益	波及效果
		投资乘数
		综合就业人数与就业率

（2）费用

进行 ITS 项目经济评价最重要的是对项目费用和效益的识别和计算。费用可分为直接费用和间接费用。直接费用是对交通服务提供者和用户而言的内部费用,包括系统设计费用、设备费用、设备安装费用、系统通信费用、程序管理费用、技术支持、公共信息、系统管理费;间接费用是项目实施造成的负面外部影响引起的费用。

（3）效益

效益包括直接效益和间接效益。直接效益即 ITS 对交通系统的效益;间接效益即 ITS 系统对周围的环境以及社会产生的效益,基本上可归结为以下几个方面:

① 提高运行效率和通行能力。ITS 可通过增加交通系统的有效容量将现有设施的效率最优化,降低对基础设施改建与扩容的需要。

② 提高系统机动性。许多 ITS 组分的主要目的就是减少出行时间,降低延误。延误有许多测量方法,可根据所研究的交通系统类型选择。系统的延误可依据每辆车的延误计算;货船的延误可根据超过预定到达时间的多少来确定。延误还可表现为驾驶员在实施项目前后的停车次数。通过提高运行速度、改进事故响应、提供延误信息,ITS 可降低交通网络的出行时间变化。出行时间的变化包括从系统起点到终点的整个出行时间的变化,包括更换交通方式与中途停车。降低出行时间的可变性有助于出行者或公司制订计划、安排行程。

③ 提高用户的方便性和舒适性。

④ 提高安全性。交通系统的直接目的就是为出行提供一个安全的运行环境。某些 ITS 服务的目的是将碰撞风险降到最低,包括降低碰撞率与死亡率。

⑤ 降低能耗和环境保护费用。包括有害气体(CO、NO_x 和 HC)的排放水平以及节约的燃料消耗。

⑥ 提高个人、组织和整个经济系统的经济生产力。应用 ITS 比传统的交通技术改进可以更大程度地降低运行费用,提高生产力。

⑦ 为 ITS 的发展创造外部环境。

ITS 效益的估计可以采用定性估计,用有无对比法分高、中、低三档定性评价效益的高低;也可以采用定量计算来进行估计,如在贴现率、时间价值、事故损失减少额、碰撞减少损失额等已知情况下,通过这些量化指标,将效益粗略量化。

（4）财务评价

财务评价是根据国家现行财税制度和价格体系,分析、计算投资者或项目直接发生的财务效益和费用,编制财务报表,计算评价指标,考察项目的盈利能力、清偿能力以及外汇平衡等财务状况,据以判别项目的财务与商业上的可行性。

对于企业投资者和个人投资者来说,投资的目的主要是获得利润。因此,项目财务评价的服务对象主要是具体的 ITS 项目的企业投资者。而对于国家投资来说,更注重整体效益。项目财务评价的内容主要包括经济效益分析和清偿能力分析。

经济效益分析包括:

① 静态指标:投资回收期、投资利润率、投资利税率、资本全利润率等。

投资回收期(P_t)指以 ITS 项目的净收益抵偿全部投资所需要的时间,是考察 ITS 项目在财务上的投资回收能力的主要静态评价指标。投资回收期以年表示,计算公式为:

$$\sum_{t=0}^{P_t} (CI - CO)_t = 0 \tag{10.1}$$

式中:CI——ITS 项目的净收益;

　　CO——全部投资。

② 动态指标:财务内部收益率、财务净现值等。

财务内部收益率(FIRR)指项目在整个计算期内各年净现金流量限值累计为 0 时的折现率,反映项目所占用资金的盈利率,是考察项目盈利能力的主要动态评价指标。表达式为:

$$\sum_{i=0}^{n} (CI - CO)_t (1 + FIRR)^{-t} = 0 \tag{10.2}$$

式中:CI——现金流入量;

　　CO——现金流出量;

　　$(CI - CO)_t$——第 t 年的净现金流量;

　　n——计算期。

将求出的财务内部收益率($FIRR$)与行业的基准收益率或设定的折现率(i_c)比较,当 $FIRR \geqslant i_c$ 时即认为从全部投资角度看,ITS 项目的盈利能力已满足最低要求,在财务上值得进一步研究。

财务净现值($FNPV$)指按基准收益率或设定的折现率,将 ITS 项目计算期内各年净现金流量折现到建设期初的现值之和。计算公式为:

$$FNPV = \sum_{t=0}^{n} (CI - CO)_t \cdot (1 + i_c)^{-t} \tag{10.3}$$

当 $FNPV \geqslant 0$ 时,即认为从全部投资角度看,ITS 项目的盈利能力已满足最低要求,在财务上值得进一步研究。

清偿能力分析包括借款偿还期、资产负债率、流动比率、速动比率等指标。

(5)国民经济评价

国民经济评价是按照资源合理配置的原则,从国家整体角度考虑项目的效益和费用,用货物影子价格、影子工资、影子汇率和社会折现率等经济参数分析、计算项目对国民经济的净贡献,评价项目的经济合理性。这个定义规定了国民经济评价是计算项目对国民经济的净贡献。国民经济评价的服务对象是国家宏观决策,是为制定政策的人和作出决定的人分析 ITS 对国民经济带来的影响。对于国民经济评价来说,评价具体的收益指标意义并不大,最重要的是评价投资 ITS 项目将会为国民经济产生多大的影响。

ITS 的国民经济评价主要来分析 ITS 系统的发展将对国民经济产生的总体影响,可以采用投入产出分析法。投入产出分析法是利用投入产出表及相关系数表进行产业关联及产业间相互影响分析的一种常用方法。ITS 作为一种高新技术产业,它的发展势必对其他相关产业造成一定的正面影响,带动其他产业的发展,从而拉动整个国民经济的发展。

投入产出分析大致可以分为两类:一类叫做"结构分析";另一类称为"因果分析"。所谓"因果分析"就是把握产业之间的相互影响,因此,又叫做"波及效果分析"。具体到分析 ITS 产业与其相关产业的相互影响,我们可以从如下几个方面进行:

① 投资乘数分析

投资乘数分析主要是分析项目投资的增长将对国民收入、税收、工资等指标产生的倍增作用。对 ITS 进行投资乘数分析是要确定 ITS 的投资对国民收入等的提高有多大影响。ITS 的国民经济评价投资乘数分析主要包括:

a. 净产品乘数效应分析。净产品乘数可理解为在现有产业结构条件下,某部门每增加 1 个单位最终产品,为整个国民经济带来的国民收入。

b. 最终产品乘数分析。最终产品乘数是指每一个部门单位最终产品需求所要求调入产品的数量。它表明不同产品部门最终产品需求量变化时,整个国民经济系统对调入产品在总量和结构方面的依赖程度。

② 波及效果分析

所谓波及效果分析就是分析 ITS 系统的投资将对相关产业产生多大的带动作用。在投资 ITS 之前,了解其对国民经济各部门产生的影响,即由此引起的各产业部门的增产需要达到何种程度,无疑是非常必要的。对波及效果进行分析和计算,需要使用三个基本的工具:投入产出表、投入系数表、逆阵系数表。

例如在兴办大规模建设工程项目时,事前了解它们本身对国民经济各部门产生的影响是非常必要的。这种影响包括直接和间接产生的影响,可以用波及效果分析模型来计算,即 $X = (I - A)^{-1}$。

③ 就业效果分析

分析、计算随着 ITS 产业投资的增长而最终需要投入的就业人数,包括直接需要和间接需要。

利用逆阵系数表可以计算随着各部门生产的增长而最终需要投入的就业人数,即综合就业系数:综合就业系数=就业系数×逆阵系数。

其意义是,某一产业为进行 1 个单位的生产,在本产业部门和他产业部门也就是直接和间接地总共需要有多少人就业。

某产业就业系数=该产业的就业人数/该产业的总产值

以上是对 ITS 各经济指标的描述与单项评价方法,如要得出经济指标的综合评价结果,可以首先确定各指标权重,再应用综合评价方法(如层次分析法、模糊综合评价法等)进行评价。

2)技术评价

ITS技术评价是从技术角度出发,通过对项目技术指标的分析和计算,从系统的功能和技术层面对智能交通运输系统的科学性、合理性、可发展性以及适用性和可实现性等方面进行综合评价。

(1)技术评价的原则

ITS技术评价应遵循以下基本原则:

① 科学性

ITS应建立在科学的原理和技术之上。因此,科学性是系统技术评价的首要原则。

② 实用性

智能运输系统的建设应有明确的目的和功能需求,直接或间接地解决(或缓解)交通问题的实用性是其基本的要求。同时,系统的实用性还表现在系统适用性方面,如ITS及其子系统能否适应于中国(或特定城市)的实际情况(实际的交通情况和建设系统的条件)等。

③ 可测性

系统的评价将通过若干具体的指标体现。为了能清晰地对系统作出评价,所选取的评价指标必须是能够通过某些直接或是间接的方法得到定量的值。

④ 独立性

智能运输系统是一个复杂的、多层次、多因素的系统,其内部各层次、各因素之间相互影响、相互联系,为了能准确地评价系统特定的功能和技术,应避免评价指标的相互关联和重叠。

⑤ 可比性

可比性原则反映了系统及其评价指标的敏感性程度。所选用的评价指标应具有较高的敏感性,能客观地反映出不同方案下所取得的效果的差异,从而为提高系统的技术水平提供决策支持。

⑥ 整合性

此原则反映了系统及其子系统和技术间的匹配与协同程度,相关指标的选取应用能反映这一原则要求。

⑦ 扩展性

由于ITS广泛地集成了先进的高新技术,且系统庞大,因此,系统的兼容性和扩展性原则对于确保系统的可发展性具有极其重要的意义。

⑧ 完备性

该原则体现了评价指标所反映的系统技术性能的全面性。评价指标体系中各个评价指标所评价的内容应尽可能地涵盖智能运输系统的各种属性,如方便、有效、经济、安全等等。

（2）评价对象

ITS 的评价对象按技术领域加以划分。根据中国 ITS 框架研究大纲，智能运输系统的技术领域划分为以下几个部分：

① 通用技术平台

主要领域：通用地理信息平台与定位结合技术，环境和尾气排放管理。

② 通信信息

主要领域：出行的信息、行驶中驾驶员的信息、行驶中公共交通信息化信息服务、路线诱导及导航。

③ 车辆

主要内容：视野的扩展、自动车辆驾驶、纵向防撞、横向防撞、安全状况检测、碰撞前的保护措施和智能公路。与通信信息组协调考虑信息终端等车载设备的交叉问题。

④ 运输管理

主要内容：商用车辆的管理、路边自动安全检测、商用车辆的车载安全监测、商用车辆的车队管理、公共交通管理、公共交通需求、共乘管理。可分为货物运输和旅客运输两个组成部分开展评价工作。

⑤ 交通管理和规划

主要内容：交通控制、紧急事件管理、需求管理、交通法规的监督和执行、交通运输规划支持、基础设施的维护管理。物理结构考虑交通管理中心与其他中心的接口，如与道路、铁路、水运、航空管理中心接口。

⑥ 电子收费

主要内容：电子交通交易等。

⑦ 紧急事件和安全

主要内容：紧急情况的确认及个人安全、紧急车辆管理、危险品及事故的通告、出行安全、对易受袭击道路使用者的安全措施和智能枢纽。物理框架考虑紧急事件管理中心模型和对外接口。

⑧ 综合运输（枢纽）

主要内容：综合枢纽、多式联运管理。

⑨ 智能公路

主要对象：先进的车路信息与运行系统等。

（3）ITS 技术评价体系

ITS 的技术评价主要可从两方面进行评价：基于体系结构各部分特征的系统性能评价，即定性分析为主的评价；基于 ITS 各部分系统设计的运行性能评价，即定性与定量结合的评价。ITS 技术评价体系如图 10.2 所示。

系统性能评价包括：

① 对 ITS 用户的支持

该指标是为了评价 ITS 体系结构的系统功能是否满足不同用户的需求。在中国

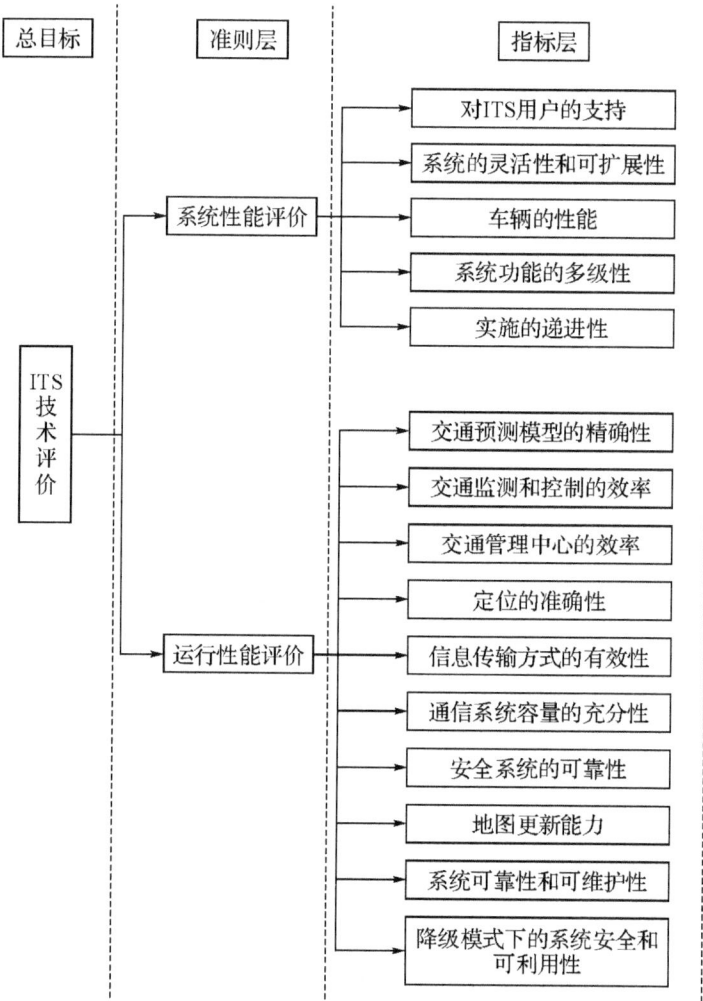

图 10.2　ITS 技术评价体系

的大部分城市,应充分考虑到自行车交通用户及公共交通用户的需求。

② 系统的灵活性和可扩展性

该指标主要指体系结构在技术上是否具有灵活性和可扩展性。灵活性指体系结构对不同类型技术的兼容和限制程度。

③ 车辆性能

包括用户出行时间减少、用户安全性提高、非用户出行时间减少、非用户安全性提高等。

④ 系统功能的多级性

该指标用以衡量体系结构对每一市场包内和市场包之间不同功能的支持能力。为达到系统功能多级性的目的,体系结构首先必须模式化,便于把不同的功能分配

到体系结构中不同的领域。在评价系统功能的多级性时,可以从下列两个子指标进行评价:

a. 技术水平的兼容性:在体系结构的每一市场包内和市场包之间,结构功能能够兼容从低级到高级、差异变化大的各类技术。

b. 界面的标准化:为了鼓励 ITS 产品和服务的多级化,必须使得 ITS 的产品具有可互换性和兼容性,这使得界面的标准化显得至关重要。

⑤ 实施的递进性。

该指标主要包含以下两方面:

a. ITS 体系结构与现有设施的包容性和可协调性;

b. 随着 ITS 相关技术的进步,ITS 体系结构的可发展性。

运行性能评价包括:

① 交通预测模型的精确性

包括数据采集技术精度、预测数据处理算法精度、对交通系统效率的影响。

② 交通监测和控制的效率

指该指标体系结构中,交通管理子系统实时收集、处理和发布大量的出行方式和系统运行信息的能力,包含以下两个子指标:

a. 数据的收集和实时传输的能力;

b. 数据实时处理能力。

③ 交通管理中心的效率

该指标指交通管理中心之间的协调水平以及交通管理中心和其他相关的管理中心之间(如信息提供者、公共交通管理中心、紧急事故管理中心等)的协调和协作水平。

④ 定位准确性

目前存在大量的定位技术,如 GPS 等,每种定位技术都有一定的误差,小到 1 米大到几十米。定位准确性就是衡量实际定位精度与期望定位要求的适应性。

⑤ 信息传输方式的有效性

信息传输方式一般可以分为两种:有线通信和无线通信。由于有线通信相对于无线通信不存在传输容量的限制,也很少会发生传输障碍(除非线路被截断),所以评价的重点是无线通信方式。对于无线通信可以用下列主要指标进行评价:

a. 总流量;

b. 线路平均流量;

c. 线路延误统计。

⑥ 通信系统容量的充分性

相对于预期需求的数据量,规划的通信系统能否满足系统容量的要求。

⑦ 系统安全性能

该指标主要包含通信安全和数据/信息安全。安全保障子指标描述如表 10.8

所示。

表 10.8 安全性能指标描述

指　标	描　述
通信安全	身份认证:ITS 体系框架需要确定请求服务的用户。为避免用户的欺诈行为,可以使用智能卡和数字签名来执行服务。 匿名系统:为防止非法者利用 ITS 跟踪车辆和个人,计算机并不储存个人或车辆的身份,如电子收费系统并不记录付费者是谁
数据库/信息安全	除通信安全外,对于一些数据库,ITS 体系框架还需要有防止安全泄漏的措施

不同系统的安全等级由高到低可以分为 A、B、C、D 四级(每个等级包括比它低的等级的功能),同一等级内部又分解为不同的子等级,见表 10.9。

表 10.9 安全等级特征描述表

安全等级	功能和特征
D	提供最低限度的保护
C	自主保护与校核能力
C1	用户识别与身份认证
C2	通过登录来为其行为负责
B	强制保护
B1	清除控制和敏感性标签
B2	设备安全标签和描述性政策模型
B3	为指定对象分配用户名
A	正式的顶级规范和认证

⑧ 地图更新能力

该指标指 ITS 体系结构中,用户通过一些方式定期进行地图更新的便利性和快捷性。

⑨ 系统可靠性和可维护性

系统的可靠性及可维护性指标主要指在体系结构内是否会出现一些风险,导致服务和系统性能的不稳定。这些风险通常发生在较为重要的系统管理中,如交通管理应用系统、车辆安全应用系统(AVSS)。在实际中可以通过好的设计来降低这种风险。

⑩ 降级模式下的系统安全和可利用性

该指标主要指 ITS 体系结构中,在系统实施的过程中降级服务的能力。

在降级服务模式中,不仅有服务的降级,还有到达最终用户时错误信息的升级。当系统在降级模式中有毫无意义和错误的信息通过时,其运行的可靠性会有较大变化,结果可能导致服务丢失或影响服务设施的可靠性。

对 ITS 的技术评价是在单项评价的基础上,通过确定各个分项指标视其对项目的重要度给予一定的权重,由权重与所选定的多目标评价模型(如层次分析法、模糊综合评判法、灰色关联分析法等)计算综合技术评价效果,得出 ITS 综合技术评价结论。

3)社会环境评价

ITS 项目社会评价是分析拟建项目对当地的影响和社会条件对 ITS 项目的适应性和可接受程度,评价项目的社会可行性。ITS 项目环境影响评价是对在某特定环境区域内,由于某项 ITS 项目的建设和运行,打破环境的原有构成,给该区域环境质量带来的影响进行的分析和评估。ITS 项目的环境影响评价主要是评价对环境带来的正面效益。

(1)社会环境评价的特点

宏观性和长期性:对项目的社会评价所依据的是社会发展目标,考察投资项目建设和运营后对实现社会发展目标的作用和影响。进行社会环境评价时,需认真考察与项目相关的各种正面、负面的影响因素。同时,社会环境评价是长期的,一般经济评价只要考察投资项目不超过 20 年的经济效果,而社会评价通常要考虑一个国家或地区中、远期发展规划和要求,短则几十年,多则上百年。

难以定量化:社会发展目标是可以用货币定量的,而社会因素往往比较复杂,项目对这种目标的贡献与影响往往是难以量化的。因此社会评价以定性分析为主。

目标复杂多样:社会评价需要从国家、地方、社区三个不同的层次进行分析,做到宏观分析与微观分析相结合。社会评价目标是多样的,需要综合考察社会生活各个领域与项目间的相互关系和影响。

(2)社会评价原则

客观性原则:为准确、全面地反映项目的效益水平,社会分析必须保持客观、科学。

全面评价原则:应兼顾系统内外因素,用动态、发展和变化的观点来看待事物和事物变化规律。

定性与定量结合原则:由于项目的社会环境分析涉及范围广、内容繁杂、难度大,因此应尽可能将定性指标定量化,尽可能多地采用定量分析。

(3)评价指标体系

根据 ITS 项目对社会环境、社会经济、自然与生态环境和自然资源四个方面的影响,构建 ITS 项目社会环境评价指标体系见表 10.10。

表 10.10 ITS 项目社会环境评价指标体系

目标层	准则层	指标层	子指标层
ITS项目社会环境评价	社会环境影响	减少危险品运输可能的灾害	—
		调整城市结构布局	对产业布局的影响
			对人口分布的影响
			对路网布局的影响
			对土地升值的影响
		提高国民素质	促进高水平人才培养
			促进交通参与者守法意识提高
			提高对高新技术的认知
		提高交通管理服务水平	促进体制改革与法治建设
			加强服务意识
			提高管理人员素质
		推动相关产业经济的发展	—
		促进科技进步	—
		影响社会就业水平	—
	社会经济影响	降低行车成本	—
		减少出行时间	—
		提高车辆利用效率	—
		延长车辆使用寿命	—
		减少交通对能源的需求	—
		满足出行需求,提高生活质量	改善交通出行结构
			提高出行舒适性
			提高出行安全性
			提高出行便利性
		促进周边旅游资源开发利用	—
	自然资源利用价值	土地资源利用价值	—
	自然与生态环境改善	噪声改善效益	—
		大气改善效益	—
	环境影响经济评价	环境影响综合经济损益度	—
		ITS项目投资经济损益度	—

以上评价指标又可归纳为直接社会环境效益和间接社会环境效益,如图 10.3 所示。

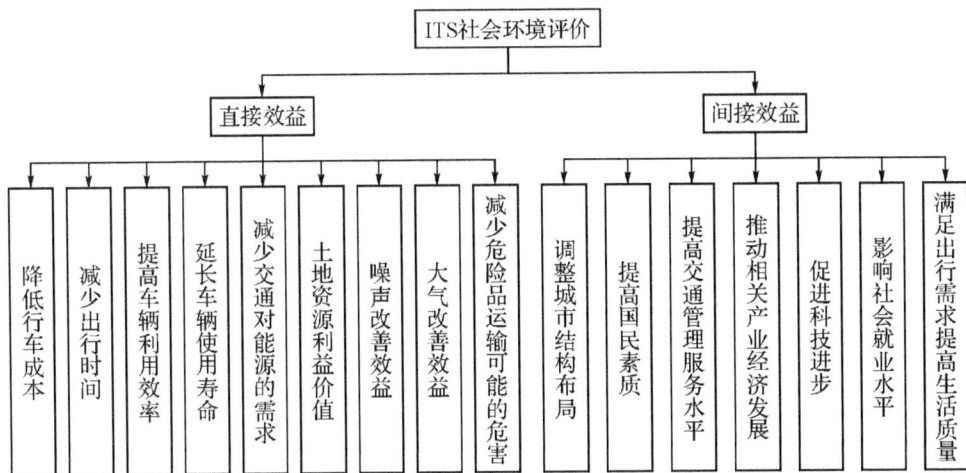

ITS社会环境评价
直接效益 / 间接效益

降低行车成本
减少出行时间
提高车辆利用效率
延长车辆使用寿命
减少交通对能源的需求
土地资源利益价值
噪声改善效益
大气改善效益
减少危险品运输可能的危害
调整城市结构布局
提高国民素质
提高交通管理服务水平
推动相关产业经济发展
促进科技进步
影响社会就业水平
满足出行需求提高生活质量

图 10.3 社会环境评价指标

（4）评价方法

ITS 项目的社会环境因素多而复杂,许多指标很难量化,因此定性分析方法在社会环境评价中占有很重要的地位。常用的定性分析方法有有无对比法、排序打分法等。

4）风险分析

风险是达到一个基准目标的不确定性。基准目标可以是一项技术标准,也可以是一个系统目标。风险分析就是运用概率统计和迭代分析的方法,对系统、建设、管理、使用过程中的可能潜在问题进行分析,进而评估风险大小,并寻找降低风险的措施。

ITS 是一个大系统工程问题,ITS 的研究、建设、管理和使用既要采用先进的技术,又要耗费巨大资金和相当长的时间。风险性分析是确定阻碍 ITS 应用的重大风险,并提出建议以消除或降低项目的风险。风险性分析是一项复杂的工作,要求考虑许多潜在问题,这些问题将带来严重的风险且很难量化。实现 ITS 目标的风险是 ITS 规划和设计中必须考虑的问题。

（1）风险分析目的

① 辨识具有潜在问题的领域;

② 量化与这些潜在问题有关的风险;

③ 评估这些风险影响的大小;

④ 寻找降低风险的措施。

（2）风险分析步骤

与其他系统工程风险分析一样,ITS 系统风险分析可分为三步:

第一步:辨识潜在的风险项目,即判断所研究开发的 ITS 项目中,哪些方面存在问题;

第二步:定量估计风险,并将风险项目分类(一般分为低风险、中风险和高风险三种),以确定其中的关键项目;

第三步:确定各种降低风险的途径。

(3) 风险分类

我们一般依据风险因子的大小进行风险分类。风险因子是一个涵盖两个相互影响变量的变量,一个是失败的概率(P_f),一个是失败造成的后果(C_f)。因而,风险因子为:

$$RF = P_f + C_f - P_f \times C_f \tag{10.4}$$

当 $RF<0.3$ 时为低风险。此风险是可以辨识并能对其影响进行监控的风险。这种风险发生概率较低,起因也无关紧要,一般可以通过设计部门进行正常监控。

当 $0.3 \leqslant RF \leqslant 0.7$ 时为中等风险。中等风险是可以辨识的,这种风险将对系统的技术性能、费用和进度产生重大影响,发生概率较高,需要对其进行严密的监视和控制,应当在各个阶段进行关注和控制,并采取必要的措施降低风险。

当 $RF>0.7$ 时为高风险。这种风险发生概率很高。后果将对系统工程全局有重大影响。这种风险只能允许在 ITS 研制的方案阶段或初步设计阶段存在。必须严密监视每一个高风险领域,同时采取切实有效的措施降低风险,并进行定期报告和评审。

(4) 风险辨识

风险辨识的任务是要确定整个 ITS 工程系统中有潜在问题的项目,明确在所研制的子系统中哪些地方有风险,引起这些风险的主要因素是什么,这些风险造成的后果如何,在 ITS 的寿命周期内,在计划、技术、试验、建设、工程、管理领域中总是存在一定的风险。计划风险包括资金、进度、合同履行等风险。技术风险包括可能采用的新技术和新性能方面的风险,同时还涉及设计概念的可行性,采用新产品和新软件带来的风险等。试验、建设风险包括采用新标准、新方法、新工艺、新材料等方面的风险。工程风险主要与可靠性、维修性、安全性等方面的风险有关。管理领域的风险主要在于采用新组织、新标准和新目标引起的风险。因此在进行 ITS 风险辨识时,应当从任何一个能辨认出潜在问题的信息源中进行风险辨识。这些信息源包括:类似工程经验与教训、技术和规范文件、技术性能分析、进度计划与可能、寿命周期费用分析等。在进行具体分析时,应对 ITS 系统工程的所有方面进行评估,以发现其潜在的风险。风险辨识通常可以通过工作分解结构进行逐项辨识,在此基础上采用德尔菲法进行专家调查分析。

(5) 风险估计

风险估计就是对风险进行定量分析,确定所研究系统的风险大小。风险评估包括技术、进度、费用风险评估和失败后果评估四部分。

技术风险 RF_t 与成熟性、复杂性和其他相关因子有关。成熟性因子又包括硬件因子 Pm_h、软件因子 Pm_s。复杂性因子也包括硬件因子 Pc_h、软件因子 Pc_s。相关因子用 P_d 表示。对上述五个特征因子取平均值即可得到 RF_t。

$$RF_t = (Pm_h + Pm_s + Pc_h + Pc_s + P_d)/5 \tag{10.5}$$

式中: Pm_h ——与硬件成熟度有关的失败概率;

Pm_s ——与软件成熟度有关的失败概率;

Pc_h ——与硬件复杂度有关的失败概率;

Pc_s ——与软件复杂度有关的失败概率;

P_d ——与其他项目相关程度有关的失败概率。

进度风险 Rf_s 的大小与技术风险、计划合理性、资源充分性、人员经验、供应商信誉和项目管理水平有关。设进度风险因子为 Rf_s ,则:

$$Rf_s = (Rs_t + Rs_s + Rs_c + Rs_p + Rs_v + Rs_m)/6 \qquad (10.6)$$

式中: Rs_t ——技术风险影响因子;

Rs_s ——计划合理性因子;

Rs_c ——资源充分性因子;

Rs_p ——项目人员经验因子;

Rs_v ——供应商状况影响因子;

Rs_m ——企业管理状况影响因子。

费用风险取决于系统任务要求的明确性、技术风险对费用的影响、成本预算准确性影响、工程项目合同类别、合同报价状况等。费用风险因子为 RF_c ,则:

$$RF_c = (Rc_r + Rc_t + Rc_s + Rc_c + Rc_n + Rc_b)/6 \qquad (10.7)$$

式中: Rc_r ——任务要求明确性因子;

Rc_t ——技术风险影响因子;

Rc_s ——进度风险影响因子;

Rc_c ——成本预算准确性因子;

Rc_n ——合同类型影响因子;

Rc_b ——合同报价影响因子。

系统的技术风险、进度风险、费用风险都会对系统造成影响。设失败后果概率因子为 C_f ,则:

$$C_f = (C_t + C_s + C_c)/3 \qquad (10.8)$$

式中: C_t ——由技术因素引起的失败后果;

C_s ——由进度因素引起的失败后果;

C_c ——由费用因素引起的失败后果。

(6) 风险管理

风险管理的主要任务是采取控制和降低风险的技术与方法,使风险降低到可以接受的程度。常用的降低和控制风险的技术有:回避风险、控制风险、承担风险和转移风险。ITS 这样的大型复杂系统工程风险主要取决于系统任务的明确性、技术风险、进度风险和费用风险。所以,减少 ITS 系统工程风险的途径在于:

① 及早明确系统工程任务要求；

在 ITS 系统建设过程中，及早明确系统工程任务主要要注意以下几点：

a. 系统工程任务要求完全确定的时间不能晚于方案设计阶段结束的时间；

b. 使用部门必须以工作说明和技术要求提出明确的任务要求；

c. 主要任务要求或设计要求应当以可以度量的参数形式加以描述；

d. 各项技术要求要以系统规范、分部系统规范、部件规范等文件形式加以确定；

e. 主要建设和生产单位有责任保证使分承包单位获得完整的、确定的技术要求。

② 减少技术风险

技术风险的减少一方面要控制风险大小，另一方面要采取减低风险的措施。控制服务系统工程项目的进度风险，就是在各种项目设计中，采用新技术和新产品要遵循以下准则：

a. 尽可能采用现有的并证明有效的技术和产品；

b. 只有在确认新技术和新产品成熟后才能采用；

c. 在采用某些重大新技术方案时，考虑后备方案。

如果采用的新技术中包含有中等或高风险，则要根据风险级别高低确定减少风险的途径。主要方法有：

a. 着手进行平行的研制工作；

b. 进行广泛的发展试验；

c. 进行仿真研究，作出性能预测；

d. 请有关专家进行评审设计；

e. 加强研制过程的评审和管理。

③ 减少进度风险

减少 ITS 工程项目的进度风险主要措施有：

a. 不允许在研制阶段存在技术性能属高风险的项目，中等风险的项目也要尽可能减少；

b. 合理安排工程的进度计划，且应留有余地；

c. 保证用于工程项目的资源是充分的、可供使用的；

d. 参与项目的工作人员，尤其是关键部门人员应该具有类似的工作经验；

e. 选择管理水平高、信誉好的企业作为供货商；

f. 采用科学的决策方法和管理方法。

④ 减少费用风险

减少 ITS 系统工程费用风险，可以采取的措施有：

a. 根据实际情况，合理预测费用，并提出预期的投资总量；

b. 合理分配各阶段资金，防止研制早期阶段投资不足引起的费用风险，同时防止实际拨款推迟后引起进度拖延；

c. 根据工程系统的风险辨识和风险评估,合理预测风险费用,并把风险费用包括在总费用之内;

d. 在签订研制或建设合同时,必须明确项目任务要求,并以量化参数提出;

e. 用多种方法合理估算系统工程费用,在研制过程中不断进行修正;

f. 根据风险状况确定合同类型;

g. 在投标过程中,合同报价应该与预测的研制费用基本一致。

5)ITS 项目综合评价

ITS 项目综合评价是在进行技术、经济、社会环境评价以及风险分析的基础上,对各方面评价结果(包括评价指标、评价方法等)进行汇总,全面、综合地评价 ITS 项目,为项目可行性研究、方案选择以及决策提供依据。

综合评价包括单项评价指标权重的确定、评价结果的综合分析两部分内容。首先,单项评价指标权重的确定主要是采用德尔菲法给出技术、经济、社会环境、风险四部分结果的权重值,然后,基于各权重值利用模糊综合评判等方法进行 ITS 项目的综合评价,并得出最终的 ITS 项目评价结果。

10.4 智能运输系统保障机制

10.4.1 政策保障

在我国交通领域分块式的行政管理体制下,政府的政策引导、协调作用对发展 ITS 至关重要,ITS 政策保障就是要求政府和交通管理部门制定能满足 ITS 发展所需要的相关政策。ITS 发展需要的政策保障包括政策的适宜性、政策的连贯性、政策执行情况的分析等内容。

1)政策的适宜性

政策的适宜性主要是分析政府、主管部门制定的相关政策对发展 ITS 起促进或妨碍作用,现行政策能否满足发展 ITS 的政策环境需求。政策的适宜性主要分析土地使用、资金支持、税收优惠、部门间协调、人才吸引、宣传引导等政策能否满足 ITS 发展的需要。

2)政策的连贯性

政策的连贯性主要是分析政府、主管部门制定的相关政策的效力期限长短,包括政策稳定性、政策继承性等方面的分析。政策稳定性、政策继承性反映政策的形成机制以及政策制定、政策管理的水平,是分析 ITS 发展可能遭受的政策环境变化影响的重要方面。ITS 是一个动态系统,不仅需要政府现行政策的支持,还需要把握政策前景,从现行政策中能预见可获得的新政策的支持。ITS 需要巨大的资金投入,投资回收期长,因此,政策的连贯性是 ITS 发展的重要保障。

3)政策执行情况

政策执行情况主要是分析政府、主管部门制定的相关政策能否真正贯彻执行,反映各级执行机构内部相互间的协调性以及对待政策的严肃性。ITS 的发展不仅仅需要政府、主管部门制定出有利于 ITS 发展的政策,更重要的是需要把这些政策不折不扣地贯彻落实,ITS 的发展需要对政策执行情况进行分析。

10.4.2　经济保障

　　ITS 的发展需要强大的经济支持,要求从经济发展现状出发,分析发展 ITS 是否具备的必要经济条件。ITS 发展的经济保障包括经济发展水平分析、经济发展阶段分析、产业结构分析等内容。

　　1) 经济发展水平

　　经济发展水平是经济发展程度高低的一种客观反映,是制定 ITS 发展战略的必要基础。经济发展水平的度量,通常使用的主要指标有国内生产总值(GDP)或国民生产总值(GNP)。也可以通过计算综合指数来衡量,如用建立在经济规模、经济增长活力、区域自我发展能力、工业结构比重、结构转化条件、人口文化素质、技术水平指数、城市化水平指数、居民生活质量指标基础之上,通过几何平均法合成得到一个综合评价指标,即地区经济社会发展水平综合指数来衡量区域经济发展水平。经济保障主要分析区域经济能否提供发展 ITS 必要的经济支持,决定了 ITS 发展的可行性。

　　2) 经济发展阶段

　　通过对经济发展阶段的分析,了解经济发展的客观趋势和内在规律,有助于明确一定时期特定经济发展的特点、方向、目标和任务,从而为制定正确的 ITS 发展战略提供科学的决策依据,确保 ITS 与经济的发展形成相互促进的良好关系。

　　3) 产业结构

　　通过分析产业结构现状与发展趋势,明确 ITS 的相关产业发展能否支持 ITS 的发展,以及 ITS 的发展能否合理引导产业结构的优化。

10.4.3　技术保障

　　ITS 是一个多种技术高度集成的系统,对技术依赖度高,没有可靠的技术保障,ITS 的功能难以实现。同时,技术又是发展变化的,要求在发展 ITS 时,认真分析 ITS 技术发展趋势,以免造成 ITS 发展过程中不必要的浪费。

　　1) 技术的先进性

　　ITS 是多种先进技术的综合应用,离开先进技术的支持,ITS 的发展将举步维艰。

　　2) 技术完备性

　　ITS 需要多种技术的有效融合,某一领域或某一环节的技术薄弱都将可能对 ITS 的发展产生严重的制约。

　　3) 技术适应性

　　ITS 技术适应性主要分析 ITS 的技术选择是否适应各区域自然条件的特点,设备的容量能否满足 ITS 发展的需要。

10.4.4　社会文化环境保障

  ITS 的发展离不开一定的社会文化环境，它们相互依存、相互影响。社会文化环境对 ITS 的影响表现在两个方面：一是促进 ITS 发展，二是阻碍 ITS 发展。一般而言，ITS 发展若与社会文化环境相适应，那么社会文化环境就会促进区域 ITS 的发展；反之则阻碍 ITS 的发展。

  社会文化主要涉及人们价值观念、风俗习惯等方面。价值观念是人们对事物的评价体系，不同的文化背景有不同的价值观念，因而判断是非的标准有很大差别。风俗习惯是民族哲学观念在人们生活中的体现。社会文化直接影响 ITS 的认同度、满意度、消费理念和消费偏好，通过对社会文化环境的分析，以明确 ITS 推进策略和 ITS 的服务定位。

参考文献

[1] 张国伍.交通运输系统分析[M].成都:西南交通大学出版社,1991.

[2] 刘舒燕.交通运输系统工程[M].北京:人民交通出版社,1997.

[3] 汪应洛.系统工程[M].3版.北京:机械工业出版社,2004.

[4] 王炜,陆建.道路交通工程系统分析方法[M].2版.北京:人民交通出版社,2011.

[5] 赵建有.道路交通运输系统工程[M].北京:人民交通出版社,2004.

[6] 谷长森.铁路实用系统工程[M].北京:中国铁道出版社,1994.

[7] 姚祖康.道路与交通工程系统分析[M].北京:人民交通出版社,1996.

[8] 姚德民,李汉玲.系统工程实用教程[M].哈尔滨:哈尔滨工业大学出版社,2000.

[9] 张幼蒂,王玉浚.采矿系统工程[M].徐州:中国矿业大学出版社,2006.

[10] 吴祈宗.系统工程[M].北京:北京理工大学出版社,2006.

[11] 白思俊.系统工程[M].北京:电子工业出版社,2006.

[12] 陈宏民.系统工程导论[M].北京:电子工业出版社,2006.

[13] 陆键,项乔君,马永锋,等.江苏省公路网出行信息系统设计研究报告[R].南京:东南大学,2007.

[14] 贺国光.ITS 系统工程导论[M].北京:中国铁道出版社,2004.

[15] 杨佩昆.智能交通[M].上海:同济大学出版社,2002.

[16] 姜雨.区域 ITS 规划研究[D].南京:东南大学,2007.

[17] 王笑京,齐彤岩,等.智能交通系统体系框架原理与应用[M].北京:中国铁道出版社,2004.

[18] 陆键,项乔君,马永锋,等.江苏省 ITS 需求分析研究报告[R].南京:东南大学,2003.

[19] "九五"国家重点科技攻关项目"中国智能运输系统体系框架"专题组.中国智能运输系统体系框架[M].北京:人民交通出版社,2003.

[20] 赵建有.道路交通运输系统工程[M].北京:人民交通出版社,2004.

[21] 郭瑞军.交通运输系统工程[M].北京:国防工业出版社,2015.

[22] 穆歌,李巧丽,孟庆均,等.系统建模[M].2版.北京:国防工业出版社,2013.

[23] 曹晓东,王杏林,樊延平.概念建模[M].2版.北京:国防工业出版社,2013.

[24] 孙东川,林福永,等.系统工程引论[M].3版.北京:清华大学出版社,2014.

[25] 王众托.系统工程引论[M].3版.北京:电子工业出版社,2006.

[26] 侯媛彬,杜京义,汪梅.神经网络[M].西安:电子科技大学出版社,2007.

[27] 邱锡鹏.神经网络与深度学习[M].北京:机械工业出版社,2020.

[28] 肖田元,范文慧.离散事件系统建模与仿真[M].北京:电子工业出版社,2011.

[29] (美)杰瑞·班克斯,约翰·S.卡森二世,巴里·L.尼尔森等著,王谦译.离散事件系统仿真[M].5版.北京:机械工业出版社,2019.

[30] 彭晓源.系统仿真技术[M].北京:北京航空航天大学出版社,2006.

[31] 周志华.机器学习[M].北京:清华大学出版社,2016.

[32] 李航.统计学习方法[M].2版.北京:清华大学出版社,2012.

[33] 李德毅,孟海军,史雪梅.隶属云和隶属云发生器[J].计算机研究与发展,1995,32(6):15-20.

[34] 沈进昌,杜树新,罗祎,等.基于云模型的模糊综合评价方法及应用[J].模糊系统与数学,2012,26(6):115-123.

[35] 吴丹.TOPSIS 理论方法及其应用研究[M].南京:河海大学出版社,2019.

[36] 司守奎,孙玺菁.数学建模算法与应用[M].3版.北京:国防工业出版社,2021.